JN220812

サビエルの故郷へようこそ　*Bienvenidos al Reyno de Navarra*

1 サビエル生誕500年記念切手（第3章）

2 ハビエル城の前にはためく歓迎の鯉のぼり（第6章）

3 パリで学ぶ大学生がイエズス会の始まり（第1章）

4 山口県立大学からナバラ州立大学への初代留学生とイリアルテ副学長（第3章）

5 パンプローナ市庁舎前で8日間の熱狂のサン・フェルミン祭が始まる（はしがき）

6 サンティアゴ巡礼の通る「女王様の橋」プエンテラレイナ（第2章）

美食と多様性の大地・バスク

7
美食のバルへようこそ
（第4章、コラム2）

8
カウンターに並ぶピンチョス

9
チストーラのピンチョス

10
美しさも大切

11
青唐辛子とオリーブと赤ワイン

12
肉詰めピーマン

13
トルティーヤは定番

14
野菜の美味しさは格別

15 パンプローナのピンチョス週間で

16 田舎のリンゴ酒レストランでの夕食
　（第6章）

17 自然エネルギーの先駆ナバラ自治州の大風車群

18 サン・セバスティアンを望む

Ongi etorri Euskal Herrira

19
どれにしようか迷うわ

20
グリーンピースとアスパラガス

21
海の幸いろいろのピンチョス

22
スモークサーモンのピンチョス

23
エビまるごとのピンチョス

24
ウニの殻焼き

25
タコが好まれる

26
アンチョビが味の決め手

27 サン・フェルミン祭には大頭の日本の侍もいる
（第3章）

28 キリスト教王が描かせたチェスをする
イスラム教徒とユダヤ教徒
（13世紀、第2章）

29 両親がアフリカ難民のバスク人サッカー
選手の活躍（第3章）

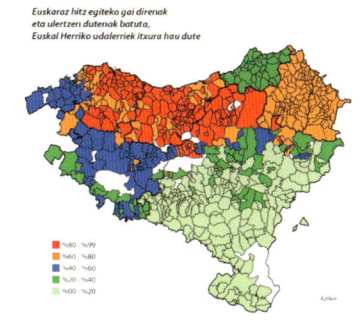
30 フランスを含むバスクの大地での
バスク語話者の割合（第3章）

やまぐちで出会うスペイン　*España en Yamaguchi*

31 山口市のサビエル記念聖堂での光のセレモニー（コラム4）

32 山口市のスペインフィエスタでのサビエル巨大人形（第3章）

33 同じく大内義隆の巨大人形（第3章）

34 山口市内のサビエル記念公園（第3章）

35 第20回日西シンポジウム参加者の国宝・瑠璃光寺五重塔訪問（第8章）

36 山口市商工会が企画したバスク料理の会（第8章）

37 小学生にスペインを語る山口市国際交流員エフライン（第8章）

撮影者・出典

#2: Yamamoto Akiharu,　#3,4,16: Ankei Yuji & Takako,
#5,28: Wikicommons,　#7,31-37: Efraín Villamor Herrero,
#8-9,11-13,15,18-19,21-26: Mizote Tomoko,
Fotos #6,10,14,17,20, cedidas por el archivo de Turismo de Navarra,
#27: Jorge Urdánoz Apezteguía　#28: http://www.executedtoday.com/2017/12/,
#29: https://www.athletic-club.eus/,　#30: https://halabedi.eus

バスク人サビエルと大内氏の遺産を生かして

地中海食と和食の出会い

監修 安渓遊地

編著 溝手朝子

Efraín Villamor Herrero

南方新社

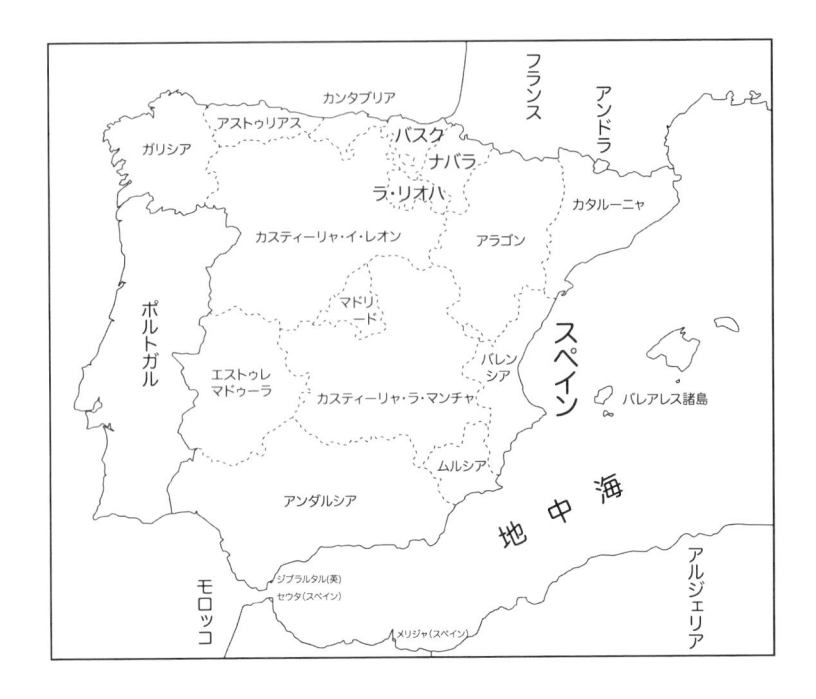

　地中海食：2013 年にユネスコは、イタリア、モロッコ、スペイン、ポルトガル、ギリシャ、キプロス、クロアチアの食文化を無形文化遺産として登録。オリーブ油を用い、野菜・魚介類・肉類をバランスよく摂るだけでなく、共食の習慣があいまって、同年に登録された「和食」とともに健康的なものとして注目されています（詳しくは第 8 章）。本書では、その中で、スペイン北東部のバスク、ナバラ、ラ・リオハ各自治州と、歴史的にはポルトガルの食文化を取り上げています。

　聖フランシスコ・サビエル：日本では多く「ザビエル」と表記されます。現在のスペイン語ではハビエルですが、やまぐちでは、バスク語の発音に近いサビエルが主に使われ、サビエル記念聖堂の名前などとして公式に使われています（詳しくは第 3 章）。本書では、引用をのぞき、サビエルを用いました。

目　次

序

本書のめざすもの

溝手朝子

　本書は、戦国時代の西国の雄であり、「西の京」と呼ばれたやまぐちに本拠をおいた大内義隆と、生涯に 100 万人の信者を獲得したといわれる宣教師フランシスコ・サビエルの出会いに端を発して、従来見過ごされてきた食の視点から、スペイン・ナバラ王国出身のバスク人サビエルと、大内文化と呼ばれる絢爛たる繁栄を誇った大内氏の、450 年前の出会いと交流を見つめなおす。イスラム教徒・ユダヤ教徒・キリスト教徒が 1000 年にわたって共存していたイベリア半島と、鎖国前の戦国の日本が、異文化と出会い、拒絶と許容の間を揺れ動きながら、地域独自の食文化を形成していった経緯やその背景を明らかにすることをめざしている。異文化に対する共存と排除が交錯する両地域の歴史をひもときつつ、日本とスペインをはじめとするヨーロッパとの今後の交流の発展にあたって役立ちうる新たな食品や食文化を具体的に提案している。

　タイトルとなっている、地中海食と和食は、どちらも世界遺産の指定をうけたものである。地中海食の定義は本書第 8 章の冒頭に詳しいが、その広がりの中で、今日の国で言えばポルトガルとスペイン、とくにフランスとの国境に広がるバスクの伝統と、いま熱い注目を集めている「美食世界一」のバスク料理に多くのページ数を割いている。本書で取り上げたバスク、ナバラ、ラ・リオハの各自治州は、スペインの実に多彩な料理の中でも、ひとつのまとまりをもった地域として扱われる場所である（渡辺、2010: 33）。地中海食の源流をなすイスラム文明の精華や、今日和食と言われるものが成立する以前の、サビエルらイエズス会の宣教師が遭遇した安土桃山時代の日本の食文化にも注意をはらいながら、異なる食文化をもった人びととの出会いと交流の歩みを描き出すことにつとめた。

　大内氏第 31 代大内義隆が産声を上げたのは、1507 年 11 月 15 日とされる。この一年半前、1506 年 4 月 7 日に、遠く離れた異国の地、ピレネー山脈の南部に面するナバラ王国の東部にあるハビエル城では、後に義隆と数奇な出会い

を果たす、フランシスコ・サビエルが誕生した。インド布教を経て、日本、さらには中国への布教を展望したサビエルは、鹿児島滞在を経て京都にいたり、天皇からの布教許可を得るという願いが叶わないことを知った。そこでサビエルは、大内義隆の領地山口に戻り、そこで「他人に耳を傾けさせたいと思うなら、自分が改宗させようとする国の諸習慣には一致・調和する必要があると理解」し、(グティエレス、1999: 256) 清貧を旨とするイエズス会の掟に反しても、支配階層に受け入れられることを目指して、大内義隆に珍しい貢物の数々を捧げて、「西の京」と呼ばれて栄えた山口に拠点をおくことに成功する。大内氏は、サビエルを天竺からの新来の仏教の僧と理解し、布教許可や廃寺を与えた。この双方の裏には、様々な勘違いもあったが、ともあれこれが伝道初期の平和的共存の道を開いたことになる。

　そのころの庶民の食事に関する史書はなく、食事に関する資料はほとんど上流階級に関するものである。しかし、サビエルの書簡には、庶民が食べていたものが記されており、その後の宣教師ルイス・フロイスが記した『日本史』からも、彼らが接した人たちの食事が垣間見える。そこには、一般的に言われている、不殺生戒の時代であっても、日常的に鳥獣肉を食していた日本人の姿が描かれているのも新鮮である。また、食文化の視点から当時の日本における宣教師の活動をとらえた研究はまだ存在していない。

　ともに世界遺産（無形文化遺産）となった地中海食と和食が、それぞれに展開してきた生態的・文化的・社会的な背景を対比させることで、共存と排除の交代の機構が浮き彫りなるだろう。本書は、食の持つ力を史実に重ねて考察した点も他には類を見ない構成であり、食物学（食品科学・健康科学）とフィールドワーク（文化人類学）の専門的知見から、「食のもつ力」を文化と科学の双方から捉え、その歴史的源泉を探るという二層構造の構成となっている。

　共通の言語をもたなかった両地域の今後の発展的交流関係を築くための方策について、どのような手法があるのかを、サビエルの旅路を辿り、日本で学業に努めたスペイン人と日本からスペインに居を移した女性の体験や視点、山口県立大学栄養学科の国際化への挑戦と学生の体験等を紹介しているが、ここにも食が要となる可能性が記載されている。

　最後に、両地域の食の特徴と健康との関わりを食の科学の観点から解説し、

双方の食生活の長所・短所を率直に指摘している。その上で、日本食の持つ潜在力を世界展開する可能性について、実際にスペイン人向けのあらたな食品を試作して、ファーストフードに見られるようなグローバルな画一化とは逆に、多様な食文化が共存できる、文化的寛容への可能性を示唆する。

　地域に根ざした食の研究者・開発者や、異文化交流に興味を持つ人、食と観光による町おこしを志す人などに具体的なヒントを与える挑戦的な著作である。サビエルや大内氏に興味をもつ読者層や、食と世界文化遺産に関心を寄せる広範な人々にも歓迎されるものとなることを期待している。

はしがき

日本とスペイン、相互の思い込みを越えて

エフライン・ビジャモール・エレロ

　情熱の国。闘牛とフラメンコとパエリアを愛する人びと。これが平均的な日本人がもつスペインへのイメージだろう。逆に、スペイン人にとっての一般的な日本人イメージはだいたい「全員武道経験者であり、漫画やアニメを毎日見ている人」、「何事も写真に納めずにいられないし、すべての漢字の読み書きを知り尽くしている人」、などである。

　自己と他者は視点や経験が異なるため、認識の隔たりを埋めるのは困難である。しかし、それを意識しつつ、両方の視点を客観的かつ注意深く観察すれば、中立的でより幅広い捉え方が可能になる。スペインおよび日本の場合は、当然視された行動様式である文化の源流がずいぶん異質である。そのためか、両国における実際の生活を経験していない人には実感できないところもあるだろう。8年間の山口生活で色々と目から鱗が落ちるような経験をしている私の視点から、日本とスペインに在りがちな思考形式、つまり共有意識の基盤となった文化により、両国の人が接触した際に生じやすいくいちがいを紹介したい。

　せっかくの機会なので、率直に述べさせていただくと、私のふるさとのバスク地域の人はパエリアを食べないし、フラメンコも踊らない。もともとパエリアは、地中海に面する南東海岸のバレンシア地方の名産に過ぎず、全土スペインで頻繁に食されるわけではない。また、私自身もバスク出身であるため、家庭では食べたことがない。そればかりか、経験している限りでは、バスクにおいてはバル（スペイン語：bar, バスク語：taberna）でパエリアを提供しているところには今まで出会ったこともない。面白いことに、日本に来てからというもの、日本人の要求から、パエリアを作る機会が断然多くなった。むしろ実際には、来日がパエリアの作り方を覚えるきっかけにさえなった。また、フラメンコに関して言えば、ほとんど知識がなく疎いのだが、唯一言えるのは、フラメンコはスペイン南部、アンダルシア地方（Andalucía）に起源を持つ音楽文化である。特に、ジプシー文化の一環として発達した音楽スタイルで、とても

複雑な音楽要素や即興ギターの様式を備えており、多くの人を虜にしたスペイン発祥のジャンルである。

　日本ではスペインはいわゆる「情熱の国」というイメージがずいぶん浸透しているようだが、スペイン人全員がシエスタ（昼寝）するとは限らないし、当然欧米人なら英語が得意だろうとか、一般的な日本人のスペイン像とは実際非常に異なる部分が多くあると思う。また、バスク地域では闘牛が行政によって禁止されているところもあるし、近年の人気低下に伴い、闘牛場が廃れて新たな町市場や雑貨屋さんに転換する箇所も決して珍しくない。私自身の出身地であるビルバオにおいては、闘牛の残酷さを発信し、反対運動の普及をめざす反闘牛の専門店が開店するほど、バスクでは闘牛に反対する人が多い。

　パンプローナ市といえば、サビエルと並び、もう一人の守護聖人とされるサン・フェルミンをまつる「牛追い祭」は、ヘミングウェイ長編の『日はまた昇る』によって世界で最も人気の祭の一つとなった。もちろんバスクの土着文化として、豊作を願い、大いなる自然を鎮めるための儀礼や多くの民俗的な行事が残っている。独自の言語や文化を現代社会でも守り抜く誇り高きバスク人の芯の強さが実感できる伝統競技も受け継がれている。バスクの祭は、民俗色豊かで伝統を受け継ぐフォルクローレが多く見られる。町の魔除け役として鈴を鳴らしつつ踊るサンパンツァール（バスク語：Zanpantzar）がバスク各地の町に出現する。

　この本を読めば既成のイメージがガラガラとくずれることを保証する。

　ご愛読を。

図　パンプローナ市内の魔除け儀礼「サンパンツァール」

第 1 部
いくつもの食文化・出会いと葛藤

図 1-1 本書に登場するスペイン・ナバラ自治州と周辺の主な地名 （© Ankei Yuji)

第1章

サビエルは日本で何を食べたのか──
大内氏時代の食材と宣教師の暮らし

溝手朝子・安渓遊地

1．サビエルのつなぐ縁 [1]

　山口は、異国の宗教者フランシスコ・サビエルが滞在した地として知られる。応仁の乱の際、西軍の先鋒として関与した大内政弘（第29代）が、乱をのがれて地方貴族のもとに集まってくる公家や学者、文化人を山口城に受け入れ、ここに「西の京」と称される礎を築くことになった。今も山口にある常栄寺（雪舟庭）は、そのころに大内氏の手厚い加護を受けた雪舟に由来するものである。

　第31代大内義隆が産声を上げたのは、1507年11月15日とされる。この一年半前、1506年4月7日に、遠く離れた異国の地、ピレネー山脈の南部に面するナバラ王国の東部にあるハビエル村（バスク語ではシャビエル村）のハビエル城では、貴族ハソ・アスピリクエタ家の末子として、後に山口の地で義隆と数奇な出会いを果たす、フランシスコ・サビエルが誕生したのである。

　ハビエル城の左手には、パウロ以後最大の宣教者とも称えられた聖人の名を冠した堂々たる教会が建てられている。その入り口の上方には、サビエルが訪れてキリスト教を広めた土地の名前が、タイルの文字としてはめ込まれている（図1−2）。そこには日本の地名としては、2か所が掲げられている。それは、MEACO（メアコ）と AMANGUCHI（アマングチ）、すなわち京の都と山口である。

　その後の日本人が長くサビエルのことを忘れていたのに、カトリック世界は、日本でのサビエルをはじめとする宣教師の働きを顕彰しつづけてきたのである。1980年2月には、サビエルの縁で、ナバラ自治州の州都パンプローナ（バスク名イルニャ）と山口市が姉妹都市となり、2003年1月からはナバラ自治

図1-2 ハビエル城の教会の入口（アマングチとメアコが右下に見える。辻田昌次氏撮影）

州と山口県もまた提携を結んでいる。日本から贈られた桜がハビエル村やパンプローナの広大な「やまぐち公園」では毎年春になるとみごとに咲いて（第3章参照）日本とスペインの深いつながりを思い起こさせてくれる。山口県立大学とナバラ自治州立大学とが、2005年から学生や教員の交換留学を行っているのも、もともとはサビエルのご縁によるものなのである。

　バスク生まれのイグナチオ・デ・ロヨラの指導のもとに、サビエルら7人が、ともにイエズス会を結成して、沈滞したカトリックに活をいれることを誓った場所が、パリのモンマルトルの丘の麓の地下にある（行き方は本書第5章）。ナバラは、フランスと接しており、ナバラを訪れるときには、パリからボルド

図1-3　パリ・モンマルトルの地下礼拝所

ーを通る高速鉄道 TGV を利用するのも便利だ。そのルートをとるときは、サクレ・クール寺院参拝のついでに、観光客の訪れない地下礼拝所（クリプト）も探し当ててみてほしい。

　2年弱の日本滞在の間に、サビエルは手紙の形で多くの報告を書いている。その中で、日本人ならだれしもうれしくなってしまうほど、その

資質を高く評価している。

　　　第一に、私たちが交際することによって知りえた限りでは、この国の人
　　びとは今までに発見された国民のなかで最高であり、日本人より優れてい
　　る人びとは、異教徒のあいだでは見つけられないでしょう。彼らは親しみ
　　やすく、一般に善良で、悪意がありません。驚くほど名誉心の強い人びと
　　で、他の何ものよりも名誉を重んじます。大部分の人びとは貧しいのです
　　が、武士も、そうでない人びとも、貧しいことを不名誉とは思っていませ
　　ん（河野、1985：471 頁）。

　日本人は、サビエルらによって「発見」されてしまった異教徒であったわけ
だが、この時すでに日本が潜在的にはポルトガルの植民地とされていたことを
忘れてはならない。スペインとポルトガルの覇権争いが激しくなるにつれ、ロー
マ教皇はその仲裁のために地球を半分に分け、東側の「未発見」の土地はポル
トガルのもの西側はスペインのものと定めたのであった。1529 年 4 月のサ
ラゴサ条約が定めた分割線によって日本は潜在的なポルトガル領とされ（高
橋、1991：189 頁）、だからこそ種子島に鉄砲をもたらした西洋人はポルトガ
ル人だったのである。日本はヨーロッパによって植民地化されなかった例外と
なったわけだが、サビエルは、日本を丸ごとマリア様に捧げている。ずっとの
ちにはサビエルはパンプローナ市やインドなどと並んで「日本の守護聖人」に
指名されている。

2．宣教師の食事と庶民の食事

　モンマルトルで清貧・貞潔を誓い、あらゆる困難を乗り越えて、世界のあら
たな場所にカトリックを広め、プロテスタントからの防波堤となることをめざ
した、イエズス会の創設メンバーとして、1549 年、サビエルは日本に到着し 2
年間滞在した。
　サビエルが日本滞在中に発した書簡は、食べ物について触れることがまこと
に少ない。だから、この章のタイトルの問いは、たちまち暗礁に乗り上げてし

まうのだが、それでも、例えばこんな記述がある。

　　　この国は土地が肥えていないので、豊かな暮らしはできません。しかし、
　　家畜を殺したり、食べたりせず、時々魚を食べ、少量の米と麦を食べてい
　　ます。彼らが食べる野菜は豊富で、幾種類かの果物もあります。この地の
　　人々は不思議なほど健康で、老人も沢山います。たとえ満足ではないとし
　　ても、自然のままに、わずかな食物でも生きていけるということが、日本
　　人の生活を見ていると、よく分かります（河野、1985: 471-472）。

　現地住民がそのような食事であるなら、清貧を誓った宣教師が、こっそり贅
沢をしたとは考えられない。それでは、サビエルとその仲間たちは、日本で何
をたべていたのだろうか。

　1549年8月15日、サビエル一行は、アンジロウら3人の日本人を伴って鹿
児島に到着した。マラッカでサビエルと出会ったアンジロウは、前年、インド
のゴアで日本人初のキリスト教の洗礼を受けていた。岸野（2001）によれば、
ゴアの聖パウロ学院の寄宿舎で提供される食事は、いつも米と魚とカレーであ
った。この食事は、修道院をでてそれぞれの故郷に戻った時にも簡単に調理で
きるし、修道院の経済的負担も少なくて済んだという。日本へ向かうサビエル
一行の食事の調達などの日常生活や雑役担当としてゴアから同行したジョアネ
が作っていた航海中の食事は、船に積み込んだスパイスをきかせた、聖パウロ
学院でも常時食べられていたカレーだったと考えられる。日本のカレーのルー
ツは、インドからイギリスを経て明治初期に文明開化の西洋料理の一つとして
入ったとされているが（小菅桂子、1983: 28-30、敬学堂主人、1872: 31）、日本
についたサビエルが、船の上と同じ食材をもちいて、今日の言葉でいえばフィ
ッシュ・カレーにあたるものを食べていたすれば、日本のカレーの源流はずっ
と早まることになる。

　サビエルが、マラッカの長官（ヴァスコ・ダ・ガマの五男ペドロ・ダ・シル
ヴァ）から寄進されて船に積み込んだ30樽もの交易用のコショウは別格とし
ても、イエズス会の宣教師たちは、毎日の食事の材料は現地で入手しなければ、
長期の滞在はむずかしい。ここで、ヨリッセン（1984: 134-142）のまとめによ

って、サビエルと同時期から、16世紀末にいたるまで、日本におけるイエズス会の宣教師たちの食生活がどのようなものだったかを見てみよう。

　　1555年（弘治元）の書翰でバルタザール・ガーゴは、「ザビエル師と共に日本を訪れたコスメ・デ・トレス師は、倹約をしたばかりに老い、かつやせ細ってしまった。なぜならば、米、野菜、少々の魚だけで食事をしなければならないからである。デ・トレス師はその食事にまったく慣れきっているようだ」と記した。京都を中心に、30年も日本に滞在した司祭オルガンチーノは、1577年には、「私はすでにパン食から米食に完璧に切り替えた」とまで書いている。1582年に、バリニャーノは、在日宣教師たちに対して豚、山羊、牛を飼うのを止めるよう、牛肉のスープを食卓にのせる時には平皿で飲むようにと勧告した。なぜなら汁御器が臭くなったからである。ロレンソ・メシア師は1584年に書き送った報告書のなかで、宴会では招待された宣教師にも刺身が供されるが、礼を失しないように食べるのは終始自分には非常に辛いことだと明確に述べている（以上は、ヨリッセン、1984: 140 - 141 からの抜粋）。

　バスク出身で、戦前から日本に滞在して広島の原爆被害者の治療にあたり、後にイエズス会を率いることになるペトロ・アルーペ神父が、日本へのキリスト教伝来四百年を記念して執筆した「フランシスコ・デ・サヴェリオ」（アルーペ、1949: 16）によると、サビエルは鹿児島を離れ、平戸・博多を経て山口までの陸路をたどる途上、「風景に気をとられず、た〻祈りに沈潜し、旅館では誰からも後指をさ〻れないように、肉類も魚も採らなかった」と書いている。常日頃も、彼は同行したコスメ・デ・トーレス同様、米と野菜と少々の魚を食べていたものと考えられる。その後も、大の日本びいきであったオルガンチーノほどには日本に適応できなかった宣教師たちは、時々はパンを焼かせて食べていたかもしれないが、基本的にはこうした庶民的な食生活を送ったと考えられる。慣れない生魚を飲み込んでいる宣教師の姿に、異文化での人類学フィールドワークとも重なる光景が浮かび上がってくる。宣教師たちは、日本での食材に日々出会いつつ、違いに驚き、あるいはあらたな組み合わせを試したりし

ながら、日本での暮らしを続けた。親しくなれば、まして信者となれば、日常的に食べ物が宣教師のもとには届けられたことだろう。

　イエズス会の宣教師たちが、日本人の食生活に与えた影響は、どのようなものだっただろうか。サビエルは日本の僧の食習慣を真似て肉食をしなかったというが、彼の後には信者に肉食を勧めた宣教師もいた。豊後のキリシタン大名、大友宗麟のもとで布教をしたポルトガル人の宣教師ビレラは、1557 年（弘治 3 年）の復活祭に雌牛の肉とサフランで色付けされた黄色いご飯をふるまった。これは、現地の人たちによほど強い印象を残したらしく、現在も「豊後黄飯」と称して、魚・豆腐・野菜をクチナシで黄色く炊いたご飯の上にのせる郷土料理となって伝えられている。さらに、こうした影響で、一時は九州を中心に肉食の習慣が広まって、薩摩の島津軍は生きた豚を兵糧として戦場に運んでいたという（堀尾・横山、2016: 45）。そのほかに彼らが日本にもたらしたものには、パン（pão）がある。名前も中身も日本流に変化していったものとして、南蛮菓子では pão de lo（カステラ）、pastel de nata（エッグタルト）torta de azeitão（タルト：四国名菓の「一六タルト」は餡を入れたものになっている）、bolo de gema（ぼーろ）、fios de ovos（鶏卵そうめん）の原型がポルトガルにはある。「南蛮」を関した食べ物をみても、南蛮漬け、鴨南そば、チキン南蛮など、時代と共に内容も言葉の意味も広がっていった（江後、2004）。

　貴族の饗宴に比べて、庶民がどのようなものを食べていたかは、記録が極端に少ないが、国宝「病草紙（やまいのそうし）」に描かれた食事のようすを見ると、一人ずつの御膳の上には、高盛のご飯に汁、小皿が 3 つ描かれ、一汁三菜の食事が描かれている。また、「酒飯論絵巻」には、おそらくは庶民よりは贅沢なものを食べていたと思われる僧侶の膳が描かれ、2 つの膳に二汁五菜が載っている（熊倉、2009 : 31）。

　有薗（2016）は、16 世紀後半から 20 世紀にかけて日本を訪れたヨーロッパ人 29 人が観察・記録した、庶民の食生活に関する記述をまとめている。その中で始めの 4 人は、いずれもイエズス会の宣教師であった。具体的には、ポルトガルからのビレラ（1557 初来日）、フロイス（1565）、メシア（1584）、イタリア人カルレッティ（1597）である。その研究にそって紹介すれば、メシヤ（Rorenzo Mesia）は、1584 年の書簡で「大多数の人は米と各種野の草や貝類

を沢山に食ひ、野の草と貝類及び塩をもって養を取る者が多い。」と記述している（村上訳、1969: 97）。

　酒についてのかなり詳しい記述もある。長崎に来航したイタリア人のフランチェスコ・カルレッティによれば、当時の日本人の酒の作り方と飲み方は、次のようなものであり、強い蒸留酒も造られていた（有薗、2016: 11-12）。

　　この国には酒も豊富にある。それは米から造られる。あらかじめ火にかけて、生温かいというよりも少し熱くして飲んだり他人にすすめたりする。

　　酒は米から造られる。それは蒸気で蒸され、(中略) 純粋の灰が混入され、黴が生じるまでそのままに寝かせておく。これには長い時間はかからない。同じ方法で灰も加えないし黴も生じていない煮いた米をそれに加える。これらすべてが樽の中で水と混ぜられ、それは二、三日中に発酵する。それからそれは濾布で濾こされるのである。このような方法で酷のある美味い酒が得られる[2]。

　　人びとは夏であろうと冬であろうと、酒を常に温めて飲む。その時に彼らは酒を、ちびりちびりと楽しみ、(中略) しばしば酔っぱらう。

3．大内氏のぜいたくな饗宴

　ここで、少し視点を変えて、当時「西の京」と呼ばれ、サビエルの布教を許した大内氏のころの貴族の食事がどんなものがあったかを検討してみよう。

　やや時代はさかのぼるが、1500 年に大内氏が先の将軍を饗応したときの献立とそれを最近実際に復元してみた取り組みが、当時の貴族のぜいたくな饗宴がどのようなものだったかを教えてくれる。大内氏の館あとの発掘調査からも、文献をうらづける多数の遺物が出土し、当時のじつに多彩な食材のひろがりを教えてくれる。以下は、朝日新聞 2006 年 07 月 24 日の記事からの抜粋である。

　　室町時代に西国一の権勢を振るった守護大名・大内氏の館跡＝山口市大殿大路、国指定史跡＝で食物残滓が大量に見つかり、分析の結果、タイや

カモなどの骨とわかった。当時の記録には豪華な料理で要人をもてなしたという記述があり、発掘した山口市教育委員会は「繁栄を極めた西の京の美食の一部を裏付ける物証」とさらに調査を続けている。

食べかすが見つかったのは史跡内北側。試掘した約 30 基の土坑のうち、周囲 1.2 メートルの穴から宴会に使われたと見られる土師器と共に、生き物の骨が大量に見つかった。

分析に当たった土井ヶ浜遺跡・人類学ミュージアム（山口県下関市）によると、魚骨はスズキ属やイサキ科、アジ、タイの仲間。ツグミ大の鳥の指骨やカモ類の腰骨があった。九州・中国の土壌は強い酸性で骨が溶けることが多いといい、分析した沖田絵麻さんは「焼けた状態だったため酸化を免れたようだ」とみている。

山口県文書館所蔵の「明応九年（西暦 1500 年）三月五日将軍御成雑掌注文」には、将軍職を追われた足利義稙が大内氏を頼って山口を訪れた際の宴会の献立が記されている。土師器に盛った膳が 25 膳 106 皿以上交互に出て、当時の山口では手に入らないサケや昆布、数の子のほか、タイやスズキの刺し身、伊勢エビの舟盛り、コウノトリの肉料理など美食ぶりを詳細に伝えている。1549 年に毛利元就を招いた席にはカワウソやツルなどが一晩に 10 膳以上出たとの記録も残っている。

4. 『日葡辞書』を読む

時代を超えて食生活の変遷を網羅的に調べるため、「節用集」などと呼ばれた百科事典の記述から、どのような食材があったかを室町時代から江戸末期まで追跡した研究もある（市毛・石川、1984）。室町時代後期から江戸末にかけて、節用集類 12 冊から食生活関係語彙を抜き出してみたところ、その数は、1597（慶長 2）年の『易林本節用集』で 323 語、最大の『万代早引節用集大成』で、1404 語であった。その研究を追うのも興味深いのだが、ここでは、より直接的に、サビエルの後継として日本での布教をしたイエズス会の宣教師たちが当時の日本人にキリスト教を布教するための手立てとして編み、1603 年に長崎で刊行した『日葡辞書』（復刻版、1960 および土井他による邦訳、1980）を手

掛かりにしてみたい。この辞書の邦訳が出版されてから、その中の食文化についての記述に注目する試みも行われるようになった。松本仲子（2009）の研究によると、『日葡辞書』に収録されている全3万2293語の日本語のうち、約9％にあたる2830語が食に関する語彙であった。2世紀半あとに刊行された『万代早引節用集大成』の食に関する語彙の1404語と比べて2倍を越える数であり、同時期の『易林本節用集』の約8.8倍にも達する圧倒的なまでの詳しさである。日本での宣教のための異文化理解とコミュニケーションをめざして宣教師たちがいかに大きな努力を傾けたかがわかる。それと同時に、外からの目で異文化として捉えた日本が、当人たちの気づくことのできない日常生活のこまごまとした記録として残されたことに気づかされるのである。室町時代末の日本で異文化フィールドワークを積み重ねて大規模な辞書を作り上げた宣教師たちの情熱と能力に圧倒される。

　16世紀後半の「シモ」九州・山口や「カミ」京・大坂における食の状況を端的に示す、膨大で多岐にわたる『日葡辞書』中にあらわれた食材を、1）穀類と芋類、2）豆類、3）調味料と香辛料、4）魚介類と肉類、5）瓜類と果物、にわけて抜粋して紹介しておきたい。すべて現在形で訳し、この節の片仮名表記はポルトガル語のアルファベットの発音に対応し、区別のために和名は平かなか漢字で示している。

　その多彩な語彙を見ていくと、白米のご飯と野菜と新鮮な魚介類を醤油味で調理したものという現代人の「和食」のイメージをはるかに凌駕する多彩な食文化が当時の西日本にあったことが確認できる。林文子（2008）の整理を抜粋して引用しながら順番にみていこう。長音の表記にあたっては、口の開き方の広い音として表記されているものについては今日の日本語表記のように「ー」で表記し、狭い音については、「ôオゥ」などのように区別して示した。

1）穀類と芋類

　　　イネには、ワセ、ナカテ、ヲクテの別があり、ハツゴメと刈り取った後、二度目に生えてくるヒツチゴメ（ひつじ米）がある。シンベイ／シンマイに対し、コマイ／フルゴメ／ヒネゴメという。よく搗いた白い米は、シラゲゴメ／セイコク（精穀）・シロヅキノコメ・ジョーハクマイ（上白米）

といい、ヌカ・スクモ（もみ殻）・ハシカとも呼ばれるノギ（芒）のよく
とれていないものは、ラッリョー（糲糧）で、中流程度の人々の食糧とな
る中等米はチュージロ（中白）と呼ばれ、下賤な者に食わせるものはゲヨ
ー（下用）という。

　コメの品種は、アカゴメ（赤米）・タイトーゴメ（大唐米）・トーボシ（唐
法師）、クロゴメ（黒米）、ウルシネ（うるち）、モチゴメ、サカゴメ（酒米）
がある。ナマゴメ、柔らかくするために水につけたカシゴメ、神前に供え
るために洗ったアライヨネ、また、イリゴメ、ヤキゴメ、甘く固めたヲコ
シゴメ、ハゼ（爆米）がある。チマキには、竹の葉でくるんだササヂマキ、
モチゴメを甘く煮たアメヂマキ（飴粽）の種類がある。

　飯は、コワイイ（強飯）、糯米のセキハン（赤飯）があり、大麦をナカ
ラヅキ（二度搗き）して炊けばムギイイ／バクハン（麦飯）、粟ならアワ
イイ／アワメシである。トチの実を入れたトチイイもあった。余ったヒエ
イイ（冷飯）はそのまま食べることもあれば、湯をかけてユヅケ（湯漬）
とすることもある。あぶり焦がしてヤキイイ（焼飯）としたり、干してホ
シイ（糒）にもする。細かく刻んだ具を入れ、その上に汁をかけて食べる
ホーハン（芳飯）もあり、野菜その他のものを入れて煮た飯をゾウスイ（雑
炊 zôsui）、味噌が入った養生食のようなものを（味噌水）という。ひき割
り米でワリノカイ／ヒキワリガイを作る。細かくつぶした米のシトギ（粢）、
ヒエガイ（稗粥）、アヅキガイ（小豆粥）、五種の物をまぜて作った汁の入
ったゴミジュク（五味粥）、ウンゾー（温糟・紅糟）などがある。

　糯米でつくったモチの類は、28種類もあり、麦粟のモチやキビダンゴも6
種類記録されている。詳細は割愛するが、センベイを、米でつくった一種のゴ
ーフルで、カトリックのミサで使う聖体パンに似ているが、食べるときの音は
「ボリボリ」であると書いているのが興味深い。

　バクフン（麦粉）を使った食品では、小麦（コムギ・ショゥバク
xôbacu）のメンルイとして、ソーメン、キリムギ、イレムギ、ムシムギ、
アツムギ、ヒヤムギ、キシメン、ウドンなどがそろっていた。小麦からフ

（麩）が作られる。

麦粉のマンジューは、甘くすればとくにサトーマンジューと呼ぶ。

炒った米やヲゥバク（大麦 vôbacu）の粉は、ハッタイ・コガシといい、大麦に塩をまぜて搗いたものをサシという。ソバの粉からつくったものは、色あいからウスズミと呼ぶ。

水飴をアメといい、サトーヨーカンもコヲリザトーもある。

イモにはヤマノイモとジョヨ（薯蕷）があり、ヤマノイモの葉の間に生ずる実をムカゴ／ヌカゴ（零余子）という。すりおろして汁に入れるイモマキや麺仕立てとしたジョヨメンなどがある。他の根菜としてはクワイ、球根のあるユリ、太い根のコンニャク、苦味のある草の根トコロ、黄色の小さな人参のようで苦味のある草のヒカイ（草薢、おにどころ）、ニンジン、ゴボー、野生のヤマゴボー、グゥセツ（藕節、gûxet 蓮根の節のところ）、グゥコン（藕根）、レンコン（蓮根）、タカンナ（笋）、タケノコがみられる。なかでも雪の中から抜き取る柔らかな筍をセッチューノタカンナ（雪中の笋）と呼び、日にあてて乾かした筍をシュンカン（笋干）という。

2）豆類

マメの筆頭はダイズである。アヅキは、ショウヅ（小豆、xôzzu）ともいい、シャクショウヅ（赤小豆）、シロアヅキの区別がある。ササゲ／ササギ・カクショウヅ（角小豆）もある。フローササギ（じゅうろくささげ）は柔らかくて色つやがよい。ナタマメ、タチワキ、ナツマメ、アヲマメ、エンドゥ（yendô）、クロマメ、フタナリ、ブンドゥ（文豆、bundô）、ノマメ、ヘンヅ（扁豆）、コクヘンヅ、ハクヘンヅ、トーマメなどがある。料理してニマメ、イリマメ、これに草の根を挽いたものを加えたトヂマメ、大豆小豆汁をイトコニといい（注、これは、今日の山口の郷土料理にある名前）、「シモ」ではこれをアツメニ（集め煮）と呼ぶ。

マメを生チーズのように作ったトーフは、トーフヤが売っている。細く切ったウドンドーフ、ユドーフ、アブリドーフ、そのあと味噌で煮たハンベン、味噌をつけて串にさしてあぶったデンガク、干した固い豆腐でつくるロクジョゥ（六条、rocugiô）がある。大豆、大麦、小麦でモヤシも作

られていた。ナットゥ（nattô、大徳寺納豆のようなものか）、ナットゥジル（納豆汁）も作られる。

3）調味料と香辛料

　　大豆、米、塩でつくるミソには、練りつぶしたフクサミソ、漉したタレミソ、ホロミソ（法論味噌）があり、ミソヤ（味噌屋）がある。水に溶けて澄んだ味噌汁をスマシスメミソ（澄め味噌）という。米糠で作った味噌はヌカミソ（糠味噌）で、これで調理した汁はソーコージル（糟糠汁）という。味噌から取る非常においしい液体で、食物の調理に用いられるタマリがある。よく搗き砕いて粉にした大豆と麦や塩で作ったヒシヲ（醤）、小麦と豆から製し、味をつけるために非常によく使われるスタテ（簣立）は、別名ショーユ（醤油）と呼ばれる塩辛い液体で、食物の調味に使う酢に相当する。山葵、芥子、生薑と混ぜて、他のものにつけるソースのスシヲ（酢塩）としてスシヲザラ（酢塩皿）で供される。酸い梅の実を塩漬けにしたその汁をウメズといい、酒で作った酢づけ汁をシヲザカシヲ（塩酒塩）という。大根と酢で作るサラダをスサイ（酢菜）といい、野菜等に混ぜるスアヱ、酢づけ汁ヌタを魚等に混ぜるヌタアヱがある。

　この時期には、すでに醤油の名前も、味噌のたまりも使われていたのである。以下のように、和食の発展にとってきわめて重要になる出汁があらわれている。鰹節の登場である。

　アイヌ語の「コンプ」から出たといわれるコブも食べられていたが、これで出汁をとったかどうかまでは『日葡辞書』の記述からは分からない。

　　干した鰹をダシといい、ヒトフシ（一節）と数え、その精と味とを抽出するために煮ることをニダスという。カイソーとしてはコブ（昆布）とメ（ワカメ・アラメ・カヂメ・クロメ・メカブ）があり、コブは、イリコブ、アゲコブ、アブリコブとして食べられる。茸としてマツダケのほかにシイタケもある。

　　ぴりぴりするカラミは「日本の胡椒」のサンショゥ（sanxô）、野生のも

のはイヌザンショウである。山林に生ずるワサビは、冷たい汁や、その他の料理に使われ、タデも味噌に合わせ汁にする。野生のイスタデもある。カラシの葉はハガラシ、野生のものはタガラシである。舌を刺激する五つの辛みゴシン（五辛）のひとつの葱類として、ネギ、ヒトモジ、ワケギ、カリギ（刈葱）、アサツキ、チモト（千本）、ニラ（韮）、ニンニクとそれに似た草のフクシューの「シモ」での呼称はヒル（蒜）、野生のものは、ノビル（野蒜）、根がニンニクに似た、スミレ、スモートリグサ（天門冬）がある。ショーガは酢に漬けて、スハジカミにするほか、干してカンキョー（干薑）とし、香り豊かなミョーガ、シソ、セリ、ネゼリ、ミツバゼリが知られている。セリの料理としてセリヤキがある。

４）魚介類と肉類

　この項は、あまりにも膨大で、ほんのつまみ食いしかできないのだが、イヲ（魚）は、ゴーカノウロクズ（江河の鱗）とも呼ばれ、取れる場所によって、カワイヲ（川魚）と入り江で捕れるコーギョ（江魚）に別けられる。アユもウナギもハモもドジョウも現代人が知っている魚よりはるかに多くの魚が、豊かだった自然と人間の関係を反映して登場する。大内館跡から発掘された、スズキ・ロギョ（鱸魚）とタイがあるが、アジとイサキは、魚名が違うのか見つからない。また、サケノヒヅナマス、コノワタ、カラスミのような珍味も登場する。現在、山口県ではフクと呼んでいるフグが、「フク（河豚）・フクトー（河鈍）、中の毒を取り除いで汁に入れて食べる」と濁りのない発音のまま書き取られているのは、山口県人としてはうれしいところである。イカ、タコなど、大西洋に面したイベリア半島では現在よく食べられている食材もあるが、現在高値で取引される「かめのて」は載っていないようである。

　　生の魚にイリザカシヲ（煎酒塩）・ワサビズ（山葵酢）・カラシズ（芥子酢）・ショーガス（生薑酢）といったソースをつけて食べるサシミ、ナマス、ヤキイヲ、アブリイオ、カマボコ、コゴリ（凝り）などがある。スシ（鮨）があり、魚を長持ちさせ、そのまま生で食べるよう飯や塩を加えて調理したものであり、熟成する前はナマナリナスシ（生成りな鮓）と呼ぶ。そして、

　魚でつくった美味しい料理は、とくに bibut ビブッ（美物）と呼ばれている。

　　鳥の種類は多く、野鳥が主だがニワトリやウズラもいて、卵はケイラン・ケイシ（鶏子）だが、「シモ」ではタマゴ、「カミ」ではカイゴと呼ぶ。食用蛙をタウズラと鳥のように呼び習わしている。

　大内氏の館で発掘された鴨（かも）類も、アシガモ、クロガモ、スズカモ、カリ、ハクガン、ヒシクイなど多数登場し、コゥ（cô、こうのとり）、ツル、クロヅルも入っている。同じく骨が出土したつぐみ大の鳥としては、ツグミ、イソツグミ、クロツグミ、ヤマツグミなどがある。

　獣は、シカ・ロク（鹿）とイノシシ・ヤチョ（野猪）、ウサギ、タヌキなどが主な狩猟の対象だった。肉の名称としては、チョニク（猪肉）、チョタン（猪肝）、クニク（狗肉）、ギューニク（牛肉）がある。飼育していた牛馬は食べなかったというが、ヤギュー（野牛）という言葉があるから、野生化していたものか。大内氏の館あとから出てきたカワウソもこの名前で収録されている。

5）果物と瓜類

　　食後にクダモノ別名クヮシ（菓子）を食べる。ナシはアリノミとも呼ばれ、ミズナシ、イワナシ、小さな瓢箪の格好をしたカラナシ（甘棠）、ケンノミ（玄の実）、ジャクロ・ザクロ、とくに甘いアマジャクロ、ビワ、カリン、リンゴ、モモ（核はトーニン）、カラモモ、アンズ（核はキョーニン）、スモモ、バイジッ（梅実）、梅の核の肉はバイニン（梅仁）、ナツメ、ブドー、エビカヅラ、ガレンブ（山葡萄）、「カミ」ではヤブブドーという。さらにグミ、ユスラ（ゆすらうめ）、クワノミ（桑の実）、桑の実のようなイチゴ（覆盆子）、キイチゴ、ヤマモモ、アケビがある。サビエルが日本人は林檎も食べないと書いたが、この時代のものは、小さい「わりんご」であった。カキ（柿）は「林檎に似た日本のいちじく」であり、種類としてはミノガキ（美濃柿）、宇治の干し柿のマルガキ、ヤマガキ、味のよいコネリ（木練）、コザワシ（木淡）、シブカキ（渋柿）、湯で渋抜きをしたアワセガキ・ネリガキ（練柿）、生干しの軟らかなアマボシ（甘干）、串に刺して干したクシガキ（串柿）、ジュクシ（熟柿）などがあり、菓子の中では重視され

ている。ポルトガルの無花果に似たイタブ（おおいたび？）がある。ミカンの種類も多く、コージ・カンジ（柑子）、甘いミッカン（蜜柑）、ウジュキッ（温州橘）、ダイコージ（大柑子）、クネブ／クネボ（九年母）、酸っぱいダイダイ（橙）、カブス（かぼす）、皮が薄く酸っぱいウスカワ（薄皮）、小さくて酸っぱいタチバナ（橘）、実も木も小さなキンカン（金柑）があり、とくに酸っぱいユ（柚）は、小さい瓢箪型の容器ユヒョウ（yufeô 柚瓢）としたり、味噌を詰めてユミソ（柚味噌）をつくる。手のような形のブシュカン（仏手柑）もある。コノミ／キノミ（木の実）としては、クリはナマグリ（生栗）を臼で搗いて殻を取り去って砕いたウチグリ（打栗）、干からびさせたものをカチグリと呼ぶ。あぶって食べるギンアン（銀杏）／イチョーノミ／イチョー（鴨脚）、クルミ（胡桃）、ヒメグルミ（姫胡桃）、シイ（椎）、渋いどんぐりは、カシイ／カシノミ（樫の実）、渋くないものとしては、カヤ（榧）のほか、イチイ（櫟）、ヒシ（菱）、ムクノミ（椋の実）、ハシバミ（榛）、エノミ（榎の実）がある。

　ウリ（瓜）は、ウリバタケ（瓜畑）・クヮデン（瓜田）に作る。熟したものをジュククヮ（熟瓜）、熟してひとりでにほぞが落ちたものをホゾヲチノウリ、盛りを過ぎた後の悪いやせこけたものをサギウリ、収穫の時期が過ぎ去ることをウリガスガルという。瓜には、黄色で丸いアコダウリ（阿古陀瓜）、美濃国にできる上質の小さな瓜のマクワウリ（真桑瓜）、サトーウリ（砂糖瓜）、味の良い緑色のボーウリ、卵に似た白く小さいヒメウリ（姫瓜）、白いシロウリ（越瓜）、キウリ（胡瓜）、ヘチマ（糸瓜）、ニガウリ・ククヮ（苦瓜）、スイクヮ（水瓜）、カラウリ（唐瓜）、サルゲナシ（？）、ヒサゴ（瓢）が知られている。またトーグヮ（冬瓜）・カモウリ（鴨瓜）がある。ユーガヲ（夕顔）は干して、カンピョー（干瓢）とする。

以上は、林文子（2008）の整理から抜粋して引用し、表記を原典で再確認して、必要に応じて修正したものである。

5.　ルイス・フロイスのみたイベリア半島の食と和食の対比

　さて、上記の抜粋だけでも、目もくらむほどの豊かな多様性をもった食材が、16 世紀後半の西日本にはあったことが、イエズス会の宣教師達のフィールドワークの精華ともいうべき、『日葡辞書』によって明らかになった。

　これらの聞き取りや観察を重ねながら、宣教師の胸の中を去来した、眼前の日本食と、ふるさとのイベリア半島の、今日地中海食あるいはバスク料理などといわれるようになった食べ物への思いが、どのように交錯していたのだろうか。それを読み解くための、かっこうの史料がある。

　ルイス・フロイス（1532-1597）は、リスボンに生まれ、16 歳でイエズス会に入り、ゴアで日本に出発する直前のサビエルとアンジロウに会っている。31 歳の時念願の日本渡航を果たし、長崎で没するまでその語学力と文才を生かして、すぐれた著作を残した。『日欧文化比較』として 1965 年に岩波書店から刊行された作品（1991 年の岩波文庫版では『ヨーロッパ文化と日本文化』と改題）は、日本とヨーロッパの文化の違いをきわめて印象的に際立たせるもので、一方の肩をもつことなく、文化理解のすれ違いを描き出していて痛快である。以下に、なかなか受け入れがたい日本のマナーや給仕の方式、食材の選択や、味覚の違い、そして調理法の差にいたるまで、とくに発酵食品については、お互いに鼻をつまみながらそれでも共存していた様子が伝わってきて、文化人類学の教科書としても使える内容を含んでいる（フロイス、1991: 92-106、136、196）。以下、食事の組み立てに沿って、地中海食に慣れた当時のポルトガル人たちが和食に出会った時のショックを抜粋して追体験してみよう。

> 1）われわれはすべてのものを手をつかって食べる。日本人は男も女も、子どもの時から二本の棒を用いて食べる（6 章 -1）。
> 2）われわれの間では口で大きな音を立てて食事をしたり、葡萄酒を一滴も残さず飲みほしたりすることは卑しい振舞とされている。日本人たちの間ではそのどちらのことも礼儀正しいことだと思われている（6 章 -43）。

3) われわれは食事を料理する際に陶製の煮物鍋や丼を使う。日本人は鋳鉄製の鍋や器を使う（6章-9）。

4) われわれの料理はパンの外はすべて蔽いをかけて運ばれてくる。日本では反対で、米飯だけが蔽われる（6章-18）。

5) ポルトガルでは塩を入れずに煮た米を下痢止めの薬として食べる。日本人にとっては塩を入れずに煮た米は、われわれの間のパンと同様、普通の食物である（6章-58）。

6) われわれの間では食事の時に塩が無くても大した不都合はない。日本人は塩が欠乏すると脹んだり、病気になったりする（6章-56）。

7) われわれはいつも彼らの汁 xiro（xiru の誤記か）を塩辛く感ずる。彼らはわれわれのスープを塩気が無いと感じている（6章-57）。

8) ヨーロッパで甘い味を人々が好むのと同程度に、日本人は塩辛い味をよろこぶ（6章-19）。

9) われわれは食物に種々の薬味を加えて調味する。日本人は味噌 misó で調味する。味噌は米と腐敗した穀物とを塩で混ぜ合わせたものである（6章-40）。

10) われわれはスープが無くとも結構食事をすることができる。日本人は汁 xiru が無いと食事ができない（6章-7）。

11) われわれは素麺を食べるのに熱い、切ったものを食べる。彼らはそれを冷たい水に漬け、極めて長いものを食べる（6章-22）。

12) われわれは砂糖や卵やシナモンを使ってそれ〔麺類〕を食べる。彼らは芥子や唐辛を使って食べる（6章-23）。

13) ヨーロッパ人は牝鶏や鶏、パイ、ブラモンジュ（白いゼリー）などを好む。日本人は野犬や鶴、大猿、猫、生の海藻などをよろこぶ（6章-24）。

14) われわれは犬は食べないで、牛を食べる。彼らは牛を食べず、家庭薬として見事に犬を食べる（6章-41）。

15) ヨーロッパでは、牝鶏と雛鶏とは病気のための薬とされている。日本人はそれを毒だと考えている。そして病人に魚と塩漬の大根を与えることを命ずる（9章-14）。

16) ヨーロッパでは鶏や家鴨などを飼うことを喜ぶ。日本人はそれを喜ばない。僅かに子どもたちを喜ばせるために雄鶏を飼うにすぎない（6章 -53）。

17) われわれの間では魚の腐敗した臓物は嫌悪すべきものになっている。日本人はそれを肴 sacana に用い、たいそう喜ぶ（6章 -42）。

18) われわれの間では腐敗した肉や魚を食べたり、贈ったりすることは無礼なことである。日本ではそれを食べ、また悪臭を放っても躊躇することなくそれを贈る（6章 -51）。

19) われわれは乳製品、チーズ、バター、骨の髄などをよろこぶ。日本人はこれらのものをすべて忌み嫌う。彼らにとってはそれは悪臭がひどいのである（6章 -39）。

20) われわれの間では鰡は珍重されている。日本では嫌われ、卑しい人々が食するものである（6章 -59）。

21) ヨーロッパ人は焼いた魚、煮た魚を好む。日本人は生で食べることを一層よろこぶ（6章 -12）。

22) われわれの間ではフライにした魚をよろこぶ。彼らはそれを好まない。そして海藻の揚げたのをよろこぶ（6章 -47）。

23) ヨーロッパではパイは捏粉で造る。日本ではオレンジの中身を取り去り、その果皮と中に入れたものとでパイが造られる（6章 -54）。

24) われわれは鱒を文火で焼き、または煮て食べる。彼らはそれを串にさして、こんがりと焼けるまで焼く（6章 -25）。

25) ヨーロッパでは猪の肉を煮て食べる。日本人はそれを薄く切って生で食べる（6章 -55）。

26) われわれの間ではすべての果物は熟したものを食べ、胡瓜だけは未熟のものを食べる。日本人はすべての果物を未熟のまま食べ、胡瓜だけはすっかり黄色になった、熟したものを食べる（6章 -13）。

27) われわれの間では鍋の底に焦げついた飯は戸外に棄てるか、犬に食わせる。日本ではそれは食後の果物である。またはそれを終りに飲む湯の中に投ずる（6章 -34）。

28) ポルトガルの葡萄と無花果はわれわれにとって快く、きわめて美味し

いものである。日本人は無花果を嫌い、また葡萄をあまり美味と思わない（14章-63）。

29）われわれは瓜を嗅ぐ時、頂で嗅ぐ。彼らは底で嗅ぐ（6章-15）。

30）われわれは瓜を縦に切る。日本人は横に切る（6章-14）。

31）われわれはそれを食べてから後で、その果皮を捨てる。彼らはそれを剥いて、果皮を捨ててから、食べる（6章-16）。

32）われわれの間では〔食事が〕始まると直ぐに酒を飲みはじめる。日本人はほとんど食事が終ったころになって、酒を飲みはじめる（6章-35）。

33）われわれの葡萄酒は葡萄の実から造る。彼らのものはすべて米から造る（6章-27）。

注

1. 本章の第1節から4節までは溝手朝子執筆文に安渓遊地が加筆、第5節と6節は溝手の原案にそって安渓が執筆した。

2. この資料を紹介した有薗（2016）は、蒸し米に混ぜられる「純粋の灰」を種麹のことであろうと解説しているが、酒造における灰の活用は、少なくとも延喜式以来の記録があり、現代でも灰によるアルカリ度およびミネラル分のコントロールによって、味噌用の麹、泡盛用の黒麹を作り分ける技法が、沖縄県の西表島などに残存していることから、これは文字通り「灰」が利用されていたものであろう。

日本初の教会となった大道寺

エフライン・ビジャモール・エレロ

　最初にサビエルに布教運動を許したのは、大内義隆である。守護大名の大内氏は戦乱で荒れた京都から戻ってきた宣教師に対して布教の保護とともに廃寺を与えた。実際にはその「大道寺」では、毎日境内から人がはみでてしまう程、様々な階級の人が訪れ、「山口討論」（The debates of Yamaguchi）と呼称される熾烈な議論が行われた（Zubillaga 1968: 391）。大内義隆により与えられた廃寺は宣教師の定住や山口での布教拠点となった。明治時代の1889年に、大道寺の所在を探るため、フランス人の神父は、「山口古図」の記載を基に、現在の山口赤十字病院近辺の金古曽町の土地にその地点を見定め、土地を買い求めて「サビエル記念公園」をつくった。

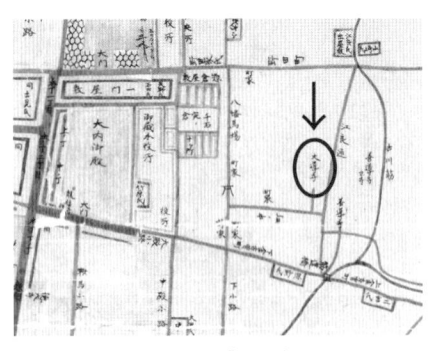 

図1-4　大内氏時代地図「山口古図」　　　　図1-5 サビエル記念公園（聖サビエル記念碑）
　　　　（山口県文書館所蔵）

　しかし、「山口古図」には、大道寺の記載配置が確認できるが、これをめぐっては信憑性の問題があり、本来どこにあったかは依然として定かではないとされている（伊藤，2011: 123）。大内義隆の菩提寺の龍福寺が建立された旧伊勢路に沿ってサビエルは布教活動を行っていたと言われる。山口で布教の道を

拓くまで、井戸の近くに集う人に対して布教活動を進めていた。厳密な大道寺の建立の場所が特定できていないため、その周辺の井戸の所在も依然として確定できていない。現在、山口市内には、諸説により、二つの場所に看板が掲げられ、改めて山口での布教事情に関して、未だに解明されていない謎があることを知ることができる。

図1-6　龍福寺正門前の井戸

図1-7　商店街のサビエル看板

図1-8　山口市内のサビエルゆかりの場所
（①龍福寺（旧大内氏御殿）、②サビエル記念聖堂、③龍福寺正門前の井戸、④スペースパンプローナ、⑤商店街のサビエル看板、⑥サビエル記念公園）

出典：https://www.navitime.co.jp/maps を基に作成

第 2 章

サビエルのころのスペインの生活 ——
多文化共存から排除へ

安渓遊地

　ボルドーのワインにも負けないナバラの有機ワインと、薫り高いオリーブ油
をかけたパンの上のイベリコ豚の生ハム。これがあればもう何もいらないとい
うほどの美味だ。さて、サビエルのころから、イベリア半島やバスクには、こ
んな楽しみはあったのだろうか。前章の最後に引用した、サビエルのあとに日
本に長く滞在したイエズス会の宣教師のルイス・フロイスが書いた「ヨーロッ
パでは猪の肉を煮て食べる。日本人はそれを薄く切って生で食べる」（『ヨーロ
ッパ文化と日本文化』6 章 -55）を読むと、猪の刺身を食べる習慣のある霧島
連山や西表島の食が思い出され、妄想をたくましくすれば、イベリア半島名物
の生ハムとその食べ方は、宣教師たちが日本から持ち帰ったもののようにも思
えてくる。

　本書第三部のコラム 3 にあるとおり、ワインの歴史は少なくともエジプト文
明とともに古いが、イベリア半島にそれをもたらされたのは、紀元前 51 年に
カエサルがボルドーあたりを征服したころより後らしい（麻井、2001: 170 –
171）。豚を林内で放牧してドングリを食べさせるイベリコ豚の源流もローマ時
代以前のケルト人以来のヨーロッパの伝統である（浅井、2006: 179）。しかし、
地中海食の一画をなすものとして世界遺産として認知されるようになったイベ
リア半島について、その激動の歴史を学ばなければ、現在普通に観光客が食べ
ているものでさえ、その成り立ちの背景を理解することはできない。

1．偉大なるイスラム文明の遺産

　私（安渓遊地）は、英語、ラテン語、スワヒリ語、フランス語につぐ 5 番目
の外国語として、わずか 5 か月ではあったが、パンプローナで毎日スペイン語

の中で暮らしていた。驚いたのは、日常の食べ物の名前に、フランス語などとは似ても似つかぬものがたくさんあったことである。同時に、初歩のバスク語も習っていたので比べてみたが、それはまたそれで全然違う名前だった。

　語源辞典などで調べてみるとその多くはアラビア語が起源だった。東アフリカの共通語であるスワヒリ語も、たくさんのアラビア語の語彙を取り入れているが、栽培植物の名前などは土着のバンツー語や、インドからの名前が主だったので、その予備知識ではスペイン語への類推がきかなかったのだ。

　以下の表に示すのは、パンプローナでの日常生活で出てきたスペイン語の栽培植物名でアラビア語源のものである。人参がサナオリヤ、アンズがアルバリコケなど、なかなか耳慣れないものだが、綿のアルゴドンなどは、フランス語のコトンや、英語のコットンにほぼそのまま入っている。そういえば、砂糖のアスカルも、英語のシュガー（スワヒリ語ならスカーリ）などとして、イベリア半島を入り口としてヨーロッパ全土に広まった語彙が多いことがわかる。なお、アルコールのように、alで始まる単語が多いのは、これがアラビア語の定冠詞で、イベリア半島で直接習った人びとは、耳から定冠詞ごと覚え込み、フランスより北の、書物からとり入れた国々では、冠詞抜きの単語が入ったのだという説もある。

　これはすなわち、中世のヨーロッパにおいて、北アフリカとヨーロッパ南部に勢力を伸ばして、今日地中海食といわれるものの源流をつくった、いくつものイスラム帝国やその傘下の諸王国の遺産に他ならない。これらの日常の語彙は、学問的・技術的にはるかに進んだイスラム文明から中世のヨーロッパにたくさんの文物が流入した歴史の証人なのである。

　表には日本語と英語を添えておいたが、これを見ると、アラビア語源の単語が、世界にひろがっていることが感じ取れるであろう。なお、現代のイベリア半島でのスペイン語は、h を発音せず、z と c の子音は、英語の think のように濁らずに発音することをおぼえておけば、ほぼローマ字と同じ発音で通じる（ca だけはカ）。アクセントは、後ろから二番目の母音を強く高く発音するのが決まりだが、例外はすべて表記するのが正書法となっている。だから、caféと書いてあれば、カフェのフェを強く高めに発音すればよい。英語よりスペイン語を先に習えばよかった。受験勉強の中で、綴りとはかけはなれた英語の発

音と、きまぐれなアクセントを覚えるために浪費した脳のメモリーを返してほしい気分である。

表1-1　地中海食のスペイン語に密着したアラビア語源の単語（安渓遊地作成）

スペイン語	読み	英語	日本語
aceite	アセイテ	oil	油
aceituna	アセイトゥナ	olive	オリーブの実
alambique	アランビケ	still	らんびき（蒸留器）
albahaca	アルバアカ	basil	バジル
albaricoque	アルバリコケ	plum	あんず
alcachofa	アルカチョファ	artichoke	アーティチョーク
alcohol	アルコール	alcohol	アルコール
algodón	アルゴドン	cotton	綿
arroz	アロス	rice	米
azafrán	アサフラン	saffron	サフラン
azúcar	アスカル	sugar	砂糖
bellota	ベジョタ	acorn	どんぐり
berenjena	ベレンヘナ	aubergine	なすび
café	カフェ	coffee	コーヒー
escabeche	エスカベチェ	pickle	ピクルス
fideo	フィデオ	noodle	パスタ
jarabe	ハラベ	syrup	シロップ
limón	リモン	lemon	レモン
lima	リマ	lime	ライム
naranja	ナランハ	orange	オレンジ
sandía	サンディア	watermelon	すいか
sorbete	ソルベテ	sorbet	シャーベット
zanahoria	サナオリア	carrot	にんじん

　これらのものを始めとして、サビエルの時代には、「新大陸」からもたらされた、ジャガイモ、トマト、トウガラシなどが少しずつ加わっていたであろう。

　第1章で引用した、サビエルよりも 26 歳年下のポルトガルの宣教師、ルイス・フロイスが書き残した『ヨーロッパ文化と日本文化』の中の食物と酒をめぐる記述は、当時の西日本の食生活をえがくとともに、イベリア半島でのキリスト教徒の食生活を点綴しているので、そのつもりで読み直すと、フロイスの筆から、一般的な庶民の食事の情景も読み取れるだろう。貴族の家に生まれたサビエルが、食べていたものは、当時の一般家庭からすればもちろん御馳走であっただろうし、パリで学ぶようになっても、弊衣破帽のロヨラと比べれば、実家が経済的な危機に陥ってもなお、召使いを雇うような贅沢なくらしを続けていたと、アルーペ神父（1949: 6）は書いている。

2．イベリア半島における異文化の平和共存の意味

　フロイスが書いているようなキリスト教徒の食卓以外にも、ユダヤ教徒やイスラム教徒は、違う食材で違う料理を作って食べていたことを実感するために、少し歴史をたどっておきたい。この節の記述は、主として『古都トレド─異教徒・異民族共存の街』（芝、2016）に負うものである。

　紀元 395 年にローマ帝国が東西に分裂したあと、西ヨーロッパはゲルマン系の民族大移動によって荒廃した。古代ギリシャ文明を継承したのはコンスタンチノープルに首都をおいた東ローマ帝国であった。一方、イスラム勢力が 7 世紀世紀から 8 世紀にかけて大規模な征服活動に乗り出した。751 年には東に唐の軍隊を天山山脈の西で破るが、ムハンマドの言行を伝える『ハディース』の「知識を求めよ、たとえ中国でも」に従って、製紙の技術をわがものとした。西では、8 世紀の始めには、中東、北アフリカ、イベリア半島を支配下におさめた。彼らはペルシャを征服したとき、そこでギリシャの諸学問がシリア語に翻訳されていることを知って、シリア語からアラビア語への翻訳を始めた。

　今日のコルドバに首都をおいた、アルハンブラ宮殿で名高い、後ウマイヤ朝（756 〜 1031 年）は、10 世紀には政治・経済・学問などほぼすべての分野でヨーロッパを凌駕し最盛期を迎えた。彼らはギリシャの古典を含むあらゆる本を

アラビア語に翻訳した図書館を建設した。翻訳にはアラビア語に堪能な知識階級のユダヤ人たちが活躍し、大図書館には 40 万冊の本があった。これらの学問的蓄積の上に、さまざまな学者たちが盛んに独創的な研究を推進した。ここには、12 世紀のルネサンス運動につながり、12 世紀にイタリアで始まる大学の創設に先がける動きが育っていたのである。

　後ウマイヤ朝は崩壊したあと、30 ものイスラム王国に分裂し、11 世紀のイベリア半島は、半島の北部にキリスト教諸国が展開し、中・南部にアル・アンダルス（今日のアンダルシア）と呼ばれるイスラム支配領域がひろがっていた。

　アンダルスの中でも政治的・軍事的・宗教的に最も重要な地位をしめた古都トレドにおける異教徒・異民族共存の様相を研究した芝修身（2016）は、少なくとも 12 世紀から 13 世紀のトレドに関しては、イスラム教徒、キリスト教徒、ユダヤ教徒の三者が、互いに密接な関係を保ちながら共存していたことを明らかにした。それはスペイン語で convivencia コンビベンシアと呼ばれる互いの宗教や文化の違いを認めあった平和共存であった。

　フアン・ルイスという主席司祭が残した詩集『よき愛の書』（1330 年）に、禁欲の四旬節あけに「偉大な謝肉祭の王は、神の恩寵によって、すべてのキリスト教徒、イスラム教徒、ユダヤ教徒にたくさんの肉を食べさせ、健康であることを願う」と歌ったものがある。キリスト教の祭に際して、ともに暮らす異教徒たちにまでその恩沢が及ぶことを願ったものである（芝、2016: 50）。のちにキリスト教諸王国の勢力が増すにつれて、その支配の中で暮らすようになったイスラム教徒は、信仰の自由・移動の自由・私有財産の所有・職業の自由などを約束され、ユダヤ教徒は、同等の権利を保証されただけでなく、トレドの場合は、国王直属の家臣として手厚く保護された。

　西ヨーロッパにおけるイスラム文明の圧倒的な充実の中で、イベリア半島以北のキリスト教国にも、当時の新しい文物がもたらされた。その結果としてスペイン語（カスティリア語）に入ったアラビア語源の言葉は、膨大な地名を含めれば 4000 にも上るという（芝、2016: 88）。先に表で示した単語は、コンビベンシアの時代の遺産の一部だったのである。

3．レコンキスタ運動とユダヤ人の迫害

　高度の文明を持つイスラム教徒と日常的に触れ合っていたスペイン人とは異なり、ピレネー山脈の北に住むフランク人（フランス人）は、直接接する機会が少なかったためもあって、イスラム教徒への偏見が強く、また、ことあるごとに、ユダヤ人を迫害した。

　14 世紀初めにイタリアで始まった黒死病（ペスト）は、1348 年から 1350 年にかけて全ヨーロッパに広まる。その結果、人口が激減して経済の危機におちいった。怖ろしい病気の蔓延はユダヤ人が井戸や川に毒を投げ込んだためだというデマがひろがる。1391 年には、トレドでユダヤ人大虐殺が起こり、たとえキリスト教に改宗しても祖先にさかのぼってキリスト教徒でなければ公職にはつけないという、キリスト教の理念そのものに反する「純血規定」がアンダルシア地方各地に広まっていった。イベリア半島のキリスト教諸王国は、フランスを始めとする西ヨーロッパの圧力のもとで宗教や文化の違いに不寛容な社会に急速に変貌していったのである（芝、2016: 159-162）。

　イスラム諸国に対する軍事的圧力を強めていったカスティリア王国の女王イザベル 1 世は、夫のフェルナンドがアラゴン王国の王として即位した 1479 年に、二つの王国を連合させてスペイン王国を始めた。まだ各王国の権利がつよく、統一スペインは名目上のものにとどまったが、ナバラ王国を除く今日のスペインにほぼ相当する版図であった。そして、イベリア半島をイスラム勢力からとりもどすレコンキスタ（国土回復運動）の最終段階として、1492 年 1 月、ついにイベリア半島における最後の拠点であったグラナダを陥落させた[3]。

　グラナダ陥落後も、50 万から 60 万人を数えたイスラム教徒は、その信仰を守ることを保証される約束であったが、1499 年にトレドの大司教が、グラナダに残っていたイスラム教徒たちに対して、拷問と投獄をもってキリスト教への改宗を迫り、1502 年には、イザベル 1 世が、カスティリア王国内でのイスラム教を禁じる勅令を出すなど、イスラム教徒への圧迫を強めていった。

　ナバラの王家は、こうしたイスラム追放には無関心だったが、1515 年までに武力でカスティリア王国に従属させられると、先のイザベル 1 世のイスラム

追放令のもとに置かれることになったのである。

　話はこの章の冒頭に戻るのだが、16 世紀から 18 世紀にかけてのスペインでは国と教会が豚肉食を推奨した。それは、豚肉を強く忌避するイスラム教徒や、厳格な戒律にそって屠殺・調理された肉しか食べられないユダヤ教徒を迫害する手段でもあった。イスラムとユダヤのどちらの戒律にも反する煮込み料理コシードを食べることがキリスト教徒の倫理的名誉とされた（東谷、1992: 49）。今日のスペインは食肉生産高のうち 38％まで豚肉が占めている。牛肉は 26％に過ぎず、イタリアの 60％、フランスの 50％以上に比べて半分以下に過ぎない。スペインでの、この豚肉への強い嗜好と、バルにおける豚肉製品の陳列は、コンビエンシアの時代の後に、もともとは豚肉を強く忌避し、禁酒が求められるイスラム教徒への威圧と迫害が始まった不寛容の時代の反映である可能性がある。

　グラナダ陥落の 1492 年は、イサベル 1 世の支援によって、コロンブスがアメリカに到達した年でもあった。ポルトガルとスペインが、あらたな領土をめざして覇権を争う大航海時代の幕がいよいよ切って落とされたのである。アジア各地に足跡を残したサビエルをはじめとするイエズス会の活躍も、この大航海時代の大きな政治と経済と軍事の流れの中にあったのである。

注
3. 英語に Isabel color ということばがある。煮しめたような黄褐色をさすのだが、これは、グラナダを陥落させるまで替えないわ、と誓いをたてたイサベル 1 世の下履きが、案に相違して長期におよんだ包囲戦のためにすっかり変色してしまったことを記念してつけられたのだとか。

第2部
美食世界一のバスクで暮らす

第3章
ようこそバスクへ！——
姉妹都市やまぐちで暮らすバスク人の本音

エフライン・ビジャモール・エレロ

1. ようこそバスクへ

　私がバスクの地を離れて日本に来てから、約8年という年月が経過している。一般的にバスク人の日本像は、島国で、日本人は勤勉に働き、漫画やアニメの国である等が主流であろう。みなさんは、スペイン北部地域の「バスク」と聞かれると、どのような印象をもたれるだろうか。日本とバスクとの友好関係の起源は、波乱万丈の室町時代、1549年に日本を訪れた、かの有名なフランシスコ・サビエルにまで遡る。ナバラ王国の貴族の末っ子だったフランシスコ・サビエルは、父方と母方の両方を名乗るスペインならではの「フランシスコ・デ・ハソ・イ・アスピリクエタ」Francisco de Jaso y Azpilicueta が本名であるが、通称はハビエル出身のフランシスコ、Francisco Javier「フランシスコ・ハビエル」である。西日本、特に山口ではサビエルという表記が最も一般的である[4]。歴史的バスクの一部、ナバラ王国で生まれ育った彼は、現在、ナバラ自治州の守護聖人となっている。多言語話者でアリストテレス哲学や神学の教壇に立ったサビエルは博識に違いなかったが、布教活動への献身が高く評価され、ナバラ自治州では、人々が憧れる宣教師として讃えられている[5]。彼は、大内義隆から1551年に山口でキリスト教の布教許可を得た人物である。

　現代日本人にとってのサビエルのイメージとしては、サビエルがロヨラとともに聖人に列せられた後にフランシスコ会の修道士の姿に似せて表現された神戸市立博物館に所蔵されている絵画が定着しているのではないだろうか。しかし、スペインでは、ナバラ宮殿所蔵のエリアス・サラベリア（1883–1952）作のサビエルの肖像が本人に最も似ていると解説される。彼を守護聖人として讃

えるナバラの人の抱いているイメージも、これに近いと思われる[6]。

図 2-1　日本人にとってのサビエル像　　　　　図 2-2　ナバラ人にとってのサビエル像
　　　　神戸市立博物館所蔵　　　　　　　　　　　　　　ナバラ宮殿所蔵

　サビエルが病気で倒れた際に、心に常に気にかけていたバスクの大地に対する故郷愛が窺える逸話がある。1552 年に中国の三洲嶋（現在の広東省上三島）において重病に倒れた時、最期に捧げた言葉は、同伴者のアントニオの分からない言語だったと記録されている[7]。サビエルが身に付けていた言語の中で、その同伴者が唯一分からなかったと考えられる言語は、バスク語であった。このため、サビエルは最期の祈りをバスク語で呟いたとされる。サビエルは、神学や哲学の教壇をパリの大学で執るほどの深い造詣のある学者かつ布教者だった。最初に覚えた言葉、すなわち母語はバスク語だったと結論づけられている[8]。イエズス会の協同創立者だったロヨラとパリの大学でであったサビエルは、バスク語で久しぶりに会話ができた喜びを書簡で表現している（Aguerre, 1957：461）[9]。現在のナバラ自治州には複雑な社会的構造と情勢がある。バスク語をナバラと無縁であるかのように操作したい政治的な傾向やこの特殊な言語が受けた弾圧を独立運動の正当化に結びつけようとする独立派の動きもある。しかし、ナショナリズムが台頭する 19 世紀前までは、バスク語は、ナバラ議会などで使用されていた言語であり、ナバラ人にとってはバスク語こそがナバラの多数派言語だったのである（Zabaltza, 2013）。また、バスク語が「ナバラ語」（lingua nauarrorum）[10] と認識されていたため、「バスク人」つまりバスク語を発する人々こそが「ナバラ人」の定義だったことも史実とみなされている（Jimeno, 1998: 24-25; 48-49）。

　これらの歴史から目をそらし、バスク的な要素を軽視する偏った見解が、特にナバラ自治州において、バスク自治州との差異化を求める政治的運動の中で述べられることもある。しかし、史実として、サビエルはバスク語話者、つまりバスク人[11]でもあった。

　バスク人は芯が強く試練に耐える人々であり、土郷愛が格別に強いとよく評価される。これを実証するためは、実際に現地を訪れるか、もしくはバスクの人との交流を通じて、体験していただくしかないだろうが、以下の文章を通じて、少しでもバスクの「こころ」を感じ取っていただけたら、これより嬉しいことはない。私の個人的な視点から、サビエルが築き上げた架け橋を辿りつつ、日本からバスクの地、またはバスクにある日本を覗いてみられてはいかがだろうか。

　ようこそ、バスクの大地へ　Ongi etorri guztioi Euskal Herrira!

2.　山口の知られざるナバラ文化とは

　サビエルは、日本でキリスト教を広めるために、布教活動という目標の達成に取り組んだ。おおよそ2年にわたる日本滞在時間の中で、サビエルは、「山口は一生で最も霊的かつ充実した経験となった」と記録している（Zubillaga, 1968: 403）。この記録は、サビエルが、1551年4月から9月にかけて山口で行われた「宗教討論」でキリスト教の原告者を担当した際に、勝利を獲得したと考えて遺した言葉である。しかし、最初の通訳や翻訳を任されたアンジロウが、多くの仏教用語を布教において混在させたため、日本の権力者からは仏教の新宗派として認識されたのが真実に近いだろう。日本語の2年弱の学習経験があり、アンジロウの後任の通訳者として期待されていたのはスペイン人のフェルナンデスだったが、彼もサビエルの説教を道端で通訳した時、翻訳に仏教用語を多く用いた布教書を活用していた。これに関しては、仏教用語を用いることの問題をサビエルが看過したわけでは決してなく、インドでの布教経験や中国へ渡ろうとした時の戦略から考慮すれば、布教過程の将来性を推測し、最初はこの手段で、すなわち異文化適応戦略の実施により、キリスト教の布教の道を拓こうとしたことが一貫している（Villamor, 2019）

　サビエルが日本語の仏教用語とのギャップに気づかされるまで、「大日」など、本来の宣教師の意図とはかけ離れた概念でキリスト教を布教していた史実はあまり知られていない。京都の戦乱に遭遇し、天皇からの全国における布教許可を得られず、山口に再び戻ったサビエルにとっては、山口は宣教師の定住地域となり、日本人新信者との交流によって、異文化の隔たりに気づかされる貴重な異文化交流の土俵となった（ビジャモール、2017）。パリの教壇に立った経験を活かし、サビエルは哲学的理論などを展開させ、多くの人の説得に尽力するに至った。日本語をさほど解しなかったサビエルがスペイン語で布教した内容をフェルナンデスが同時通訳を行ったという。換言すれば、この宗教的討論でサビエルは勝利を収め、満足した気持ちを露にしているが、哲学理論や宗教的教義の翻訳は、基本的に後任通訳者のフェルナンデスが日本人の新信者との協同作業という形態で成し遂げたので、広く言えばこれはむしろ通訳者の業績であったとも捉えられよう。

　今日、サビエルの遺産を受け継ぐ、山口とスペインの絆に関連する建造物の中では、「サビエル記念聖堂」は特に象徴的なものとなっている。サビエル記念聖堂は、サビエル来山から 400 周年の 1952 年に建立されたカトリック教会である。この旧記念聖堂は、残念ながら 1991 年 9 月 5 日に焼失してしまい、現在はその姿は写真にのみ留まるが、焼失前の山口サビエル記念聖堂は、ナバラ自治州ハビエル村のサビエルの実家となるハビエル城の教会外観を模して建

図 2-3　焼失した旧記念聖堂（左）とハビエル城隣接教会（右）との比較
　　　　　出典：山口市観光情報サイト http://yamaguchi-city.jp/

てられたという。

　その後、再建に向けてカトリック教徒ではない一般市民まで募金活動に協力するなど、1998 年に待望の新しい記念聖堂が完成した。新しい記念聖堂の建物全体は斬新なデザインとなった。ハビエル城を模した旧聖堂の風格とはかけ離れた現代的な建築に対して、どこか腑に落ちない思いをもつ山口市民は依然として多くいるようである。そして、そのスペインらしさを懐かしむ心境は、サビエルを通じてスペインとの深い絆が市民の心にも浸透していることを窺わせる。聖堂内の博物館では、サビエルの生涯の紹介や遺品が常設展示されている。美しいステンドグラスが彩るこの聖堂から、15 分おきに時を告げる美しい鐘の音が響いているが、スペイン人にとってこの響きは、スペインの面影を醸し出すものである。私を含め、山口市に暮らす数人のスペイン人は、共通して、記念聖堂の鐘の音が幼い記憶と重なり、山口にいながらも「スペイン」を肌で感じるという幻想を起こしている。サビエル記念聖堂においては、67 年間も日本滞在経験のあるスペイン出身の神父にもお会いでき、サビエルの話が堪能できるし、山口市内の観光地の中で巡らずにいられない場所なのである。

　ところが、山口市内にはまだ山口住民にも知られていないナバラとの縁で結ばれている地点がある。近くに住んでいても訪れたことがないという穴場の代表的な例である。まず、「スペインの交流広場」は、山口中央郵便局の裏にあると聞いても、多くの山口市民は戸惑いを感じるだろう。そこにある「スペースパンプローナ・友情の地」（スペイン語：Rincón de la amistad）のベンチには、以前ナバラ自治州の学校との交流の一環で贈呈された、小学生が自分たちの町パンプローナを描いた作品数点が貼り付けられている。経年劣化が目立ってはいるが、一の坂川の一望も楽しめ、ナバラ出身の子どもが描いた絵を通じてナバラ独自の風景を観賞できる。

　ここに憩いを求める際、見逃したくないのは、一時間毎に幕を空けるカラクリ時計の演奏である。そこには、音楽箱ならではの懐かしい奏で方と同時に、ナバラ自治州の象徴とも言える「牛追い祭」の場面が再現されている。商店街から数歩離れて一息して寛ぎたい人には適しているので、これからは「友情の地」を活用する企画を期待したい。

図 2-4　山口市のスペースパンプローナ・友情の地

次に、山口市のスペイン関連事業といえば、やはり「スペイン祭」ではないだろうか。山口市中心商店街では「HOLA！やまぐちスペインフィエスタ」という祭が毎年開催される。ナバラ自治州との交流紹介を兼ねて、本場スペインの食材も味わえるし、子どもにとっても遊んでスペインを体験できるイベントとして知られる。

　2018 年はスペインと日本の外交関係樹立 150 周年であり、山口にとっては、明治維新からも同じ 150 周年となる。また、経済的面でも自由貿易協定などが批准される中で、山口にとってのスペインはますます存在感を増している。これを節目に、2018 年に山口市で開催された国際会議の「第 20 回日本・スペイン・シンポジウム」や、2020 年の東京オリンピック・パラリンピックのスペイン王立水泳連盟チームのキャンプ地として山口市はスペイン人をもてなすことで大活躍している。ナバラ自治州の守護聖人となったサビエルの来日がすべてのきっかけだろうが、その中で、山口の方々がナバラ自治州にはどのような「山口」があるのかを把握する意義は大きいと考える。

図 2-5　スペインフィエスタを見守るサビエル（左）と大内義隆（右）の巨大人形[12]

３．ナバラ自治州にある日本文化および山口ゆかりの場所

　現在老若男女問わず「やまぐち」という地名を知らないパンプローナ市民はいないと言っても過言ではない。それは、450 年以上の年月を遡るサビエルから始まった交流であるが、その中で現在、山口市とパンプローナ市[13]の姉妹都市盟約書が大きな動機となったと言える。その盟約書は、日本語、スペイン語、バスク語の三つの言語で 1980 年 2 月 19 日、パンプローナ市で両市関係者によって調印された。パンプローナ市民や市への来訪者、各国からの多くの巡礼者[14]も、市の境にある姉妹友好都市の名前が大書された看板で「やまぐち」の名を知るのである。

　2020 年の東京五輪の開催と時を同じく、両市は友好都市として 40 周年の節目を迎えることになる。多様な形態の交流が続く見込みであるが、ナバラ自治州パンプローナ市には「やまぐち」と深い結びつきを持つ場所は少なくない。

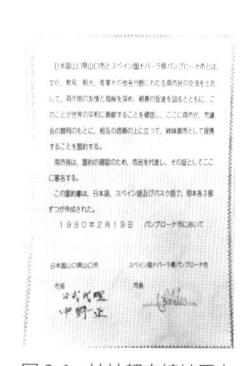

図 2-6　姉妹都市締結原本

図 2-7　姉妹都市締結 35 周年の山口訪問団

表 2-1　パンプローナ市の友好姉妹都市と締結設立年

バイヨンヌ市（フランス）	1960 年
山口市（日本）	1980 年
パーダーボルン市（ドイツ）	1992 年
パンプローナ市（コロンビア）	2001 年

出典：http://www.pamplona.es

51

図 2-8　やまぐち公園・パンプローナ市

実際には、子どもの遊び場に噴水などがある「やまぐち広場」もあれば、「やまぐち映画館」さえもある。そして、これらはみな、「やまぐち公園」の周辺にある。この公園は、山口との交流の中で創造された空間の中で、最も規模が大きく目を引くものである。現地の人に、長く愛され続けている「やまぐち公園」は、姉妹都市締結を記念する日本庭園である。広さは約 80,000㎡で、滝、四阿、洲浜を配した日本庭園である。山口から訪問団が訪れる度、桜の木を植える行事や子どもの日という日本独自の節目の際、鯉のぼりが掲げられることもある。緑豊かな広い公園がたくさん並ぶパンプローナ市でも、親日家には思い出深い場所となっている。

　春を迎えると、山口市が贈呈した桜の木が咲き、花の醸し出す香りや大きな噴水の音に癒されに訪れる都民の年齢はまちまちである。芝生で寝転がって勉強する大学生もいれば、日向ぼっこするお年寄りやボールを蹴る青年もいる。共通して全員がパンプローナ市にある日本の空間にいるという意識があることは確かのようである。少し都市部から離れているせいか、旧市街並みの賑わいがないにしても、日本を思わせる落ち着きがあり、日光浴が好きなスペイン人には最適の場所として親しまれている。

　山口という名前がつけられた建物の中で、別格なのが「やまぐち図書館」ではないかと思う。私もここで山口や日本文化に関して講演やワークショップを行わせてもらったことが何度かある。スペインにおける公立施設図書館の中で、唯一日本語での書籍コーナーを設立しているのが、やまぐち図書館なのである。私が日本語を独学で習得する上で、欠かせない場所だった。山口からの

訪問団の方などが多くの本を寄贈しているし、やまぐち図書館の担当者も日本を常に前面に押し出して大変活発に日本の情報を提供してくれている。つまり、やまぐち図書館には感謝してもしきれないほどお世話になっているのである。そこはまさに両地域の友好締結、すなわちお互いの憧れが形として次世代に伝わる、いわゆる山口とパンプローナ市の両想いの場所なのではないかと個人的に考えている。

　毎回多くの方が来館する中で、ナバラ自治州における日本、特に山口に対する一般市民の好奇心は強く、認知度が高い。やまぐち図書館は、定期的に日本文化などの紹介に取り組んでいる。毎年恒例になっているのは、日本にまつわる出版物の紹介展示会である。さらに、やまぐち図書館は、一層の発信や交流を見込み、日本セクション拡充のために、図書館運営予算の一部が日本の書籍などの入手に確保されている。それだけに、日本、山口に関心のある市民は、やまぐち図書館に足を運べば日本を身近に感じられるという確かな認識をもっている。例えば、10 年にわたり毎月のように開催されてきた「日本文化講座」はより深く日本に触れたい人が集う場となっている。

　ここは、若い世代だけではなく、日本をめぐって幅広く議論できる交流の場である。この講座では、毎月新たな話題が与えられ、それについて日本の文芸、映画などの鑑賞を通じて日本人の視点に立ってみようと、議論が行われる。やまぐち図書館は、

図 2-9　2017 − 2018 年の日本文化講座ポスター

表 2-2　やまぐち図書館における 2018 年度の日本関連事業

事業名	内容	頻度	備考
日本文化講座	テーマを設定し、日本の小説、エッセイ、映画、漫画作品などで議論	1 か月に 1 回（10年続く人気講座）	16 人程度
紙芝居演出	3 歳以上を対象に、当図書館所蔵の紙芝居を使用	第 3 週の木曜日（18 時から）	多くの児童が参加
俳句ワークショップ	俳句普及や俳句の研究（2017年10月には「第五回スペイン国俳句会」開催）	毎月火曜日一回（18 時から 21 時まで）	入会者は 15 人程度

図 2-10　やまぐち図書館内の日本映画展示（左）と紙芝居展示（右）

日本との交流を深めるため、長年にわたり多くの事業に関わってきている。2018 年度において実行される行事の中で、以下の事業は日本と向き合う貴重な時間となっており、親日家にとって開催が待ち遠しいものなのである。

　また、16 年前に日本文化の先駆事業として話題となった「ナバラアニメ映画祭」（FAN: Festival de Anime de Navarra）は [16]、恒例となり毎年開催されている。そこでは、日本での流行映画などの上映のみならず、日本武道の演武も毎年行われ、日本への興味をかきたてる催し物となっている。

　「やまぐち」に由来する表記は、ナバラ自治州内の各地に散見される。現地の人が抱く山口に対する思い入れは格別であり、守護聖人のサビエルが山口でお世話になったことから、日本人に恩返したいと考えている一般市民もたくさんいる。そして、この絆が山口でも受け継がれているということは、山口在住

図 2-11 やまぐち公園プラネタリウムでの日本祭　　図 2-12　FAN2018 における剣道演武
2010

図 2-13 サン・フェルミン祭のパレードに参加する巨人（左）と頭デッカチの「日本人女性」（右）

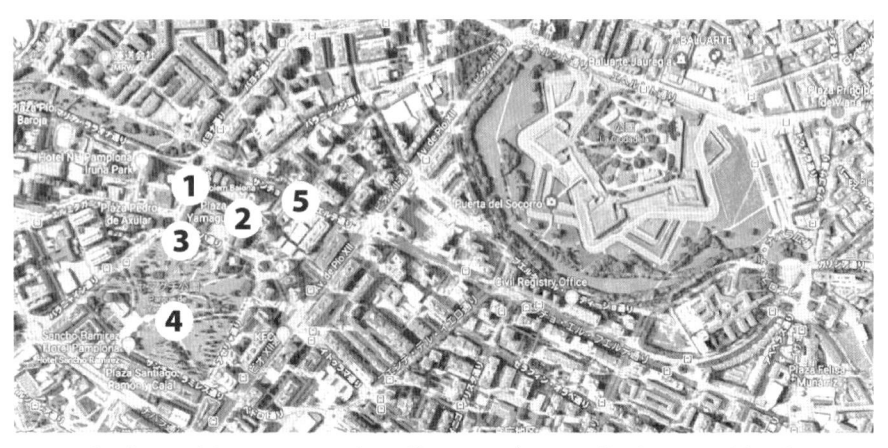

図 2-14 パンプローナ市内の山口ゆかりの場所（①やまぐちゴレム映画館、②やまぐち広場、③やまぐち図書館、④やまぐち公園、⑤紙芝居演出や文通交流学校）

出典：Google Maps をもとに筆者作成

　の私の経験を通じて実感させられていることである。日本文化を魅力的に捉える、いわゆる親日家のスペイン人は全国的に多いと思うが、ナバラの人が山口や日本に関心を持っている度合は、恐らくスペイン随一ではないだろうか。「サン・フェルミン祭」で楽団のパレードを率いる巨人とともに登場する日本人のお侍さんの「キリコ」（頭デッカチ）（kiliko）も不思議がられず、親しまれている様子が確認される。やまぐちの名を受け継ぐ場所のせいか、これもパンプ

ローナ市民の間でいかに日本が一般的に内面化されているかを証明するものである。

４．バスク語に対するバスク人 [17] の思い入れ

　バスク語という言語は、印欧語族に分類されず、ヨーロッパに現存する言語の中で最古のものとして知られている [18]。バスク語は現在に至るまで、多くの謎に包まれている。起源をめぐり、古今東西の研究者の目を引いてきた。現在の定説では、ケルト系言語より遥か過去にバスク語の存在が位置付けられており、1 世紀から 3 世紀まで遡る地名などの解明からはピレネー山脈の南西において話されていた古式バスク語のアキテーヌ語との相関しか説示されていない (Igartua & Zabaltza, 2012: 33)。バスク民族の独自性を追求するうえで、現存するバスク語という言語解明に大きな期待が寄せられる。

　インドヨーロッパ（印欧）語族に分類されないバスク語では、元来から自らのことを euskaldunak「バスク語を有する人々」という定義に基づいて自己認識がなされる。考古学界では、インドヨーロッパ語を話す遊牧民族の侵入以前から、西部のピレネー山脈において少なくとも 5000 年前からバスク民族の祖先が存在していたことが証明されている（Zulaika, 2012: 17)。最新の遺伝学における成果からは、バスク人とゲール人（従来ケルト人と位置付けられていたアイルランドの先祖）がヨーロッパの先住民に該当すると指摘されている（ニュートン編集部、2016：154)。それによれば、バスク人は、ヨーロッパ先住民、クロマニョン人の子孫で、現在のヨーロッパ民族で多数派を占める先祖移住者以前から、独自の生活様式を重んじてきた稀な民族なのである。山岳地帯に温存されつつも、バスクは多くの民族が北から通ってきた、イベリア半島への入り口でもあった。古来から現在にわたり、様々な交流と文明接触によってバスク民族は多くの外来要素と自らの文化や言語を適宜融合し、変遷してきたため、現在もバスク語や多くの伝統行事がバスク社会に生き残っている [19]。

　現在は、バスク地域において、バスク語が孤島言語であるという認識が行きわたっている。そのため、起源が定かではないバスク語やバスク民族の祖先に、自分たちのルーツを求める人が多くいる。その帰属意識が意識され始めたきっ

かけは、19 世紀後半から 20 世紀の科学的な研究の進歩によりバスク人の人類学的な個性が解明された時である。血液検査などでは、バスク人の遺伝子にはヨーロッパの民族に確認されないものが多く、ヨーロッパの中で B 型が最も少なく、O 型が極めて多い（Zulaika, 2012: 19）。これは、バスクナショナリズムの主張に説得力を加え、民族自決という自らの主張を正当化するために利用されてきたという社会的状況もあった。フランス革命後にヨーロッパ各地で広まったナショナリズム運動の延長線上、20 世紀に均質化が促進された国民国家のアイデンティティに共感しえなかった諸民族は、各地で自らの文化的な独自性に新たな国家樹立の正統性を求めてきたのである。

　民族自決により多くの国家が成立したヨーロッパにおいては、国家への統合政策として少数言語を保護の対象とし、公式に認定された地域少数派言語は少なくなかった。スペインでも、後述のように、スペインの独裁時代の反省から、ないがしろにされていたエスニシティに再び配慮し、民主運動が根付いた約 40 年前からバスク語だけではなく、他にガリシア語、カタルーニャ語、バレンシア語も公用語として認定されている。しかし、長年にわたるラテン語系言語との接触を経て、多くの語彙を共有するとはいえ、共通の起源を持たないのは、イベリア半島の中では唯一バスク語のみである。バスク語は日本語と同様に動詞を文の最後に置く語順に従う言語であり、ヨーロッパの言語では極めて珍しい一例であると指摘されている。

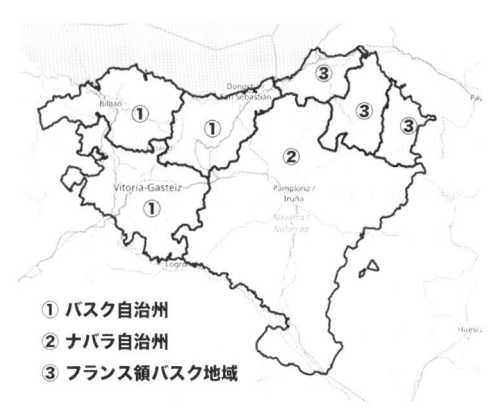

① バスク自治州
② ナバラ自治州
③ フランス領バスク地域

図 2-15　バスクの大地を構成する下位区分
出典：http://www.euskalgeo.net をもとに作成

　通史的に伝承されてきたバスク語の故郷、およびバスク語話者の集団そのものを指す用語としては、エウスカル・エリア「Euskal Herria」が用いられる。その起源は、バスクという言語文化的共同体が、ピレネー山脈に連なる七つの地域において生活を営んできたことに求められている。その地域は、スペイン側ではバスク自治州（バスク語：Euskal Autonomia Erkidegoa）の 3 県およびナバラ自治州（バスク語：Nafarroako Foru Erkidegoa）に続き、フランス側の三地域（バスク語：Iparralde）から構成される。

5．スペイン内戦とフランコ独裁に耐えて

　私の母方の叔父はスペイン内戦で敗北した共和党を支持する兵士だった。叔母は、2 歳の時にアルゼンチンから移民して身分証明書でも年齢のサバを読むほど陽気なスペイン人女性だったが、マドリッドで過ごした時のスペイン内戦の記憶を尋ねると、真顔になって、飛び交う銃弾から身を守るためにクッションを背負ったりした危機一髪状態に陥った経験を聞かされたことを今でも詳しく覚えている。また、ビルバオに生まれ育ちながらも、私以外、父や兄弟のほとんどはバスク語を学ぶどころか話す自由もなかった時代があった。独裁者を支援した保守軍側で戦った先祖のいる親友はスペインにはもとより、山口でさ

図 2-16　現地の「ゲルニカ」記念石碑　　　　　　出典：http://www.gernika-lumo.net

えも出会ったことがある。スペインの親友にも私の叔父と敵同士だった親戚がいる。スペイン内戦での出来事を語らずに、スペインの現代史を理解することはできない。つまり、これが決して遠い過去の歴史ではなく、今日のバスクやスペインを正しく理解するには、避けられない沿革なのである。

スペイン内戦（1936-1939）の最中、1937年4月26日にフランコ軍との連携から、ナチスのコンドル飛行部隊はゲルニカの町に無差別攻撃を行った。かの著名な画家、ピカソが描写した傑作の「ゲルニカ」は、いわゆる戦争の残酷さを描いた作品であり、その後の独裁時代の圧制がバスクの人びとに強いた試練が窺えるものとなっている。

なぜゲルニカが攻撃に晒されたかは、飛行部隊に抵抗できなかった体制など諸説が論じられるが、市民や町全体を破壊した主な動機には、ゲルニカはビスカヤ議会のみならずバスクの自由主義を象徴する町であるからだったと思われる。バスクの地方特権（フエロ、スペイン語：Fueros）は、統治者が特定の領域を治めるに際して住民に譲歩し与えた地域特別法である[20]。このフエロの擁護儀礼は、中世からゲルニカの樫の木の日陰で実施され続けてきた歴史があるからである。その儀礼では、権力者の誓約により住民の自由や権限の保護が図られてきた。レコンキスタで勝利し、ナバラ王国をも併合して、スペイン国の統一を1512年に実現したフェルナンド2世（カトリック王）は若き日の1476年7月30日にゲルニカにおいてこの地方特権、フエロの擁護を誓った。現在ゲルニカの樫の子の孫木の前で、バスク自治州首相の着任儀式が行われ、住民の多数はバスク語を解している。また、これらのことからバスクにおいて、「樫の木」を意味するバスク語のアリッツ（Aritz）は男性につけたい人気の名前でもある。ゲルニカにあるバスク自治州議会内に、このエピソードを描いた絵画が掲げられている。

スペイン内戦に勝利したフランコが政権の座に着いて以来、独裁政府の権限の下、1939年から1975年の長きにわたって同化政策が強制された。スペイン内戦中のナチス攻撃を受けて焼き払われたゲルニカの町では、この一本の樫の木が攻撃を凌ぎ、生き延びたことから、改めてゲルニカの樫（バスク語：Gernikako arbola）はビスカヤ県章や一般的に広く用いられ、堅実なバスクを象徴するものとなっていった。

6．よみがえるバスクのアイデンティティ

　以上の歴史背景や言語間の相違から、バスク語は現在バスク社会においても少数派言語の地位にあり、バスク語の単一話者は存在しない。バスク語が減退した原因は、第一に、スペイン内戦後の独裁時代による少数言語への弾圧、第二に、近代化に伴ってバスク語が通じない他のスペインの地域からの移民の流入、第三に、最先端のメディアによって多数者の言語の権力が高まった点が挙げられている（Cenoz, 2009: 17）。しかし、このような歴史的背景にもかかわらず、バスク語の伝授は、独裁政府の管轄が及ばなかった家庭内で、親族の間で保護され、次世代へと繋げられてきた。1978 年のスペイン憲法の採択による民主化の進展にともなって、バスク語などの少数言語の使用が許容されるようになった。また、「バスク自治州権」の認定（Estatuto de Autonomía para el País Vasco, Ley Orgánica 3/1979; BOE 22-12-1979）や「バスク語使用正常化法」（Ley Básica de Normalización del Uso del Euskera Ley 10/ 1982 BOPV 16-12-1982）により、長年公の場で否認されていたバスク語がスペイン語と同列に並び、公用語の資格を得るに至った。それ以来、バスク自治州とナバラ自治州では、公の場における表示や看板のすべてはバイリンガル表記になっている。

図 2-17　「フェルナンド 2 世のフエロ擁護誓約」メンディエタ作　　出典：http://www.diariovasco.com

　さらに、自治州権の承諾に伴い、バスク自治政府に教育制度を管轄する権利が委ねられた結果、1983 年のバイリンガル法令 138/1983（BOPV 19-7-1983）が成立してから、バスク語もしくはスペイン語のいずれかの言語で学校教育を受ける権利が設立された。現在は、バスク自治州においてはバスク語モデルを採用する学校が 70％以上であり、今後も増加する見込みが示されている（Erize, 2016: 20）。これにより、教育の現場でバスク語を修得する話者が画期的に増加し、1991 年に 525,500 人のバスク語話者が、現在推定される 750,000 人に上昇した（Eusko Jaurlaritza, 2014: 32）。現在、バスクの各地域において普段バスク語を日常会話の手段とする者、およびバスク語を理解できるが日々使用してはいない受動的なバイリンガルを含めた人口の割合は本書口絵 1 ページ目のカラー地図の通りとなっている。

　バスク自治州政府は、失われた固有のバスクアイデンティティ育成のためにバスク語モデルを支援し、バスク語の復興を後押ししている。スペイン側のバスク自治州では 32％、ナバラ自治州では約 12％のバイリンガル人口が日常生活においてバスク語を意思疎通の手段としている（Eusko Jaurlaritza, 2014: 16）。さらに、さらに、バスク語を解しない人も含めて、バスク自治州人口の 63％はバスク語の復興運動に賛同している（Gorter et al., 2014: 207）。しかし、実質上はこの言語の使用に関しては、近代化が一層進展した都会において現在バスク語の姿が希薄化しているため、ユネスコ（国際連合教育科学文化機関）はバスク語を「脆弱」と位置づけている（Moseley, 2010）。バスク語の展望をめぐり、現地出身の児童のみならず、バスクの言語共同体に属したいという外国籍児童など、いわゆる「バスクの心」をもつ子ども達の増加など、バスクのアイデンティティがさらに多様化している（Villamor, 2018）。バスク語を受け継ぐ新たな話者の増加や彼らのバスク語をひとつにまとめる伝統に対する心構えに期待を委ねるしかない。

　因みに、隔年に一度実行されるバ

図 2-18　パンプローナ市役所前のバイリンガル標識

図 2-19　「コリーカ」のポスター 2 種

図 2-20　参加者用の手作りゼッケン

図 2-21　バスク各地を一周するコリーカの順路例

図 2-22　第 20 回コリーカ
　　　　「ありがとう！ バスクの大地」
　　　　出典：http://www.korrika.eus

2017年のコリーカの標語「数人（Batzuk）」

〈あなたと私、少数人数でできる〉

HIZKUNTZA, KULTURA,　言葉、文化

MUNDU BAT　一つの世界

HIZKUNTZA, KULTURA,　言葉、文化

MUNDU BAT, ZUK　あなたが一つの世界

HIZKUNTZA, KULTURA,　言葉、文化

MUNDU BATZUK　いくつかの世界

EGIN BAT, EGIN　ひとつからいくつかができる

BATZUK BAT EGITERA ZUK　ひとつずつつくっていく

EGITERA EUSKARAZ　あなたからつくる　バスク語で

スク語復興運動リレー「コリーカ」というものがある。コリーカはバスク各地をめぐり、バトンを受け継いでいくリレーである。人の意思や協同ではじめて成立する文化の伝承に対して、その過程の一環としてバスク共同体の団結力精神が窺える。2017 年開催のリレーは、2,535 キロを走り、11 日間にわたって断続的に続いた。「コリーカ」の運用経費は、走者が自ら一キロ当たりの経費を購入するという形での寄付金をバスクの市町村で集め、成立するバスク語復興運動の代表的な祭事となる。政治的な主張をする場として利用する人もいるが、基本的には「我々もバスク語側に」Gu ere, euskararen alde や「バスク語で生きていきたい」Euskaraz bizi nahi dugu という掛け声により走者全体がバスク人としてのアイデンティティを誇り高く強調する場面になっている。寄付金は、教材などに還元され、バスクの地域をつなぐ一大イベントとして知られる。

　古来に遡るバスク語の伝承に多くの人が自らの存在意義を見出し、失われたアイデンティティの復興を実践していることに、バスク語に対するバスク人の思い入れが確認できる。

7．バスクの伝統競技

　バスクといえば、何が典型的だと言えるのか。変遷を伴うにしても、武家活動の面影を残す現代武道をはじめ、日本にも伝統文化が根強いのと同様に、スペインの中ではなかんずくバスクでは伝統のスポーツを重視する傾向が強い。

　サッカーなどの人気には及ばないが、昔からの農作業がスポーツ化されて、特殊な競技が毎年バスク各地の祭などを彩っている。「我が故郷のスポーツ」（バスク語：Herri Kirolak）と呼ばれる、この伝統競技は、鍛えられた体力や優れた運動神経のみならず、場合により壮絶でやはり「バスク人らしい競技だな」と思わせるものもある。例えば、オリンピック競技の重量挙げにも負けないほどの力を感じさせる、バスクの石担ぎ（バスク語：harrijasotze）を紹介したい。バスクの伝統建築が石造りであることがこの競技の起源である。石を回転させつつ、太もも、胸、肩とステップを踏みながら、石を担ぎ上げる競技である。この競技では、現在ナバラ自治州北部の石担ぎ名人のペルレナの長男イナシオ

図 23 イナシオ・ペルレナの妙技（2017 年）　　（出典：http://www.inaxioperurena.com）

（Inaxio）がこの競技の新記録の持ち主である。様々な形式がある中で、彼は長方形の石を担ぐ専門であり、両手で 308 キロの石や左手のみで 240 キロの石を持ち上げることができる。

　バスク伝統競技の多くは、農作業に欠かせない体力の勝負を核にしており、特にこの競技が要する力をめざす後継者が少なからず存在するが、各地域での演目は私も子どもの頃から大人になった後も何度も目にしたことがある。また、バスクでは必ずと言っても過言ではないくらい、小さな村にさえあるのが、家並の中央付近に設置されたバスク伝統球場（バスク語：frontoia）である。そこでは、球技（バスク語：pilota）の競技全般ができるようになっている。

図 2-24　　特殊種目球技のトリンケテ（左）とセスタプンタ種（右）の試合
出典：http://www.pelotamano.com

細かい規則はさておき、基本的に真正面に一点の高さを超え、革で巻いた石材ボール（100グラム以上）を叩き、一回以上ボールを床にはねさせるのが原則である。道具などを伴う種目もあるが、自然の偉大さに率直に向き合うバスク古来の考え方を反映させるこれらの伝統競技では、近代的な装置があまり好まれない。例えば、「手球」（バスク語：eskupilota）では、革ひも一本の付け方を間違えれば、競技者の命である手や指に致命的な負傷となり得ることは、家具職人だった父親から私が学んだ教訓の一つである。また、ガラス壁や右利きには反応することがより困難とされる左側に観戦客が覗く壁があり、そこにボールがくねくね素早く跳ねてしまう、トリンケテという特殊種目の球技などの試合は、躍動感に溢れ、アクロバティックで大勢の観戦者を虜にしている。

　南米やアメリカ合衆国に多くのバスク人が移民したことから、世界大会が実施され、バスクの地域で人気競技なのであるが、後継者にこの競技の魅力を伝える動きが、これからの伝統競技の展望を創っていくのだろうと思われる。

８．山の幸、海の幸からみるバスクの食文化

　日本人とバスク人とが持つ最も顕著な共通点は、間違いなくいずれも食事に関する拘りである。一言で表現すれば、食いしん坊が多い。例えば、日本では料理番組や食レポがテレビでよく観られるのだが、実にバスクには食べ歩き番組におあつらえ向きの食文化があると思う。世俗的に「人間は食べたものでできている」とよく言われる通りである。

　Zulaika（2012）によれば、ピレネー山脈が連なるバスク地域の山がちな地形の影響か、古くから内陸に住むバスク集団と海岸の漁業者の生活様式に関しては多くの相違点が見られる。バスク各地域では、現在もその違いが感じ取れる。海に面していないナバラ人は、バスク自治州北部の人にとっては「岸辺などを汚す海水浴場観光客」として迷惑がられるし、その反対に、内陸の人たちは、海沿いのギプスコア県の人を、ナバラの山奥で育つ豊富なキノコ類（バスク語：perretxikoak）を乱獲しに来る「くせ者」と陰口を言う。このように、今も内陸と海沿いのバスクの間で生ずるライバル視と陰口の言い合いは決して珍しくない。

図 2-25　ゲタリアの漁港・ギプスコア県

図 2-26　伝統建築の民家・ナバラ自治州

図 2-27　ビスカヤ県ムンダカ町のカンタブリア海

　言うまでもなく、バスクの食文化も環境に影響を受けてきた。魚介類の収穫量や消費量も北西のガリシア州に次いで多い。バスクの諸地域では古来に遡り、海の幸に恵まれてきた。海水浴には向いていないが、荒波が多くサーフィン大会などで有名なビスケー湾のカンタブリア海は、昔から盛んな漁業産業が発達しており、バスクの大地の豊かな食文化に大きな影響を与えてきたと言える。そこでは、現在マグロの捕獲量が多く、日本にもその輸入が知られている程である。

　しかし、現地バスクの名物には魚料理が多く登場するとはいえ、缶詰以外ではマグロを食べる習慣があまりない。むしろ、タカアシガニ（バスク語：txangurro）などの魚介類もさることながら、マダイ（バスク語：bisigu）、もしくはタラ（バスク語：bakailao）というのが最も一般的に家庭で消費される魚である。

　高級品で庶民には中々手の出せないウナギの稚魚（バスク語：aingiratxa）をクリスマスの際に、自分へのご褒美として贅沢をする人もいるが、通常はもっと庶民的な魚、アジの一種（バスク語：txitxarro）などがバスクの食卓に並ぶ背景にも漁師の食文化の影響が読み取れる。魚料理の中で、発想が斬新なため、日本では受け入れがたいかもしれないが、ナバラの人ならマスの腹部に生ハム

を巻いて焼く「ナバラ風焼きマス（スペイン語：trucha a la Navarra）」という一品が有名である。

　バスク料理は、素材の新鮮さを重んじることで称賛される。バスクでは日常的に、直売の市場に赴き、新鮮な食材を求める人は少なくない。

　海産物だけではなく、ナバラ自治州南部で育てられる野菜は新鮮で柔らかいと評判である。調理する

図 2-28　バジルソースの魚介タラ（ハビエル城レストランにて）

のに経験がものを申すといわれるアザミの煮込み料理（バスク語：kardu）、太めの白アスパラガス（バスク語：zainzuri）、カリフラワー（スペイン語：coliflor）、ルリヂシャ（スペイン語：borraja）、アーティチョーク（スペイン語：alcachofa）などがナバラ自治州の名産に挙げられる。

　また、アルディラチャ（バスク語：ardilatxa）というバスク独自の羊の一種の乳製品から発酵させたチーズ（人気ブランドの Idiazabal）やヤギの乳を原料とするものもスペイン全土に知られる、バスクを代表する食品となっている。さらに、バスクの食文化といえば、詳しい人なら誰しも伝統的バスク料理のリンゴ酒屋（バスク語：sagardotegi）で食べる巨大牛肉ステーキ（スペイン語：chuletón）を世界の何処でも類を見ない、一品として挙げるだろう。バス

図 2-29　ナバラ風焼きマス

図 2-30　パンプローナ市旧市街市場内の老舗鮮魚店

図 2-31 ナバラ名産の野菜料理（ハビエル城レストランにて）

図 2-32　ビルバオでは 1 キロステーキが一人前

クのリンゴ酒は、基本的に辛口であるのは、この肉を味わうためにちょうど程よい喉越し具合に仕上げるという伝承があるからである。ビルバオのパガサーリ山（バスク語：Pagasarri）の麓からビルバオ市の絶景も楽しめるバスク料理の老舗（スペイン語：Asador Mendipe）で注文できるステーキは私が体験した最も大きいものであった。

　スペイン独自の肉料理と言えば、血液を材料として作られたソーセージ（スペイン語：morcilla）が思い浮かぶ人も少なくないと思う。しかし、私を含め、レバーなど血の入ったものに抵抗があるスペイン人もおり、また同様にそのような料理に慣れていない日本人には、ナバラ名産の「レジェノ」（スペイン語：relleno）をぜひとも勧めたい。この料理は、ナバラ自治州中部、とりわけパンプローナ盆地における祭事との縁が深く、その定番料理の一つとして有名だが、州外ではほとんど認知されていない。この料理は、他のスペインの地域での血液を混ぜ込んだソーセージに似ているとはいえ、ナバラ自治州では、血液の代わりに、卵、煮米などを用いて加工される。一年中スーパーなどで入手が可能だが、旬は冬であり、焼いて調味し、トマトソースを加える食べ方がナバラのスタイルである。

　また、より挑戦したい人には、スペインに多く売られている加工肉（スペイン語：embutido）の中で、ナバラにおいてのみ味わえる、コッテリ味でハムソーセージの脂肪を多く含む（場合により脂肪が全体の 70％を占めることも）チストーラ（唐辛子味の腸詰ソーセージ、バスク語：txistorra）もかなり食べ

図 2-33　パンプローナ旧市街の生ハム専門店

図 2-34　バスク語とスペイン語での加工肉広告

図 2-35　ナバラ名産のチストーラ
　　　　出典：http://chistorradenavarra.com

応えがある。やや胃腸に負担をかけてしまう食べ物なので、パンに挟んで少量食べるのが普通だが、より栄養たっぷりで何度食べても後悔しないのは、やはり生ハムをパンに挟むおやつ（バスク語：ogitarteko）ではないだろうか。

９．バスクのこころは「温故知新」の精神にある

　近代における産業化に伴い、労働の機会に恵まれた都会への移住が人口集中をもたらした。英国との貿易活動を契機に、19 世紀から 20 世紀にかけて造船産業や重工業で盛況を迎えたビスカヤ県は、スペイン各地から多くの移住者を受け入れた。その中で、船舶製造や製鉄業がとりわけ盛んだったビルバオ市に就職先を求め大挙して流れ込んだ人が多かった。それから、ビルバオは公害で黒い雨が降るなど、まさしく産業革命を代表するような都市と位置づけられるようになった。ビルバオにおける工場団地は経済を発展させ、金まわりを良く

図 2-36 公害の町だったビルバオ（20 世紀）　　（出典：http://www.bilbaoport.eus）

するものとなった反面、決して観光客を引き寄せるような風景ではなかったのである。例えば、以下の写真は 20 世紀におけるビスカヤ県工業の巨大高炉（スペイン語：Altos Hornos de Vizcaya）の白黒写真である。私は 80 年代後半生まれだが、工場の排気などで空気が一層悪化していたと記憶している。ビルバオに生まれ育った経験から、よく洗濯物が汚れたことや、船の廃棄物や工場排水、下水の混合で汚染していた、ビルバオ市の中心部を走る入り江川（スペイン語：La Ría de Bilbao）を渡る際も、悪臭のあまりハンカチで鼻を覆っていた市民の姿が記憶に新しい。

　しかし、20 世紀末には、ビルバオ市は近代都市として観光都市というまったく異なる方向に向かって進みはじめた。グッゲンハイム美術館の建設や地下鉄の開業などにより、「盆地ちゃん」（スペイン語：El Botxo エル・ボチョ）と

図 2-37　ビルバオ入り江川の現状　　　　図 2-38　世界有数のグッゲンハイム美術館

いう愛称で慕われるようになったビルバオには、目を疑う程の変貌があった。「ビルバオよ、誰も現在の姿を想像できなかったろうよ」（スペイン語：Bilbao, quién te ha visto y quién te ve.）という表現が、昔のビルバオを経験した人の中で一時流行したこともあった程である。2018 年には、ヨーロッパの中で、ビルバオは最も訪れたい観光地として 2 番目の人気の場所になっている。その理由は、入り江川沿いの散策コースから、文化イベントや美食家に強く推薦される多くのレストランが旧市街に集まっているためである。

　また、ビルバオは、倒壊間近の旧い建造物を再利用し、文化的イベントの開催場所や市民の娯楽・休憩場所として活躍する再生技術で街づくりに成功している街としても有名である。事例を挙げるなら、ビルバオの発展に大きく貢献した故アスクナ元市長の名を冠したアスクナ・センターが最も著しく変貌した建物の一つであろう。旧貯蔵庫だったこの建物は、個性豊かで芸術的なデザインおよび天井に設置された透明プールなどでの存在感が抜群であり、現在では文化行事の一大中心となっている。

　以上の例にバスク、特にビルバオの人に豊かな「温故知新」の知恵が十分見てとれるが、これは必ずしも街づくり政策に留まってはいない。汚染された過去の姿とはかけ離れて、今のような観光地を観ることができればそれがより強まるだろうが、ビルバオに生まれ育った私の父親は昔からビルバオを世界の中心と捉えて、最高の町であると誇りにする発言を何度繰り返したことか。その中で、「ビルバオの人は生まれる場所を選ぶ」（バスク語：bilbotarrak nahi dugun tokian jaiotzen gara）、言い換えればどこに生まれても、ビルバオの人

図 2-39　アスクナ・センター

図 2-40　ビルバオ旧市街ウナムノ広場
©TurismoVasco

図2-41　2015年のスーパーカップ優勝杯を持つ
　　　　ウィリアムズ選手
　　　　出典：https://www.athletic-club.eus/

はビルバオ出身である、と言い張っていたし、現在もビルバオでは、この思潮が確かに受け継がれている。前述したように基本的にバスクの人は、自分たちのルーツに特別の思い入れを持っており、それを誇り高く露わにする傾向がある。しかし、多くの移住者を受容したビルバオは、様々な地域の人の個性を集約した、多様多彩で総合的なビルバオアイデンティティを形成するようになった。そして、このように冷静かつ客観的に自分たちのアイデンティティを捉えるビルバオの人には、バスクの独自性が存分に見出せる事例がある。それは、何よりも世界トップのサッカープロリーグから一度も降格した経歴のない、バスク人代表のチーム、アスレチック・クルブ・デ・ビルバオ[21]（Athletic Club de Bilbao）だと言えよう。1898年での創立はプロリーグの中で最も古いものの一つであり[22]、フランコ政権が、外国籍選手の移籍を制限した時代、ビルバオは猛者チームとして知られ、多くの輝かしい業績を上げた。現在スペインリーグの中では、シーズンで最もゴール率の高い選手に与えられる「ピチチ賞（得点王）」は、このアスレチックのチーム史上に偉大な業績を残した著名なフォワード選手のピチチ（Pichichi）に由来している。

　このチームに在籍する要件としては、バスク[23]生まれ、両親がバスク生まれ、またはアスレチックの下部組織で育った選手のみが選ばれる。とはいえ、このチームにもバスクの温故知新という精神を反映させていることも読み取れる。選手の選択規定は、勝利数や業績より、自分たちのルーツに対する誠実性や誇りが揺らいでいないことが大前提であり、これを継承し続けて挑戦することにこそ価値がある、という考えである。しかし、バスク地域には様々な人が住んでおり、移民家族の下で育ったバスク人もいる。数年前からビルバオのチームではアフリカ系のイニャキ・ウィリアムズ選手[24]（Iñaki Williams）も大いに活躍しているが、これに対して、伝統破りだという声は一切聞かれない。アスレ

チックはサッカー界では稀な現地出身のバスク人のみからなるチーム編成という伝統的な方針を貫いてはいるが、それは決して人種的な差別ではなく、むしろ誇り高いバスク人の我が故郷に対する思い入れ、世界トップのサッカープロリーグで対等な戦いを魅せたいという挑戦心に他ならない。

さらに、2018年度リーグにおいては、初めて外国籍、正確にはルーマニア国籍のクリスティアン・ガノア（Cristian Ganea）選手の入団も許された。11歳からビルバオの下部組織に所属していた彼も正当なバスク人とみなされているわけである。そして、これも偶然ではなく、「異文化間対策都市[25]」として欧州評議会にも、バスク語を中心としたバスク自治州の多言語教育や移民対策などで高く評価されている包括的な教育方針を肯定するビルバオの意識をよく反映している。また、女子プロチームや身体手的ハンディキャップをもつ人たちのアスレチックのチームも知られているわけだが、このチームの基金（バスク語：Athletic Club Fundazioa）づくりのボランティア活動をめぐっては、児童の読書推進や心身のハンディをもつ児童のビルバオ代表チームなどビスカヤ県全域にわたる多彩な還元の形態が注目されている。

バスクの精神、言わばバスクの独自性は、芯の強さから生まれる寛容な心ではないかと私は考えている。つまり、自分たちの強いアイデンティティを中心に保ちつつ、そこに新たな側面を寛容に加えていく。このバスクの共通認識は、多くの民族との接触を経て、今もなおバスク語や、「はしがき」でも触れた古い魔よけの踊りなどの独自の伝統が生き残っていることと繋がっているに違いない。そして、自らの文化を重んじながらも、新しいもの好きな日本人にも、バスクのその精神に共感できるだろうし、特には受け皿の大きさ、試練を知る人ならでの本当の優しさが、世界の端っこで生きている2つの民にお互いに共通するところであると確信している。

10. バスク関連歴史年表

この章のおわりに、バスク紹介の手引きとして、簡単な歴史年表を作成してみた。ご参考になれば幸いである。

表 2-3　バスクの主要な歴史的出来事

年	歴史的出来事
紀元前 2000	この頃には既にバスク語の祖先言語が、現在のフランス南部を流れるアドゥール川（バスク語:Aturri）とエブロ川（スペイン語: Ebro）の流域内で話されていたと考古学者、言語学者や歴史学者の間では見解は一致している。
紀元前 1000	当時のバスク南部へ渡った初期のケルト民族大移動は、古来のバスク民族の生活様式に大きく影響を及ぼした。バスク語が外部の言語と最初に接触した時期とされる。地名やバスク語の語彙にその名残が確認されている。
紀元前 200	農業が盛んだったバスクの南部にローマ文明が最初に侵入した証拠。　　バスクにラテン語が登場した。
紀元前 75 年	ローマ文明の侵入に伴ったラテン語化は、バスク人が定住していたナバラ北部山地への透過性が乏しく文化的な接触が少なかった。反面、より平坦で資源の多かったナバラ中央地域には、ローマ文明が定着し、バスク人の代表都市だったイルニャー（Iruña）をプンベイオ（Pompeio）が制圧したことにより、ラテン語の呼び名、パンプローナ（Pamplona）となった。
3 世紀	欧州においてローマ文明の衰退が顕著になり、バスク社会においては、数世紀以降にわたる農業化が進む。これにより、ラテン語の影響力が低下し、バスク語を継承し保護する環境が整った。
5〜10 世紀	イベリア半島の各地域と同様に、バスク地域で使われていたラテン語はロマンス系の言語へと発展した。
8〜9 世紀	714 年にイスラム王国はエブロ川の流域を支配するも、9 世紀には権力を失わせた最初のナバラ王朝、イニゴ族（Iñigos）や後任王朝のヒメノス・サンチョ・ガルセス（Jimenos Sancho Garcés, 905-925）が仕掛けた政治運動によりキリスト教諸国の同盟関係が成立した。これにより、イスラム王国はナバラから姿を消したが、現在のトゥデラ（Tudela）は 1119 年までにイスラム王国の領だった。
10 世紀	イスラム諸王国への再征服（レコンキスタ）運動のはじまりは、多様な形態で言語面のうえでも、バスク地域にとって決定的な時代となった。アラバ県の南、ラ・リオハ州、ブルゴス、ソリアなどの地域におけるバスク語話者の増加に繋がった。反面、ビスカヤ県の西部へは、スペイン語話者が大いに流入した。
11 世紀	サンチョ王朝はナバラ王国の土台を作り、イベリア半島のキリスト教側の領域を全面的に支配するようになった。ロマンス文化やサンティアゴの公式的巡礼路などを定めた王族である。
11〜12 世紀	バスクの歴史的地域のビスカヤ（1180）、アラバ（1199）とギプスコア（1200）は、カスティリア王国に合併された。以来、これらの地域における役所の公用語は、スペイン語となったというのが定説とされる。
1545	神父のベルナルド・エチェパレ筆（Bernard Etxepare）のバスク語による最古文献『バスク初文集』が出版される。原典を総括する文章にある、「Heuscara, ialgui adi mundura」現在の統一バスク語:《Euskara, jalgi hadi mundura 》、日本語訳:「バスク語よ、世界へ羽ばたけ」という一句が　よく知られている。
16 世紀	13 世紀から展開したナバラ王族とフランス王族との接触により、14 世紀の　終わりにかけてヨーロッパ大陸とイベリア半島での交流を活発にしたが、とり分けナバラ王国の裕福に及んだ。カルロス 3 世（Carlos III el Noble, 1387-1425）没後の継承戦争によって混乱にさらされたナバラ王国は、カトリック王のフェルナンド 2 世により 1512 年にカスティリャ領、つまりスペイン王国に統一された。しかし、19 世紀までカスティリャ国王の代人となった総督の管轄の下で、自らの議会や政治機関の体制を保ってきた。
19 世紀	ナバラにおけるバスク語の有力な領域の多くが失われ、アメリカへ移民するバスク人が多かった。世紀末では、地方特別法のフエロスが廃止され、産業化やバスクナショナリズムの出現によりバスク社会が大きく変貌した。
1914	初期のバスク語学校　（ikastola）が Donostia-San Sebastián で設立
1918	バスク語王室学会（Euskaltzaindia）創設
1920	バスク語話者向けのバイリンガル教育がビスカヤ県で初めて実施された
1936	スペイン内戦勃発
1939	内戦終戦、スペイン共和国憲法が廃棄され、バスクは自治州権を失う
1960	60 年代において、バスク語・バスク文化復興運動が発生した。バスク語学校やバスク語の諸方言統一（Euskara Batua）に伴いバスク語話者が増加した
1978	スペイン国憲法の導入により、バスク語の使用や学習が自由化された
1979	再びバスクに自治州権が返還。バスク自治州においては、スペイン語と並び、バスク語が公用語となった
1982	バスク語正常化法の実行。バスク自治州のバスク語ラジオ・テレビ局創立。　スペインの民主主義制度により、ナバラの自治締結が結ばれ、再びナバラの特権制度（フエロ）の批准が実施された。
1983	バイリンガル法令、各教育言語モデルの規制および採決

出典：http://www.euskara.euskadi.eus と http://www.turismo.navarra.es 等

注

4. 現地発音に、バスク語のシャビエル（Xabier）、スペイン語のハビエル（Javier）
の二つがある。日本史に刻まれて現存するのは、ラテン語表記の英語発音に則っ
たザビエル（ラテン語表記：Xavier）である。下の名前を名乗ることが多いスペイ
ン人にしては、苗字で呼び合わないと混同するほど、ナバラ自治州などでは男性
につけられる最も人気のある名前である。スペイン統計局によると、バスク地域
の中ではやはりナバラ自治州がハビエルさんの人口密度が最も多い地域である（男
性23%）。また、ハビエル（Javier）全国8位（約14%）305.475人、フランシスコ・
ハビエルは全国11位（約13%）288.263人もいるようである。（http://www.ine.es）

5. 信者は、毎年3月のはじめにハビエル城外で行われる巨大なミサに参加するために、
ご利益を求め、パンプローナ市内などナバラ各地から、巡礼する人が多くいる。

6. サビエルに付き従ったイエズス会士マヌエル・ティシェイラによれば（ゲティエ
レス、1999: 237）「フランシスコ神父はどちらかというと身の丈の大きな人だった。
顔立ちは端正で、色白だが血色がよく、陽気で機知に富んでいた。……彼は会っ
たすべての人を陽気にしたものだった。時に気落ちした何人かの修道士が、ザビ
エルの所へ会いに行くことで自らを鼓舞しようとすることがあった。彼らはその
ザビエルの存在によって元気になったような気がするのだった……」

7. 生涯にわたるサビエルの研究で著名なG. シュールハンマー（1947）にもこの逸話
が確認されている。

8. Aguerre, 1957に詳しい。

9. お互いがバスク人ではあったとはいえ、知り合う前までは、ギブプスコア出身の
ロヨラはカスティリャ王国軍側でサビエルの家族の陣であったナバラ王国と戦っ
ていた。

10. 最初のバスク語表記と推定される紀元150年に刻まれた石碑や約950年代のイス
ラム王国書籍の書記官による文章によると、理解不能なバスク語が話される地域、
ナバラの言語を「al-baskiya = the Basque」と記したことや1167年にナバラ王が
バスク語を指すのに用いた「lingua nauarrorum」などバスク語がナバラの多数派
言語として認識されていた歴史的な根拠は決して少なくはない。（もっと詳しく
はXamar 2013を参照）。

11. 12月3日はナバラ自治州の記念日として祝される。この日は、サビエルが中国で
没した日付と重なっているのは単なる偶然ではない。さらに、また同時にこの日
が「バスク語の日」、またはバスクのディアスポラを考慮し、「バスク語の日」と
いうこともあるが、いずれにしても、バスク語の日を歴史の中でサビエルが没し
た日付と重ね合わせたバスク自治州政府（バスク語：Eusko Jaurlaritza）および
バスク語学会（バスク語：Euskaltzaindia）は、世界史に名を刻んだ最も有名なバス
ク人に思いを馳せていることが窺える。

12. バスク伝統文化の一つである「巨人」（バスク語：erraldoiak）巨大人形は、各地のお祭に登場することがある（次章を参照）。山口には、パンプローナ市との友好締結を象徴するかのように、スペインフィエスタの際に「大内氏」と「サビエル」の巨人が出てくるのだが、パンプローナ市の人形とは違って、重い金属で作られているため、人間が操って音楽団のパレードと一緒に踊り回る術は残念ながら見られない。

13. パンプローナ市という地名は、先住民バスク人が定住していたイルニャが紀元前74 年ローマの軍隊長のポンペイウスの支配により「ポンパエロ」（Pompaelo）を創立した。正式には、近代のバスク語表記 Iruña または、パンプローナ市近郊の別発音に則って、母音の「エ」を挟む Iruñea などがあるが、ナバラ自治州政府は 1991 年から前者を正式名称としたのに対して、学術的には後者が支持されている（詳しくは、Jimeno & Salaberri, 1994 を参照）。公式名称は両言語を合わせて Pamplona-Iruña となっている。

14. 熊野古道と姉妹締結を結んでいる「サンティアゴ巡礼道」を訪れる国内外観光客は後を絶たない。ピレネー山脈を貫くフランス側の北部ルートとアラゴン州から連なる東部ルートの接点は、パンプローナ近郊にあるプエンテ・ラ・レイナ（Puente la Reina・バスク語名：Gares）「女王橋」である。多くの騎士、修道院長などが歩んだこの道に沿って、ナバラ王国黄金時代などの遺跡が多く残っている。

15. 各事業の HP は以下のリンクから閲覧できる。
（日本文化講座ブログ）https://dejaponayamaguchi.blogspot.com.es/
（紙芝居演習）http://yamaguchikamishibai.blogspot.com.es/
（俳句ワークショップブログ）https://haikunversaciones.wordpress.com/

16. 過去の行事記録は以下で確認できる http://www.fanfestival.es.

17. バスク地域には、バスク地域以外のスペイン出身の移住家族や移民の方も多く、バスク語が理解できないバスク地域生まれの人もいれば、学校でバスク語を勉強した経験がありながらも、バスク語を普段使わない消極的バイリンガルなど、人はそれぞれである。私が示すバスク人とは、歴史的な解説の場合、古来のバスク民族を指し、現代人を指す場合は、基本的にバスク語の運用能力を問わず、バスク文化やバスク語に思いれを持つ人に用いることとした。

18. バスクと日本は、系統不明言語と位置付けられるバスク語と日本語（総合地球環境学研究所, 2010: 153）、両言語の起源が解明されていないという意味では共通点があると言える。

19. Xamar（2013）には、バスク語の謎を議論する研究者の様々な理論や古来北部からの支配文明や多くの民族との接触変遷、現代の大国家、フランスやスペインにも屈することのなかったバスクの歴史を詳しく解説している。多くの人とそのアイデンティティを形成する最も重要な要素であるバスク語の歴史が詳しく解説されている。

20. バスク自治と共通するところが多く、ナバラ自治州の自治も、ナバラの特権体制により、ナバラ議会、ナバラ政府、ナバラ自治政府首相などのスペイン国の中で他の地域とは異なる政治体制から成立している（Azpilicueta & Domench, 2005: 63）。そして、バスク自治州とは異なり、この古き法がより強調され、ナバラ自治州のスペイン語表記は Comunidad Foral de Navarra と表され、直訳すれば、「特権州のナバラ」、または「フエロ的州ナバラ」となる。

21. フランコ政権下では、バスク語禁止とともに、このチーム名はスペイン語表記の Atlético de Bilbao に訂正された。実際には、産業革命でイギリスとの貿易中でサッカーがビルバオを通じてスペインへ行き渡った歴史を尊重し、ビルバオのバスク人代表チームはプロリーグでは唯一、英語表記を有するものである。

22. 実際には、スペインにイギリスからサッカーが伝わったきっかけは、ビルバオの港などで産業革命大国であった英国との交流があったからである。鉄の公売交渉が成立した時に使われていた "all iron" "all iron" という表現は "alirón el Athletic campeón"（アリロン、アスレチックはチャンピオン）という語呂合わせは現在のサポーターの間でも人気のエールである。

23. もちろん、ここでのバスク地域もバスク語が通用する地域という意味であり、フランス南部とスペイン北西部の両地域を含む広義のものである。

24. ウィリアムズ選手はビルバオ生まれ（リベリア・スペイン国籍）である。両親はガーナの難民キャンプで知り合ったそうである。波乱万丈の人生を乗り越えた両親の物語はビルバオでもひろく知られている。プロチームに下部組織から勝ち上がったアフリカ系のバスク人選手は、彼が最初ではないが、現在一目置かれるビルバオの王者になり、人気のバスク選手なのである。

25. 詳しくは https://www.coe.int/en/web/interculturalcities/bilbao を参照。

第4章
食はバスクにあり

溝手朝子

1. 食いしん坊たちが訪ねる市場の風景

　まず初めに、日本人が現在のバスクの大地に足を踏み入れた時に何を見、何を感じるかについて、自分の経験をもとに振り返ってみたい。短期滞在であったが、私はスペイン側のバスク、ナバラの両自治州に足を踏み入れたのは2回。最初はマドリッドから空路で、二度目はバルセロナから列車でパンプローナ入りした。

　ヨーロッパ上空になると、建物の色や集まり方に異国を感じる。スペインに入国したのは、ともに夜暗くなってからだったのでその感動は味わえなかった。しかし、パンプローナに近くなると、風力発電の大きな羽根が山稜に沿って多数目につくのは印象的だった。パンプローナ市内に着くと、城壁に囲まれた旧市街を中心に、新市街が広がる。旧市街の入り口には通り門が設置され、当時の出入り管理が想像できる。旧市街の端には函館の五稜郭によく似た城砦公園があり、16世紀につくられた城壁が中世の雰囲気を現在に漂わせている。タイムスリップできそうなところである。旧市街には、市庁舎やサンタマリア・デ・パンプローナ大聖堂、博物館（ここには、街全体のミニチュアが展示してある。）、カスティージョ広場にあるヘミングウェイが通った「カフェ・イルーニャ」も歴史を感じさせる。

　もちろん、パンプローナといえば、その時期にはホテル代が3倍になるという人気のサン・フェルミン祭があり、命がけで走る猛牛と人びとのモニュメントや祭にまつわる展示物が散見される。牛追い祭のゴール地点の闘牛場も闘牛反対の声（本書はしがき参照）にかかわらず存続している。このように中世か

図 2-42　パンプローナ旧市街のミニチュア

図 2-43　カフェ・イルーニャのヘミングウェイ

図 2-44　カフェ・イルーニャの内部

ら今に続く歴史を感じさせる旧市街は、城を守る壁というより、街を守る壁 City wall によって、庶民を丸ごと守っていたことで、当時の遺産を活かしたまま継承することに繋がっているのではないだろうか。City wall に囲まれた街は、ヨーロッパ各地で見られる。日本の城下町のつくりと大きく違う。日本では、城を敵から守るために、御濠を掘り石垣を積み、天守閣を建て、堀の外に庶民を住まわせる。その住まわせ方は、敵がなかなか城にたどり着けないような工夫がされて、決して庶民が住みやすい作りになっているとは言えない。しかし、城砦に囲まれていないため戦いになった時、庶民は逃げることができる。文化財的には、城を残すことができても街並みは開発の手にかかり、多くが壊されていく。町並み保存をしているところを見かけるが、規模は比較的小さく断片的に残されているせいか、古からの風は届かない。残念なことにタイムスリップできそうなところには遭遇しない。日本では、自然や伝統食、作法などの分野から、古の風がそよいでくるように思う。

　さて、観光からは外れて、市民生活という視点で街を歩いてみる。ナバラは

図 2-45　野菜売り場

図 2-46　肉の売り場

図 2-47　市場の新鮮な魚介類

図 2-48　乳製品売り場

図 2-49　ケーキ類売り場

食材豊富な農業都市である。食いしん坊たちが立ち寄るのは、何といってもその街の台所、市場や食品売場、レストランである。

　まず、市場に行ってみよう。市場というので、金沢の近江町市場や築地のような所を想像していたのだが、これが全く違うものだった。建物の中に食材売り場がある。日本のデパートの地下食品売り場の大型版、といったら想像しやすいかもしれない。野菜コーナー、果物コーナー、食肉と食肉加工品、魚と魚介加工品、乳製品、ケーキ類等々。

　野菜や果物は、日本のように小袋にいれたものはなく、籠などに入れ山積みしてあり、必要なものを必要なだけ購入する。多くの場合、計量はレジのところで行われるが、売り場で計ってくれるところもある。肉や魚も、対面式で必要なものを必要なだけ購入する。東京の下町の商店街にある市場でも見かける風景であるが、大抵、店主は一人という光景は、穏やかな時の流れを感じさせるものであった。

　売られている食材で日本ではあまり見かけないものといえば、野菜ではアーティチョーク、果物では日本人になじみの温帯のものだけでなく、チェリモヤのような熱帯高地原産のものもスペインでは栽培されている。

　肉類では子豚まるごと一匹や兎。食肉加工品は、豚の血液が入ったものをはじめ、多種のソーセージ（なかでもチストーラはこの地域の名物）。生ハムが豚の後ろ足まるまる一本分でずらりとつり下げられ、3 年熟成などと書いてあるので、熟成期間の長さに耐えて深まる美味があることが分かる。

　日本のいわゆる「生ハム」とは異なり、塩漬け、洗浄、乾燥、長期熟成の段階を踏むスペインの生ハムの秘密は熟成方法にあるようだ。熟成に普通のものでも 1 ～ 2 年、脂肪層が厚く、長期熟成させても肉が乾燥しにくいイベリコ豚では 60 か月をかけるものもあるという。熟成期間は、発酵による香味づけに加えて、防腐効果により保存性を高める期間である。表面に生える白い黴が、肉の腐敗を防ぎ、添加物として用いられている亜硝酸塩等の濃度を低下させる働きをしている。また、微生物によるタンパク質の分解により、アミノ酸となり、旨味を増したり消化性を良くしたりしている。生ハムを注文すると、お皿一杯に敷き詰められたものが出てきて、その量に圧倒される。

　鮮魚売場では、日本とは逆でマグロよりカツオの価格の方が高い。こ

図 2-50　果物売り場

図 2-51　丸ごとの仔豚

図 2-53　頭上にずらりと足丸ごとの生
　　　　ハム

図 2-52　チストーラ

れには少し考慮しなければならない
点があるのかもしれない。国際公務
員としてスペインに在住した三宅眞
（1991）の『魚歳時記』によると、ス
ペインの魚屋で本物のカツオが店頭
に並ぶのはカナリア諸島を除いては
ないという。普通「カツオ」と訳さ
れるボニートとして売られている魚
の中には、ビンナガマグロのような
ものも含まれているようで、日本で
言うカツオとは異なるということだ。このような点が価格に反映されているの
かもしれない。次にマグロやカツオのような形の大型魚の購入方法が変わって
いる。一匹の魚を輪切りにしてもらうのだ。フランスに 1 年半暮らした本書監
修者の安渓遊地氏によれば、パリでも同じように大型魚は輪切りのままソテー
になり、ヒラメの中で日本人がもっとも賞味する部位である縁側は魚屋の店先
でハサミで切り落とされてゴミ箱行きだという。
　パンプローナの市場でも、塩漬けタラコーナーを見かける。ショーケースの

図 2-54　皿いっぱいの生ハム

中身が塩の白一色で強烈な臭いを放っているので、すぐに見つかるだろう。塩抜きをして、ニンニク味のピルピルソースで煮込んで食べる。バスク料理の逸品だというが、少々塩味が強くてたくさんは食べられなかった。『魚で始まる世界史』（越智、2014）にも、ヨーロッパ人にとってのタラの重要性が指摘されている。

　すこぶる生きのよいイワシやアジも見かけるが、調理法としては、概ねハーブで香りづけをし、オーブンで焼いたものにオリーブオイルをかけたり、干し赤パプリカとにんにくをオリーブオイルとビネガーで加熱して作ったソースをかけたりして食べる。

　各種のチーズが並べられている売り場は、日本のデパートでもよく見かけるようになったが、ケーキ類が食肉や鮮魚を扱っている市場と同じところにあるのは、私には珍しい光景であった。スーパーマーケットの食品売り場も、基本的には市場と同じで量り売りである。

　次に、売られている食材がどのように料理として提供されているのか、食いしん坊の本領発揮、パンプローナのレストラン巡りである。

　パンプローナに到着して、一緒にきた学生たちが真っ先に食べたいといったものは、「パエリア」であった。夕方、ショッピングモールの二階のレストラ

図 2-55　塩漬けタラの売り場

図 2-56　タラ料理の一皿

ン街に行ってみたが、見つけることはできなかった。それはそのはず、本書の「はしがき」にも書かれているとおり、パエリアは、もともと南スペインのものだったのだ。それにしても、ワンプレートにのせられて出てくる料理は、日本人にとっては量が多い。これにパンがつくのだから、炭水化物量は相当なものである。ざっと、脂質過多、野菜不足への道まっしぐら、というところであった。しかし、これでも以前に比して消費するパンの量は減っているそうである。

　次に期待したのが、バルで提供されるピンチョスである。バルごとに異なるピンチョスが楽しめる。小さな一口料理である。これで飲み物1杯を楽しむようである。この習慣は日本では見かけない。ピンチョスの話は、サン・セバスティアンのところで紹介する。

　最後に、ナバラでよく食されるものはどんなものかが知りたくて、マテ先生にお願いして郷土料理を提供してくれるレストランに行った。想像できないような味のものはほぼなかったのだが、お皿いっぱいのグリーンピースが出てきたのは予想外だった。

　日本料理で豆をこんなにたくさんおかずとして食べる習慣があるだろうか。煮豆は少々しか食べないし、グリーンピースは彩りとして使う程度。日本で豆がメインのお菜としては、『日葡辞書』にも出てくる「いとこ煮」がある。出汁の効いた汁にふっくら炊いた小豆と、小さく切ったかまぼこや椎茸、白玉団子などを順次入れて炊いたものである。山口県の郷土料理として、萩地域では今でも食べることができるが、小さめの汁椀に入ったものである。ナバラの大量のグリーンピースの煮物とは、食事に占める位置が違うように思う。スペインでは、グリーンピース以外にも、そら豆を大量に煮て出す逸品もあるそうで、その他季節に応じて大量の豆を食す習慣があるという。健康にもよいということで、栄養士による子どもの食事メニューのアドバイスでは、週に3日は豆料理を、と推奨されているそうだ。

図 2-57　グリーンピースのスープ

　ヨーロッパの料理は、いろんな種

類の料理を楽しむ日本料理と基本思想が異なる。たまにここに来て、ワインやチーズ、生ハム、バスク料理を楽しむのは気分転換になって良いかもしれないが、個人的には長期滞在は少々難ありかもしれない。一番の理由は、染みついた出汁の香りや食材の味を邪魔しない、食材を多様に変化させる料理に出会えなかった点にあると思う。とはいえ、通算3週間足らずのスペイン滞在での印象にすぎない。

　そこで、パンプローナやサン・セバスティアンに移住している日本人女性に、食を通して感じたことを教えていただいた。

2. パンプローナ在住 25 年の鈴木啓子さんのお話

　「スペインの料理は素材の味を大切にしているものが多いので、こちらに移り住んでも食に不自由さを感じることはあまりありませんでした」と語り始めた鈴木啓子さん。現地の人と結婚し、スペイン語だけでなくバスク語も流暢にあやつる。ナバラの新聞の Diario de Noticias de Navarra の 2015 年 1 月 11 日号に大きく紹介された記事を紹介すると、名古屋育ちの彼女は、留学でナバラ大学に来て以来ずっとパンプローナで暮らしている。もとよりスペイン語は堪能だが、バスクの伝統球技に興味を持ったのがきっかけで、バスク語を深く学び、日本語と日本の文化についての先生として、日々多文化の交流の現場に立っている。山口県や山口市からの公式訪問では、いつも通訳としてお世話になり、日本への留学をめざすナバラの若者達にとっては、美しい日本語の厳しい先生である。以下は、ナバラ自治州の食をめぐる彼女の語りの抜粋である。

　　日本ではあまり馴染みのなかった「牛や子羊の臓物の煮込み料理」をはじめから美味しく感じました。スペインの臓物煮込み料理の素材は、基本的に牛または子羊で、牛の場合は主に胃か腎臓。BSE（いわゆる「狂牛病」）騒動の前まではこれに脳みそも加えていました。豚の場合は、腸を腸詰に使い、豚足や豚耳、豚タン、レバーなどを使います。煮込みにはトマトを加える場合もあります。今でも夫婦で時々「牛または子羊の臓物の煮込み」を料理して美味しくいただいていますが、なぜか子ども達は食べないんで

すよ。高コレステロール食は気持ち悪いんだそうです。その背景として、手間暇かかるのと近年のスペインの健康ブームがあるようです。その結果、若い世代は肉より魚の摂取が多くなっているように感じます。若い人の間では、生ハムのおいしさを決定づける豚の脂身でさえ、避けられるようになっています。バスク自治州と違って海に面していないナバラ自治州のような山間地域でも、流通の発達にともなって魚の摂取量が増えてきています。人気の漫画を通して得られる日本食に関する情報の影響も大きく、「ドラえもん」に登場するどら焼きのようなものも素直に受け入れられているようです。

　ナバラ人と結婚して、夫の母との間で食べ物をめぐる行き違いがあって反発したことが一つありました。それは、砂糖に対する習慣の違いなんです。いまも元気なら100歳になろうかという女性の言葉で、現代のスペインに一般化はできませんが、「砂糖は歯にいい」というんです。だから、うちの子どもにたくさん砂糖の入ったものを食べさせるようにというんですが、これには閉口しました。日本では子どもの虫歯を防ぐために、甘いものを食べさせるのは極力避け、食べた後には歯磨きを励行するのが常識でしょう。さすがに、砂糖が歯を強くすると信じている人はいないでしょうが、砂糖の消費量は多い気がします。今でもスーパーマーケットで見るスペイン人の買い物カートに、砂糖の包みが数個入っていることも稀ではありません。日本なら、スーパーで砂糖の袋を複数個かごに入れている人を見るとしたら、よほどのバーゲンの日だけでしょうね。

　近年のスペインにおける健康ブームについて、鈴木さんの話をもとに考えてみよう。日本では、第二次世界大戦後の食糧難から、子どもの栄養状態改善のために給食が取り入れられた。その後、時は流れ、飽食の時代、PFC（タンパク質、脂質、炭水化物）バランスの偏り、不規則な食事や個食、肥満や生活習慣病、伝統的食文化の喪失、食の安全問題や食の海外依存が問題視されるようになり、2002年に食育調査会が発足した。その後2004年に食育基本法プロジェクトチームが設置され、いったん参議院から取り下げられたものの、同年12月に衆議院内閣委員会で継続審査が開始された。翌年4月衆議院可決、6月

参議院可決のはこびとなり、2005年7月、食育基本法が施行され、健康と食をめぐる子どもたちに対する食への教育が盛んにおこなわれるようになってきた。しかし、これは子どもたちの成長の過程で定着するのだろうか。高校を出て間もない大学生に、朝食の状況を聞いてみると、耳を疑いたくなるような話が多い。朝は食べない。食べるより寝ていたい。食べたとしても、菓子パン1個かおにぎりだけ、という学生が多い。幼稚園や小学校で熱心に教えている、食への感謝の気持ちや健康で文化的な生活を営むためのあれこれが、高校を卒業した途端にこの有様である。もっとも、食育は子どもだけを対象としたものではない。食育基本法の目的にも謳ってあるように、現在および将来にわたる健康で文化的な国民の生活と豊かで活力ある社会の実現に寄与する、ということから察すると、それは明白である。三つ子の魂百まで、という。親が食に関心を持ち、健康を維持し、活力ある生き方ができるような食習慣を提供していなければ、食育教育が目指しているものを子どもに定着させることは難しい。日本の食育教育は、具体的には何を目指しているのだろうか。世界の食糧事情を見ていると、そんな疑問が湧いてくる。

　スペインではどうであろうか。公立学校ではお昼時に自宅に帰って昼食を摂るところもあるようだが、都市部では食堂で昼食を提供しているところも増えてきたそうだ。昼食は、日本のように学校の教室で摂る習慣はなく、併設されている食堂で摂るのが普通である。共働き世帯が多いこの国では、昼食を学校で摂ることができるというのは有難い制度であるし、栄養バランスを考えたメニューが提供されるため食意識の転換にも繋がっているという。学校以外の住民たちの食意識について、鈴木啓子さんの考えを聞いてみた。

　　食についての意識は低くありません。町ではピンチョスコンクールが開かれたり、素人のグルメコンクールが開かれたりしています。2007年にアメリカで起きたサブプライム住宅ローンの煽りを受けて、スペインでもこれを境にGDPの実質成長率もマイナスに転換し、失業率も2012年には25％を上回り、25歳以下の若者の失業率にいたっては50％を上回っています。このような経済状況で、真っ先に影響を受けるのは外食産業です。スペインも例外ではなく、住民は外食を減らして自炊し、その結果、バル

　もどんどん閉店に追い込まれていきました。しかし、その流れに歯止めをかけたのは、バルをこよなく愛する住民たちとそれに応えた店主たちだったんです。店主は新しい料理の技法と取り入れ、美味と見た目にも凝りはじめ、インターネットも駆使してピンチョス（小皿料理タパスの一種）の高級化を図り、集客に努めました。その結果、バルの質が向上して、店舗数も盛り返したんです。スペインといえば、5度も世界一に輝いたエル・ブジ（El Bulli）という高級レストランを思い浮かべる人も多いでしょう。料理長はフェラン・アドリア（Ferran Adriá Acosta）さん。エスプーマや、人造いくら（アルギン酸のカプセル）を使った料理をはじめ、柚子や醤油と言った日本の香りや調味料を使った西洋料理を開発して、人気を博しました。日本の料理家で、彼のもとで経験を積んだ人も多いんです。

　この25年の間にスペイン人の食事の摂り方が変化したように感じます。レストランで一般的に提供されているビジネスランチにしても、かつてはお昼にワインを飲むのはごく普通のことだったんです。でも、車社会が定着して、ヨーロッパ各地で昼の飲酒が控えられるようになりました。欧州共同体に加盟したり、財政赤字に直面したりと、働き方の改革が求められる中で、隣国と同様の時間帯で働き、早めに帰宅し余暇を楽しみしっかりと睡眠をとる、そんな生活への転換が起こっているんですね。

　実際、スペインに行ってみて夕飯を摂ろうとすると、通常21時以降でなければレストランが開いていない。日本では18時くらいから夕食を摂るが、その時刻はまだ早い。飲食街がにぎわうのは21時くらいからだ。多くの日本人は夕飯が一番のご馳走であるのに比して、スペインでは通常、昼食が一日のメインの食事となっている。夕飯にご馳走を食べようとする日本人は、夜遅くに重い食事をして胃腸を悪くすることも多いと聞く。健康上を考えると、昼にご馳走の方が理に適っているように思える。とはいえ、21時以降に食事をし、深夜まで起きているのも健康的とは言えないであろう。ただし、ナバラ自治州の平均寿命は83.9歳（女性86.9歳、男性81.2歳）ということなので、この数値からは、さほど寿命には悪影響を及ぼしていないように見える。

　サビエルの記録には、日本人は1日3度の食事をするとある。ヨーロッパで

は 18 世紀くらいまで一日 2 食が普通であった。戦国時代には、一日 6 合のご飯を食べていたという記録もあるそうだが、本書第 2 章で「病草紙」の高盛飯を紹介したように、摂取エネルギー量は相当なものだったことが推察される。しかし、これは日本人だけではない。中世ヨーロッパでも、パンやイモといった炭水化物を大量に摂取していたことが記載されている（ロリウー、2003）。13 世紀までは 500g ／日のパン、フランス・ブルゴーニュ地方の漁師たちは肉体労働ということで、毎日 3kg ／日（8,000kcal）のパンを受け取っており、これは現在の成人男性 3 ～ 4 人分にあたるものであった。食事の総摂取カロリーにおける穀物の割合は突出して高い値だったことがわかる。例えば教皇庁の学生が 80％、フランス南部のラングドックの農民が 85％、一般家庭で 91％とされ、食事といえばほぼ小麦やライ麦を使ったパンや粥などの料理だった。この食生活は明らかに栄養バランスを欠いた状態でビタミン欠乏症や脂質不足が問題となった。つまり栄養不足が原因となる病気によく罹ったということである。同時代の日本とよく似た現象である。この当時の代表的な病は、ナイアシン欠乏症で発症するペラグラやビタミン D 欠乏症のくる病であった。イギリス海軍がライム果汁を乗組員に飲ませ、ドイツ海軍がザウワークラウトを常食するようになるまで、長距離航海の船員にとっての死の病は、ビタミン C 不足による壊血病だった。サビエルたちは、航海中にパンを焼くことはできず、日持ちがするように二度焼きしたパン（ビスケットの語源）か麦の粥などを食していたはずだ。もちろん、カトリックの必須アイテムであるワインは呑んでいたはずである。中世に入り、13 世紀を過ぎると、胡椒はオリエントから流入しその値は下落して生姜より安くなったそうだ。そのため、「百姓のソース」とまで言われ、貧乏くさいものとして、上流階級ではあまり使われなくなったようだ。砂糖もイベリア半島で生産されはじめ、ポルトガルのマディラ島やアドレス諸島、スペインのカナリア諸島などで大量に生産されるようになり、大衆化していった（堀越ら、2013）。第 2 章でとりあげたように、サビエルが暮らした中世ヨーロッパも、食の転換期であったといえそうだ。

3．美食の町サン・セバスティアンに住んで 10 年の大山由美さんのお話

　美食世界一の町として知られるようになったサン・セバスティアン（バスク名ドノスティア）であるが、その地には日本人の舌にあうピンチョスが散見される。サン・セバスティアンは、スペインの大西洋に面し、フランスとの国境も近い港町である。この街が一望できる小高い丘に上がってみると、美しいリゾート地が眼下に広がる。しかし、この風景が特別なものとは思い難い。小さな港町でリゾート地となっているところは、ヨーロッパには各地に点在している。その中で、サン・セバスティアンは世界一の美食の町として知られ、世界各地から観光客が訪れている。ここまでの成長を遂げたのには。それなりの理由がある。

　高城剛の『人口 18 万の町がなぜ美食世界一になれたのか』によると、鍵となったのは、ヌエバ・コシーナ（Nueva cocina）といわれる「あたらしい料理」である。この町出身の、放蕩暮らしをしていた若きシェフ、アルサック（Arzak）が、フランスで出会ったヌーベル・キュイジーヌに感銘を受けたことに端を発している。彼は、当時の料理の流行りだったビルバオモデルを真似るのではなく、感銘を受けたヌーベル・キュイジーヌを独自のものとして発展させることに心血を注いだ。地元の新鮮な食材や、世界中を放浪していた時に遭遇した、世界各地のフレーバーを織り込んで、伝統を残しながらもまったく新しい食を創造していったのである。この「伝統を残しながら」、という柱をしっかり立てたことが、人々の新しい食への排除を回避し、この地に根付く大きな要因になったと思われる。アルサックを中心に、感動を機動力とし、ヌエバ・コシーナに出会った人びとの笑顔をエネルギーとして、粘り強く時間をかけて、斬新な料理への挑戦を続けてきたのである。ここを震源地として、スペイン全土に波紋は広がり、世界一予約の取りにくいレストランとなってしまったエル・ブジによって、世界的な知名度を得ることになった。

　ピンチョスの多くは、軽く焼いた薄切りバゲットの上に様々な具材がのったものである。具材への基本の味付けとしてのオリーブオイルは欠かせないようだ。例えば、「エビ」は、バナメイエビを串刺しにして焼いたものが一匹丸ご

図 2-58　エビが丸ごと載ったピンチョス

図 2-59　牛ヒレ肉のピンチョス

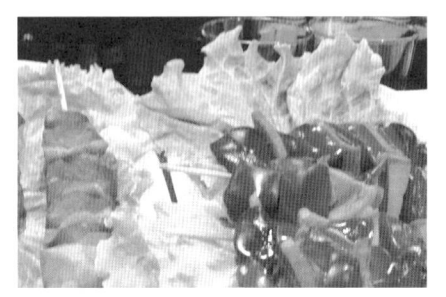

図 2-60　鶏のレバーの串

図 2-61　タコのピンチョス

図 2-62　カニ味噌のピンチョス

図 2-63　スモークサーモンのピンチョス

図 2-64　マッシュルームのピンチョスとお酒の
　　　　注ぎ方

図 2-65　肉詰めピーマン

と載っている。ミディアムレアの一口大の牛ヒレ肉がのったもの（これは店先には並べてないが、注文すると出てくる）、トリのレバー串、タコ、かに味噌、スモークサーモン、きのこ、肉詰めピーマンなどなど、素材の味をそのまま残して調理されたものが多い。

　もちろん日本ではあまり見かけないか稀にしか食さないものもある。日本ではスペインオムレツなどと呼ばれるトルティーヤや、オリーブと青唐辛子の酢漬け、アンチョビのマリネ、チーズ、生ハムも様々に使ってある。

　チーズや生ハムは、日本の食品会社が製造・販売しているものとはまったく別物といってよい。特に、生ハムは風味や食感、芳醇な味、どれをとっても違う食品である。チストーラという少しやわらかめの長いサラミソーセージのような豚肉加工品が暖簾のように店先につるしてある。これを焼くとたんまり脂がにじみ出てくる食べ物で、バスク人の好物らしくよく使ってある。

　ちょっと見過ごしそうなものとして、カニカマをほぐしたもの、ウナギの稚魚に似せたかまぼこがあり、これらは、山口県宇部市のYANAGIYAが開発した機械によってつくられる新しい食材なのである。

　ミニバーガー風にツナやアンチョビを詰めたもの、生うにの鮮烈さと比べるとややぼやけた味ではあるが、タルトカップにうにを入れて焼いたものや、うにを殻ごと半分に切って焼いたものなども並んでいる。

　ちなみに、焼きうには日本でも三陸から青森県八戸市あたりで食べられ、「焼きカゼ」といわれる。いずれにしても、見栄えが良く、食欲をそそるものである。チーズケーキを売りにしているバルもあり、その店ではクリームチーズとアンチョビを併せてソフトクリームのようなコーンに詰めたものを提供しており、これが数年前に賞をもらったピンチョスとして紹介され、展示されている。

　これらのバルは、サン・セバスティアンに在住の日本人の大山由美さんが紹介してくださった。いずれも日本人には違和感なく、素直に「美味しい」と感じられる店であった。そして、日本人だけでなく、多くの海外からの観光客やスペイン人にも人気のお店である。

　ただ、いわゆる日本食の選択肢がない状況で、このようなものを毎日食すとなると、どうであろうか。スペイン人と結婚し、美食の町サン・セバスティアンに暮らして10年になるという大山由美さんにそのあたりの事情を聞いてみ

図 2-66　トルティーヤとオリーブと小エビ

図 2-67　青唐辛子とオリーブ

図 2-68　アンチョビのマリネ

図 2-69　かにかま製品

図 2-70　ウナギの稚魚は高級品

図 2-71　ミニハンバーガー風のピンチョス

た。

　　今ではサン・セバスティアンでも、醤油や豆腐、のりやワサビなど、だいたいの日本の食材は手に入るようになっています。ですから、家庭で日本の食事は作ることができます。ただ、おいしい白いご飯が食べたい、というときに困ることがあります。毎年日本へ里帰りする時には、仕方なく

図 2-72　ウニのタルト

図 2-73　殻ごと焼いたウニ

図 2-74　チーズケーキが人気の店で

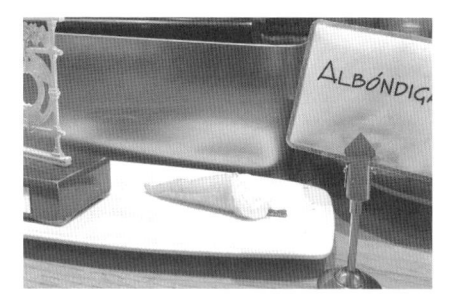

図 2-75　クリームチーズとアンチョビのソフト
クリーム風

　2 kgばかりの米を持って帰ってくるようにしています。驚かれるかも知れませんが、サン・セバスティアン出身の夫は、私以上に日本食が大好きなんです。日本から持って帰った美味しいお米を炊くと、とてもうれしそうににっこりするんですよ。夫は、ヨーロッパで生産された「寿司米」と日本から持ち帰った米との違いがわかるんです。体調の悪いときや食欲がないときに、日本からのお米で炊いたごはんを握ってあげると、心からうれしそうに、「日本のお米のおにぎりでしょ」と言いながら食べてくれます。彼は日本での生活が長かったから例外かもしれませんね。

　サン・セバスティアンで売られているお米は、以前私が留学していたイギリスのロンドン郊外のヤオハンという日本のスーパーマーケットで売られていた米と外見は酷似していた。ヤオハンの米は、日本の炊飯器で炊いたことも影響しているのかもしれないが、日本で食べている米と遜色ない味であった。しかし、サン・セバスティアンで購入して通常の鍋で炊いたご飯は、何とも表現の

しようのない味と食感で、食べ慣れた白ごはんとは全くの別ものであった。これを毎日食すのは、日本人であれば苦痛でしかないのだが、この味の違いがわかるスペイン人がおられることを知り、不思議な親近感を覚えた。

コラム2

ピンチョスが魅力のバスクのバルを
120％楽しむ方法

エフライン・ビジャモール・エレロ

　バルに対するスペイン人の思いは、人それぞれ異なった感想をつぶやくのだろうが、基本的にバルは早朝新聞を読みながら、コーヒーを飲む場所、昼食前に友達や家族と一杯を楽しみつつ話す場所、またはサッカーの試合観戦のついでに、ビールなどを飲みに行く場所であり、スペインではバルが大活躍する。しかし、バルが昔から情報や交流の場であることではスペイン全土で共通しているのに対して、バスクの食文化の名物と言えば、やはりおつまみ料理ピンチョス（pintxos）を語らずにはおけない。

　スペイン南部などのバルにおいては、基本的に飲み物を注文すれば、タパスというサービス料理が提供される。しかし、バスク地域のバルの特徴は、カウンターにはピンチョスがずらりと並んでいるところである。バスクには、無料サービスの料理が出ておらず、むしろ人は梯子でバル巡りし、好きなものをつまみながら、お酒を嗜むのがバスクの様式である。

　ピンチョスに関して、美食大国ならではのグルメ情報が頻繁に報じられる日

図 2-76　バスク自治州のバルのカウンターのピン
　　　　　チョスの数々

図 2-77　頭上には生ハムがずらり

本でも、最近このバスク独特のバル料理が知られるようになっている。現地では、例えばパンプローナ市の場合は、ピンチョスの大会が毎年実施され、受賞したものなどが市民の間で流布されると、バル毎に賞を取得したピンチョスを食べてめぐる人も少なくない。しかし、リーマンショックの世界危機発生後、スペインでは経済後退が進み、中々贅沢する余裕がなくなった。そのため、旧市街の多くのバルでは知恵を絞り、バスクの食文化を改めて活気づけるために、以前の半額料金で火曜日限定（火曜日 martes + pintxo の造語：martintxo）や木曜日限定（木曜日 jueves + pintxo の造語：juevintxo）のピンチョスと飲み物の一組セットを提供するようになった。

　バスク地域のバルのもう一つの特徴は、床がナプキンや楊枝ずくめであることである。日本人にとっての「お店にお客さんが並んでいるからおいしいに決まっている」という想定内の安心感による判断と同様に、営業終了時間まで途中で床を掃除しない理由は、それがバルの絶品料理に引き寄せられたお客が多いことを証明するとされるからである。バルではピンチョスを店主に直接注文する場合もあれば、そのまま自由に取って最後に会計をする時に食べた数を申し出る場合もあるので、訪れる際は臨機応変に周囲の人のふるまいに従うのが良い。

　バスクにおけるこの食文化の背景には、バスクでは小規模の友人集団のクアドゥリージャ（スペイン語：cuadrilla）単位で行動するという興味深い習慣がある。これは幼馴染である場合もあれば、同僚などからも形成される場合が多いが、とにかく重要なのは、暇なとき必ず集まって遊ぶという構成員での共有認識である。空き家やテナントをメンバー全員で借り、週末や夕方の集まり場とする。若い世代のみならず、中高年世代では、美食倶楽部（スペイン語：sociedad gastronómica）を組むギプスコア県の人や、仕事が終わった後などにおいて、赤ワインの小グラスを何杯も代わり番こで飲むビルバオ市独自のバル巡りスタイルや、パンプローナ市で誕生日を迎えた人が友人全員に一杯奢る、などが挙げられる。友人を第二の家族として大切にするということから、バスク人は友情関係を重んじるだけではなく、やや内向きの性格であることが考えられる。このように、バスクでは交互に勘定を持つことが多く、奢ることに関して持ちつ持たれつの関係が一般的である。また、このようなメンバー内では

気の置けない親友ばかりだとは言え、場合によりバルの来店者の数が多くて込み合うことも想定される。つまり、奢る場合はやや少数のメンバーの時に限り、全員が食べ歩きする際は、最初からその日に支払いをする担当を決め、割り勘で金額を仕切る人に事前にお金を渡して行動するのがバスクスタイルである。いずれにしても、同じメンバーで旧市街などのバルを一緒に巡り、日々の喜びなどを分かち合うというバスクの生粋の友情スタイルがある。この輪に入り込むことは旅行者には容易ではないが、観光客がバスク語で一言挨拶するだけで、バスクの人はすぐ笑顔になり心を開いてくれると私は確信しているので、ぜひお試しあれ。

表 2-4　バルで使えて楽しいバスク語ひとこと会話集

バスク語で注文してみよう！	Proba egin euskaraz! プロバ・エギン・エウスカラス
（くだけた挨拶）どうも	Kaixo カイショ
お元気ですか？	Zer moduz セル　モドゥス
元気ですよ。そちらは？	Ondo eta ¿zu? オンド　エタ　ス
早朝からお昼までの挨拶	Egun on エグノン
真昼間の挨拶「直訳：よい正午」	Eguerdi on　エグエルディ　オン
14 時以降、昼食後の挨拶	Arratsalde on　アラツァルデ　オン
夕飯後や就寝前の挨拶	Gabon　ガボン
「そちら様こそよい日を」	Bai eta zuri ere　バイタ　スリエレ
すみません（呼びかけるとき）	Aizu, mesedez　アイス　メセデス
〜ください	〜mesedez　〜メセデス
はい	bai バイ
いいえ	ez エス
一	Bat　バット
二	Bi　ビ
三	Hiru　イル
四	Lau　ラウ

五	Bost　ボス
六	Sei　セイ
七	Zazpi　サスピ
八	Zortzi　ソルチ
九	Bederatzi　ベデラチ
十	Hamar　アマル
赤ワイン一杯	Beltz bat　ベルツ　バット
温かいパンサンド	Ogitarteko bero　オギタルテコ　ベロ
ブラックコーヒー	Kafe hutsa　カフェ　ウツァ
カフェインレスコーヒー	Kafe deskafeinatua カフェデスカフェイナトゥア
コーヒーラテ	Kafesnea　カフェスネア
ビール	Garagardoa　ガラガルドア
日替わり定食	Eguneko menua　エグネコ　メヌア
水	Ura　ウラ
どうぞ	Hementxe duzu　エメンチェ　ドゥス
おいくらですか	Zenbat da?　センバト　ダ？
ご出身はどこですか	Nongoa zara?　ノンゴア　サラ？
日本人です	Japoniarra naiz　ハポニアラ　ナイス
ありがとうございます	Eskerrik asko　エスケリカスコ
お世話になりました	Mila esker denagatik ミヤエスケルデナガティック
～好きですか	～gustatzen zaizu グスタツェン　サイス
楽しんでください	Ondo pasa! オンド　パサ
さようなら	Agur アグール
またね	Gero arte　ゲロ　アルテ
また今度	Hurrengora arte　ウレンゴラ　アルテ

　現在も教育の場だけではなく、大人のバスク語使用促進をバスク自治州政府が呼びかけている。その中で、スペイン語の影響力に圧倒されるバスク語の現実に、少しずつ工夫などをしつつ、日常化してあらゆる場面でこの言語の登場

を促進している。例えば、バスク自治州政府の言語 11 日の間バスク語を積極的に発することを心がけたい人（バスク語：ahobizi 生きた口）もしくは、バスク語に自信がなくてもそれを聞いて上達したい人（バスク語：belarriprest 直訳すれば「耳貸す人」）、の登録制度が設けられるなど、バスク自治州政府はバイリテラシの均等化を図っている。

　継承されてきたバスク語は、ローマ文明を皮切りに、現在に至るまで多くの支配者に服しなかったバスク人の遺産なのである。次世代にバスクのこころをつないだ先祖の一人ひとりは、その故郷を何よりも愛し、バスク地域の将来をつくってきたに違いない。どのように、バスクの精神が街づくりに影響を及ぼしたか、また社会的な排除でなく包摂を生む芯の強さに関して、私の経験を踏まえながら述べてみた。

図 2-78　「11 日間バスク語で表現してみよう」バスク自治州政府キャンペーン

出典：https://euskaraldia.eus/

第3部
「なつかしい未来」を求めて

第 5 章

サビエルの心をわが心として──
ナバラ自治州の持続可能な暮らしへの挑戦

安渓遊地・安渓貴子

1．ナバラ州立大学との学生交換の開拓

出発の前日に辞令が届いた。

「人事異動通知書

安渓遊地・県立公立学校教員・山口県立大学教授

ナバラ州立大学との学術交流のため、平成 17 年 4 月 19 日から平成 17 年 9 月 20 日まで 155 日間スペインへ出張を命ずる。

平成 17 年 4 月 18 日　山口県知事　二井関成」

この年から数えてちょうど 500 年前に、ナバラ東部のハビエル村にあるハビエル城でフランシスコ・サビエルは生まれた。長じてパリのソルボンヌの大学生となったサビエルは、1534 年 8 月 15 日、同窓でナバラの北のバスク出身のイグナチオ・ロヨラらとともにイエズス会を結成した。モンマルトルの丘のふもとに、その舞台となった地下礼拝所が復元されている[26]。

サビエルは 1549 年から 1551 年まで日本に滞在した。鹿児島からいったん京都に上ったが、戦乱で荒れはてた京都での布教をあきらめて、大内氏のもとで西の京といわれる繁栄を見せていたやまぐちに滞在し、布教をした（本書第 3 章に詳しい）。

この故事によってスペイン・ナバラとやまぐちの友好関係が結ばれる。1980 年に首都パンプローナ市と山口市との姉妹提携が締結され、パンプローナには 8 ヘクタールもの面積をもつ「やまぐち公園」が創られ、市民の憩いの場とな

図3-1 パンプローナ市内各所の姉妹都市のプレート

っている（本書第3章）。ここに立派な日本庭園を造ったご縁で、山口には「ナバラの会」が結成されて、活発な交流の中心となってきたのであった。関係する地名は、本書冒頭の「本書のめざすもの」の地図を参照されたい。

この点と点の交流を面に広げるために、2002年、山口県議員団がナバラ自治州を訪問。それを受けて2003年11月山口県知事がナバラを訪問して新たにナバラ自治州と山口県の姉妹提携が調印された。岩田啓靖学長・陶山具史事務局長（いずれも当時）ほかの大学執行部が知事に同行して、ナバラ州立大学と山口県立大学の公立大学同士の学術交流協定も姉妹提携の目玉として調印された。2004年11月には、ナバラ州立大のホセ・ルイス・イリアルテ・アンヘル副学長を代表とする教員3名、学生5名の訪問団を山口県立大学に迎えて、

図3-2 スペイン語クラス最終回でトルティーヤを焼く泉類治先生
　　　文化を学ぶにはお料理が一番の近道

学術フォーラムを始めとする活発な交流が実施された。また、相互に留学生を送るための学生交換協定が調印された。

このような経過で、スペインの新学期にあたる2005年9月から学生を山口県立大からナバラ州立大に派遣し、またナバラからの学生を受け入れるための現地の状況の把握と下準備が必要となったのであった。学内公募の結果、安渓遊地が適任とされた。前年11月の訪問団受け入れの際の交流および学生交換協定の締結の山口県立大学側の責任者としての実績が評価されたものであろう。なお、2004年4月から、県立大学の初級スペイン語のクラスに他の学生とともに参加して、

図 3-3　ナバラ州立大学のシンボル・図書館前で
　　　（イリアルテ副学長と山口県立大からの
　　　初代の留学生）

フランシスコ・サビエルの兄から数えて 15 代目の子孫である、ルイス・フォンテス（日本名、泉類治）神父による猛スピードの授業に振り落とされないように努力したことも付け加えておきたい。

留学生交換の方は、2005 年 9 月には山口県立大から 3 名（1 年間）州立大から 1 名（半年）の留学を皮切りに、2019 年現在まで続いている。また、2005 年 11 月には県立大から猪又徹学長代理、田村洋教授、水谷由美子教授と学生 3 名をパンプローナに送ってサビエルフォーラムやファッションショウが実施され、成功をおさめた。

この報告では、2005 年の 5 か月のナバラ滞在中の印象的な出会いから、とくにわれわれが学ぶことを希望していた「生活と地域の持続可能性」の追求の現場での語りを紹介したい。ナバラの人々の勇気ある挑戦は、かならずや山口県を始めとして人口と担い手の減少に苦しむわが国の中山間地の現場に生きる人々にとっても、様々なヒントと大きな励ましを与えるものとなるに違いないと考えるからである。

2．学術交流の研究テーマ

われわれの専攻は、地域研究である。安渓遊地は人類学の立場から、安渓貴子は植物学・生態学の立場から、西表島とコンゴ民主共和国の森での共同研究を開始したのが 1974 年だった。その他に、屋久島での滞在や、フランスでの 1 年半の生活、ケニア・タンザニア・ウガンダ・ガボンといったアフリカの国々での調査、最近では山口県内での聞き書きなど、対象は様々である。

地域研究にあたって大切なことは、ごく簡単に言えば、学問への誠実さと地域への愛のバランスであると思っている。学問への誠実さとは、例え世間の常識とは違っていても、誰がなんと言っても曲げられない、曲げてはならないも

のがあると気づいたならば、その事を恐れることなく発信することである。

「地域への愛」は、「地域の生活者への誠実さ」と言い換えてもよい。地域の人々の生活とそこから生まれる正直な願い。互いにどうしても譲れないことがあることを理解した上で、できる限りの共感をこめて接すること。具体的には、プライバシーなどの人権についての配慮から、学問としての正確さが制限されることがあってもやむを得ないという基本姿勢がその中核となるであろう。

そして、地域での出会いが私たちの人生にも大きな影響を及ぼす。1978 年、安渓遊地がコンゴの森の村長の養子になったことがひとつの典型であるが、フィールドワークの結果互いに相手の人生の物語の一部になるかも知れないという重い選択を迫られることがある。結局、自分への誠実さが、学問と地域への二つの矛盾しかねない誠実さを統合するものとなるしかないのではないか、と考えている。

スペインについては、バスク自治州とナバラ自治州でのごく短期の滞在を1988 年夏と、2001 年秋に 2 度経験しただけであった。習い覚えたフランス語が、国境を越えたとたんにまったく通じなかった経験が、今回のスペイン語学習熱の原動力となった。

2004 年 11 月、ナバラ州立大学のイリアルテ・アンヘル副学長ほかの一行を、山口市仁保のわれらが山荘に迎えた時、2005 年 4 月からのナバラ州立大学訪問の希望を伝えて歓迎された。イリアルテ氏の協力による共同研究のテーマとしては、「持続可能性」がキーワードとして提示された。相談の結果、了承された研究テーマは「適正技術とグリーンツーリズム：スペインと日本の農山村地域の共通の未来のために」となった。

ナバラ州立大学は、人口一人当たりの緑地帯面積がヨーロッパで一番広いことを自慢とするパンプローナ市内のはずれにある。緑のキャンパスの中に建物が計画的に配置され、その中央にそびえるのが、大学のシンボルの図書館である。アパートの物件が少なかった等のパンプローナ生活事情については、私たちのウェブページにゆずる（http://ankei.jp）。

さて、4 月といえば学年の後半に到着したわけであるが、イリアルテ副学長の指示で、広壮な図書館の中に、鍵のかかるとなりあった小部屋を 2 つ確保された。インターネット接続の便宜も図っていただいて、勉強の環境は整った。

図3-4　ハビエル・ペレス先生のスペイン語クラス

スペイン語が話せなければ、地域にでかけての研究はおぼつかないので、まずは大学内の語学センター通いを始めた。大学とは財政的には別の組織だというのだが、特別に無料で受講させていただけることになった。フランシスコ・シェラ所長の指導で、安渓遊地は、週2回の中級スペイン語のクラスに途中から参加したが、2月から学んでいるポルトガル娘たちとのあまりにも大きな能力の差に泣かされながら、それでもめげずについていくことを試みた。安渓貴子が受講できる初級クラスが開講されたのは、5月に入ってからだった。モルドバ共和国の若い先生たち2人とパレスチナの大学の再生可能エネルギー研究所の所長との5名クラスで、毎日2時間週5日という短期集中コースだった。遊地は、これに加えて初級バスク語を週1回マンツーマンで受けることにしたので、週15時間以上の授業をとることが条件の学生ビザをとることも可能なほどの語学漬けの毎日だった。

3. 多様性の自治州ナバラ

フランシスコ・サビエルが生まれたハビエル城は、アラゴン王国との境界にあって、ナバラを防衛するためのものだった。バスク語が話されるバスク語圏と、スペイン語しか通じない他の地域の境界線は、現在はパンプローナ盆地の南を通っている。しかし、これはバスク文化と言語への弾圧と抵抗の結果を示すものであって、サビエルの時代には、少なくとも現在のハビエル城のあたりまではバスク語圏に含まれていたのである（本書口絵iiiの地図参照）。

不幸なことにバスク文化やバスク語に対して日本人がいだく知的な意味での純粋な興味は、バスク独立運動などの政治的な問題とリンクしてとらえられることがある。そういうわけで、こういう話題は多くのナバラ人には好まれない。スペイン内戦の中で、北側のバスク州は人民戦線側につき、南のナバラ州はフ

ランコ側についた。バスク人たちの抵抗意欲をそぐために、爆撃による無差別の虐殺が行なわれ、その犠牲になったのが、ピカソの絵で有名なあのゲルニカの町だ（第3章）。フランコは、ナバラ州に住むバスク系の人々にバスク州の村々を攻撃させるようなことまでしてバスク内部の分断をはかった。

　フランコの死去の直後、1975年11月にフアン・カルロス国王を元首に迎えて1978年12月には新憲法が成立し、スペイン王国は17の自治州の連合体として再出発する。独自の言語への権利をはじめとして最大の自治権を獲得したカタルーニャ（州都はバルセロナ）とバスク（州都はビトリア＝ガステイスVitoria-Gasteiz）につぐ大きな自治権をナバラ自治州は得た。長いナバラ王国の歴史を背景に、独自の自治法をもち、独自の警察組織ももっている（本書第3章に詳しい）。

　現在は、新憲法のもと、建前としてナバラはスペイン語とバスク語のバイリンガルな自治州と規定されている。そのため、公立の施設や交通機関ではすべての広報は二つの言語でなされることになっている。公立大学でもその建前は大切にされているが、実際には、バスク語によっておこなわれる授業は少ない。

　訪問前には「バスク祖国と自由」という完全独立をめざす組織のテロのことをやや危惧していたが、一時の客として滞在する限りにおいて、夜に出歩いても身の危険を感じるようなことはまったくなく、パンプローナをふくめてナバラ自治州のどこに行っても、「ヤマグチからの珍客」として受け入れられ、平和の中に安心して過ごすことができた。

　さて、政治的な状況についてはこれ以上深入りしないことにして、自然環境を見ておこう。ナバラは、多様性の自治州と言われ、地形的には山がちの北部と平坦な南部に分かれる。東北部は、フランスとの国境をなすピレネー山脈がある

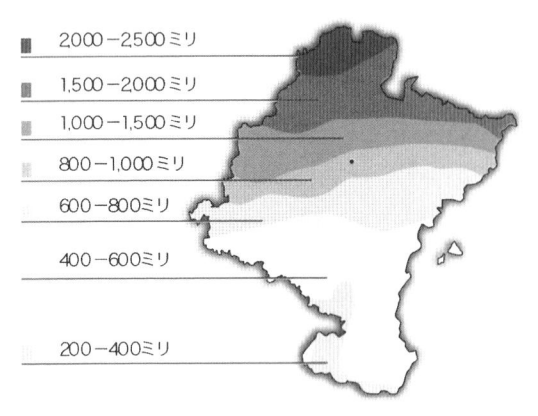

2000−2500ミリ
1,500−2000ミリ
1,000−1,500ミリ
800−1,000ミリ
600−800ミリ
400−600ミリ
200−400ミリ

図3-5 ナバラ自治州の年間降水量 （© Gobierno de Navarra）

が、海にも近いためせいぜい 2000 メートルの標高に過ぎない。年間降水量は、北端では 2400 ミリに達するのに対して、南端は 200 ミリから 400 ミリとなっている。この結果、北に行くほどブナやナラの森林が多く分布し、南の端にはバルデナス砂漠がある。このような標高の違いと降水量の違いによって、半乾燥の地域が多いスペインにあって、非常に多彩な景観が広がっているのが、ナバラの魅力である。フォスと呼ばれる峡谷は、容易に人間が近づけなかったことからハゲワシなどの希少生物の楽園として保護されている（本書口絵 1 参照）。

　そして、その中に、古いものではローマ時代にさかのぼる文物や建造物が今も人の住む町の一部として生きて受け継がれているのである。ハビエル城から遠くない、オリテの古城やレイレの僧院など、観光名所になっているところは多い。『ロランの歌』（有永弘人訳、1965）にその武勲が歌われた、シャルルマーニュ大帝の軍をバスク人がさんざん苦しめて追い払った場所ロンセスバジェス Roncesvalles は、スペイン西北部への全ヨーロッパからの巡礼路の要所にあたり、今も多くの巡礼者と観光客が訪れる。ナバラ自治州にかぎらず、スペインには世界遺産に指定されている名所が多く、2018 年現在では文化遺産 41 件、自然遺産 4 件、複合遺産 2 件の合計 47 か所に及んでいる。

　言い忘れたが、ナバラの面積は、山口県の約 1.5 倍。しかし人口は 50 万人で山口の 3 分の 1 程度である。単純に考えても人口密度は 4.5 分の 1 なのだが、パンプローナ市には新山口市とほぼ同じ 19 万人が住み、住宅が連続して建っている周辺の 4 自治体を併せれば、パンプローナ圏だけで 30 万人、すなわち全人口の 6 割が集中している。他には、7000 人から 2 万 7000 人といった町が 4 つあって合計で 36 万人が都市人口、残りの約 14 万人が村に暮らしているのだ。したがって、過疎は大きな問題で、人口の都市への流出による後継者不足や、日本よりもいちじるしい少子高齢化の傾向など、共通する深刻な悩みがある。その悩みを解決するために、ナバラの人々がどのような経験を積んできたのか、さまざまな人々との出会いを通して、それを学びたいと思う。

4．ナバラにおけるグリーンツーリズムの歴史

A．文化観光省でのインタビュー

　2005 年 6 月になって、少しだけスペイン語の会話がかわせるようになってきた頃、バスク語を教わっているフアン・マリ先生が、ナバラ自治州の文化観光省への訪問をアレンジしてくださった。あらかじめ質問票をスペイン語で作ってインタビューに臨んだ。

　観光局には、助成課と鑑査課と調整課（企画課に相当）がある。調整課長と部下の女性が対応してくれた。以下はそのインタビューの内容である。

　　——ナバラでの「田舎ツーリズム」（トゥーリスモ・ルラール）の始まりと現状についてお教え下さい。

　　1980 年代の終わり頃です。スペインでは、アストゥリアス、バスク、そしてナバラの 3 自治州が先進地帯とされています。1989 年にはナバラでたった 5 軒だったカサ・ルラールが、2004 年には 552 軒にまで増えています。これは、文字通りには「田舎の家」という意味ですが、農家民宿、農家ホテル、貸し別荘、など多様なありかたを総称する呼び方で、多くは持ち主が住んでいない貸し別荘型のものです。ですから、実際には、チーズづくりや、果実酒のパチャランづくりなど、農家での生活を味わえるものは多くありません。

　　——官民のバランスと補助金のしくみについてお聞かせ下さい。

　　官主導ではじめたものですから、当初は 4 割もの補助率で、雨後の竹の子のようにどんどんカサ・ルラールが増えました。これは、自分で住む家を整備するよりはうんとリスクが少ないんです。客が来なければ自分で住んでもいいし、いよいよだめならアパートのように売ることもできますから。現在は、量的にはもう目標を達成したと考えていますので、質を高めるということに力を注いでいます。補助金もだんだん減額してきて、今では、新築には原則として補助を出しません。古い民家の保全の場合には出します。それから、車椅子対応にするとか、再生可能エネルギーを取り入

れるとか、質を高めるような取り組みには助成する、という状態です。一軒への助成の上限は現在のところ、2万4000ユーロ（日本円にして330万円程度）となっています。少ないという苦情が寄せられるんですけれどもね。

　　──現在の課題は？

　質を高めることですね。ナバラ州政府として、他の模範になる質のサービスを提供していると認定したホテルやカサ・ルラールやレストランには、その印の「Q」（Quality、つまり品質の略）マークを発給して、カラーのパンフレットも作り、毎年審査をきちんとして、その高い質を保つようにお願いしています。そうでないものについても、全部を網羅したカラーの冊子を作って、観光客が訪れるところで無料配布し、旅行業者用により詳しい冊子も作って配っています。その他、各地域の見どころ紹介のリーフレットや地図、さらに「田舎ツーリズムを楽しむために」という「べからず帳」のようなものも、楽しい絵入りのカラー版で発行して、カサ・ルラールに配って利用してもらっています。

　　──実際に訪ねるとしたら、どこがいいでしょうか。

　ナバラのカサ・ルラールは、数としては北部に多く分布しています。内容的には正直にいいますと、玉石混交です。地域振興よりも自分の金儲けが目的で始めたというタイプの宿には行かれない方がいいと思いますが、私どもからどこがいいとか悪いとかは申し上げかねますので、農村振興の立場から田舎ツーリズムに取り組んで長い経験を持っているハビエル・ブリエバさんをご紹介しましょう。

いただいた州政府発行の無料の資料等は、書店が有料で販売しているものよりも立派なものもあり、日本なら民業圧迫ととられかねないものが多くあった。おそらくは農村人口

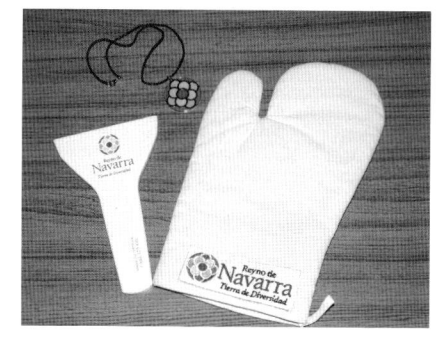

図3-6　ナバラ自治州観光課でもらった記念品の一部（左から窓の霜取り・ペンダント・ミトン）

が極端に少ないため、州政府ががんばらざるを得ないという実情があるのではないか、と想像した。お土産として、「ナバラ王国・多様性の大地へようこそ」という文字と電話、インターネットのウェブページが入った、メモ用紙、ボールペン、針なしステープラー、自動車の霜削り、料理用のミトンとエプロンをいただいた。案内のフアン・マリ先生も子どものための帽子を2つもらったのであった。観光立国スペインでは普通の観光への官としての取り組みの例なのかもしれないが、気の利いた記念品の多彩さに驚かされたのであった。

B. 農業改良普及員ハビエル・ブリエバさんの言葉

　文化観光省を辞したあと、さっそく電話をして、ハビエル・ブリエバ・ヨルディさんに会っていただくことにした。彼は、農業技術・経営研究所（ITGA）というナバラ自治州立の農業指導部局で、日本で言えば農業改良普及所のようなところの普及員であった。もとは農学校だったという、カラフルな飾りのある非常に美しい外見の古い建物を一歩入ると、中はすっかり近代的な鉄骨組みのオフィスに改装されていた。ハビエル・ブリエバさんは、50歳過ぎぐらいの温厚な方で、ア・ラス・ドーセ（12時）とア・ラス・ドス（2時）を聞き間違えて、一度約束をすっぽかしてしまったのだが、にこやかに迎えてくださって、観光振興をとおした農村の活性化という課題について話して下さった。初対面の時は、より意志疎通が楽なフランス語で話した。

　　——ハビエルというお名前は、あのフランシスコ・サビエルと関係がありますか。
　　ハビエルは、スペイン語読みです。バスク語ではシャビエルと発音するようですが、同じ名前です。ナバラではとても普通の名前なんです。われわれナバラ人は、誰もがあの聖フランシスコ・ハビエルの心を自らの心として生きているのです。
　　——田舎ツーリズムとのかかわりを教えてください。
　　僕は、20年ほど前から、農家の収入を増やすためのひとつの方法として、観光と組み合わせた農家経営を、という取り組みの普及と支援を始めました。ここは峠を越えればすぐフランスですから、そこではもう70年

もの歴史があって、実にさまざまな活動が観光と結びついて行われています。バカンス中に子どもたちを預かるような農場もたくさんあります。フランスでの先進事例を勉強して回るためにフランス語も話せるようになったんです。フランスに比べると、たしかにナバラでは農業体験的な楽しみをしてもらうというプログラムについてはまだまだという面が否定できません。僕の仕事は、農業経営の技術指導が主ですが、ずっと農業と観光を結びつけるというテーマを中心に進めてきました。

　——やまぐちでは、2005年の7月に、僕たちの友人がようやく第1号のカサ・ルラール（農家民宿）をオープンしたところで、ナバラよりさらに20年ぐらい遅れています。よい例があったら、ぜひいくつか紹介していただきたいのですが。

　わかりました。そのうち、手透きの時をみはからっていい農家民宿をいくつかご案内しましょう。ナバラは結構広いから、2日ぐらい見てもらったらいいと思います。なんならフランス側に足を伸ばしてみてもいかもしれません。

5．ブナの森のウルスカ村に草分けの農家民宿を訪ねる

　ある晴れた日、ハビエル・ブリエバさんの運転で農業改良普及所の車でパンプローナから北に向かった。高速道路ではないが広い道だ。窓の外はマツ林か麦畑のなだらかな丘が続く。所々に集落があって、窓にゼラニウムの赤い花を置いたかわいらしいホテルが見えたりする。マツ林がやがてナラ林に変わった。ヒツジやウシがまれに草を食んでいる。牧場も見える。次第に木が大きくなり、森が深くなってくるとハビエル・ブリエバさんは、「これはアヤの木（ブナ）、この辺はロブレ（落葉のナラ・常緑のカシの類）が多い」とスペイン語で木の種類を教えてくれる。「僕は、町を離れてこのナバラの山あいの緑がいっぱいのあたりにくるとほっとするんだ。全然ちがう世界だろう？」パンプローナの町のはずれとはいえ、緑のほとんど見えないアパート暮らしをしている私たちは、ハビエル・ブリエバさんの意見に深く共感する。

　大西洋岸のHondarribia オンダリビアへ通ずる幹線道路121-A と分かれ右折

し 121-B 号線を Elitzondo エリツォンドの町まで走る。エリツォンドは、白壁と赤い屋根の家々が立ち並ぶ実に美しい田舎町で、ゆっくり歩いてみたい所だ。ブリエバさんは教会の横に車を止めて、なじみらしいバル（喫茶店）で休憩をとった。遊地は、ここで習ったばかりのバスク語を使ってみた。「カフェスネア・エタ・テ・エスネアレキン（ミルクコーヒーとミルクティー）」をください。スペイン語だとどちらもカフェ・コン・レッチェ、テ・コン・レッチェなのに、バスク語では、ミルクを入れて持ってくる場合と別に添える場合では表現が違うのだ。バスク語を少しはわかるブリエバさんはにこにこして見ている。店員さんは「私はバスク語がわからないんです」とスペイン語で答えた。「え、ここはバスク語圏じゃないの？」バスク語圏といっても、誰もが話すわけではないのだった。

　「ここから 10 キロ森に入ったところに、素敵な女性がやっている農家民宿がある。そこを紹介してあげよう」といって連れて行ってくださったのが、ピレネー山脈の西の端、ナバラ自治州の北東の端にあるウルスカ民宿だった。

　エリツォンドの町からは細い田舎道になった。Beartsun ベアルツン村への道だ。上り坂の山道を谷沿いに走る。農場と果樹園、牧場、一面ワラビの生えた草原が見える。農場の横には所々ワラビを山のように積み上げたものが見える。日本なら藁で作った稲叢である。何に使うのだろうと不思議に思った。どんどん山道を上がっていくと、石造りの建物があった。「あそこはフランコの独裁時代には、フランスとの密貿易を取り締まるための警察の詰め所だった場所だよ」という。フランス国境が近いことが実感される。上る途中からナラ林に混じってブナが見え始めた。林床にはびっしりとワラビが生えている。私たちにはなじみのない植生の取り合わせだった。

　ベアルツン村に入ると「カサ・ルラール（農家民宿）」というしゃれた案内板が見える。州が作ってくれたものだという。谷道を再びたどるとやがて視界が開けて牧場が広がった。その向こうに農家が 1 軒、別の丘にも 1 軒、また 1 軒。さらに奥へ砂利道をたどって、最後の丘を登ると、そこが目的地 Urruska ウルスカだった。家は 1 軒しかなく、行政的にはベアルツン村の一部だと思われるが、地図には、ウルスカ山という地名があるから、それからとったものだろう。農家民宿の名前は、Baserria Urruska という。バセッリアというのは、

図 3-7 ナバラの農家民宿の草分け・ウルスカ民宿

図 3-8　民宿の入り口（ナバラ名産赤ピーマンのすだれと魔よけのドライフラワー）

バスク語で、田舎の庄屋クラスの大きな農家を指す言葉だから、「ウルスカ山麓・庄屋屋敷の宿」とでも訳すのだろうが、以下は簡単に「ウルスカ民宿」としておこう。本当に山の中という場所だが、休憩時間を除くとパンプローナからわずか 1 時間半のところだった。

　緑の牧場の中に、その農家は白い壁、赤い花が飾られた窓、納屋や薪小屋、農園が見えて絵になっている。山口では里山の手入れをしながら、年に 20 トン以上の薪を風呂と暖房に使う暮らしをしている私たちは、ここでもきちんと薪を使っていることに感心しながら入り口に立った。扉の上にひまわりのようなドライフラワーが飾ってある。キク科の花で、エグスキロレとバスク語で呼んでいる。上にはナバラ名物の赤い大きなトウガラシがすだれのように下げてあった。いかにも農家に来た、という感じで何だか楽しくなってくる。

　中にはいると一瞬薄暗く感じたが、女性が 5 人ほど机を囲んで話をしていた。「オラ！　こんにちわ、お久しぶり！」ハビエルさんが私たちを女主人に紹介してくださった。以下は、そこで聞いた話である。

　　私の名前は、ジョセピ・ミウラ・イリバッレン Joxepi Miura Iribarren というのよ。
　　──ミウラというのは、日本にもよくある名前です！
　　そうなの？　ミウラというのはね、バスク語でヤドリギのことなのよ。ここで民宿を始めて 14 年になるわ。もともとは農家なんだけれど、今で

も私の夫は農業を専業にしているの。

　ここは、エリツォンドの町から登ってくる谷の最後の家。高度は999mで、山道を800mも歩けば稜線に出て、そこがフランスとの国境になっています。この屋敷は、1870年代に建った古い民家で、先祖代々住んできました。自分たちの住んでいた家の2階部分のうち5部屋を改装して民宿にしたんです。いま、私は年に一度のナバラ自治州政府認定のQ印を更新してもらうための審査を受けているので、ちょうど手伝いに私の娘が来ているから、中を案内してもらってちょうだい。

　娘さんの案内で、1階から見学を始めた。暖炉が昔のまま残してあり、薪が置いてある。暖炉の上の木には、大きな字でOngi Etorri オンギ・エトッリと刻んである。バスク語で「歓迎」という意味である。その上には、磨き上げた銅の鍋が並んで美しい。暖炉の傍の焼き芋を焼く鉄の器を見せてくださる。今は使わない古い道具も飾ってある。窓辺にある棚には読みたくなるような本や観光案内が並んでいた。雨の日や雪の日には暖炉にあたってすごすのも楽しそうだ。暖炉に火が入る時期に来たいものだ。

　二階にあがる階段が樫の木の板でできていて足に伝わってくる板の感触が柔らかい。傍らに木製のバケツが大小4つ大きさの順に並んでいる。これは、ヒツジやウシの乳を絞る時に、乳房の下につっこみ易いように傾斜した側面をもった独特の形のものと、乳を集めるための傾斜のない大きなバケツだった。こ

図 3-9　暖炉に火が入るころ
　　　（© Gobierno de Navarra）

図 3-10　ウルスカ民宿の廊下は博物館のよう
　　　（© Gobierno de Navarra）

うした手仕事がつい先日までは盛んだったのだろう。壁には昔の農具がかけてある。二階は真ん中が廊下になっていて両側に居室がある。暗い廊下に昔風の電灯の明かりをつけると、この家の先代の結婚式の時の写真など、セピア色の写真や、古い鉋などの大工道具、多分チーズを量るための小さな天秤、穴が開いた銅の鍋などが飾ってあり、まるで小さな博物館のようだ。

　扉を開けて部屋に入る。白い壁と、天井は太いカシの梁が渡してあり間は白い漆喰が塗ってある。床はカシの板でどっしりした風格がある。部屋ごとにベッドや絨毯、カーテン、テーブル掛けの色や模様が統一してある。昔ながらのタンス、木の椅子、古いランプを利用した電気スタンド、くずかご。華やかな絵が描かれた昔の水差しが置いてありドライフラワーが活けてある。ベッドの陰には陶器製のおまるがぴかぴか光っている。部屋はどれもバス・トイレ付きだから今は使う必要がないおまるだけれど、ここに泊まる年配の人はなつかしがるだろう。10年ほど前にフランスの田舎で友人の別荘を借りた時には、おまるは必需品だった。

　州政府の補助をもらってトイレと風呂を新たに各部屋につけたため、トイレ空間はそこだけ新しくコンパクトにまとまっている。しかし、ここも昔風の木の小物を生かしたなつかしいデザインを忘れないように工夫がこらされている。しかし各部屋には近代的な暖房用のヒーターがとりつけてあった。

　窓を開けると、目の前は牧場でその背後に山並みが広がり、一角に菜園が見える。家の山側には果樹が植わっている。ここは牛の乳搾りや畑での収穫など農作業の経験もできる文字通りの農家民宿なのだ。家の横にある小屋には雌牛が一頭いるし、ピンクの肌をしたとてもきれい好きそうなブタたちも歩き回っている。

　ブリエバさんの「農作業が手伝える農家民宿は、フランスには多いけれどスペインはまだとても少ないんだ」という言葉を思い出した。500軒以上もあるカサ・ルラールの中から、第一に彼がここを選んでくれた理由が理解できた。

　階下に降りるとジョセピさんが迎えてくださり、話をしていたお客さんを紹介された。その2人はなんと私たちを知っているという。1か月半前にアイバールの村であった「グリーンエネルギーとグリーンツーリズム」というセミナー（後述）で出会った2人の若い女性で、今日はQ印認定の仕事としてウルス

図3-11　きれい好きな豚が裏庭で飼われている

図3-12　民宿のQマーク認定が終わって（右ブリエバさん、中央がオーナー、左は認定員）

カ民宿の経営状態や現状について調べに来ているのだという。「ナバラは狭いですね」といって笑いあった。

　「審査も無事おわったし、せめてチーズでも食べていってよ」、とハビエル・ブリエバさんに言って、ジョセピさんは娘さんと机の準備を始めた。パン、チーズ、赤ワイン、みんな地元のものだという。歯ごたえのある田舎パンがおいしい。チーズの皮が堅い時はむいて食べることを習いながら、ハビエルさんの話、ジョセピさんの話をうかがった。

　「泊まってみたいなあ、泊めていただけますか」と聞くと、「7、8月は泊まり客でいっぱいで5部屋とも詰まっているの。予約のノートを見てみましょう」とノートを開く。ほとんどは1週間程度の滞在で、空いていたのはわずかに、8月15日と16日の1部屋だけだった。すぐに「そこにします！」とお願いした。夏の2か月間ののべ320室のうち、空きが2部屋分しかなかったことになる。稼働率99％以上だ。ダブルの部屋代がシーズン中でも50ユーロと高くないせいもあって、たいへんな人気である。スペイン国内だけでなく、イギリス、フランス、ドイツなどから、夏休みをすごしに、エリツォンドの町から20キロもあるこのウルスカ民宿までやってくるという。家族で遠距離を車で移動してくるので道が少々遠くても、最後が砂利道でも気にはならないらしい。

　パンプローナへの帰りに、ウルスカ民宿から遠くない、チーズ造りの農家が経営する貸し別荘型のカサ・ルラールを訪ねた。Jauregia ハウレギアという名前で、ⅠとⅡの2軒がある。ハウレギアとは、大庄屋クラスの大邸宅を指すバ

スク語で、古い建物や調度を生かして、どちらもナバラ自治州選定のＱマーク
を得ている。家内手工業的なチーズ工場を見学し、ブリエバさんとともに、ヨ
ーグルトなどをしこたま買い込む。ここは、農家体験ができる宿ということに
なるのだろう。おそらく、ブリエバさんと取り組みのもっとも初期から苦労を
ともにした同志ともいえる２つのカサ・ルラールへ案内してくださったのだ。

　ウルスカ民宿を予約した８月15日がやってきた。ところがこの日はパンプ
ローナからエリツォンドに行く１日３便のバスが休日のため完全運休だという。
それが当日になってわかったのだった。こうなればレンタカーを借りて自分で
車を運転して行くしかない。右ハンドル・右側通行の道をはじめて運転をする
のはかなりの勇気が必要だ。ところが、レンタカー屋も休日ですべて休んでい
たのだ。やむなくその日は出発をあきらめて、ウルスカの宿には１泊だけ泊ま
ることになった。

　日本で乗っているタイプの車を借り、エリツォンドに向かう。初心者マーク
を貼った。幸い途中までは二度にわたってハビエルさんが案内してくださった
コースなのですんなりパンプローナを抜け出すことができた。ナバラ自治州の
道は山口県並みに良い道である。そして交通量は少なかった。

　しかしナバラ自治州の道路は信号が少なく、多くはロトンダという円形のラ
ウンドアバウトを回りながら方向を変えるというシステムをとっている。車に
乗せてもらう度に、地図を見ながら自分で走るためのイメージトレーニングを
してきてはいたのだけれど、ロトンダを回るうちに方向がわからなくなること
が多かった。行先の地名が書いてあ
る所から出ればいいのだけれど、読
み取りにくいし目的地が表示してあ
るとは限らない。例えば、山口市か
ら下関市に行きたいとおもっても、
「博多方面」と表示してあったりする
ようなものだ。外国人にはなかなか
わからない。おなじ道をぐるぐるま
わることも多く、パンプローナ市内
から無事出られるまでに35キロも走

図 3-13　チーズづくりの一家と（農家別荘ハウレ
　　　　ギア）

った日もあった。

　途中に「保護地域の森」というマークを地図上に見つける。Bertitz ベルティツの森だ。ハビエルさんもいい森だと言っていた。通り過ぎて引き返したりしながら、たどり着いた。30台くらい車が止まっている。入り口に車を止めて案内の建物に寄る。

　インフォメーションセンターがあって、地図やパンフレットを置いていた。手作りのおみやげや軽食も売っている。説明を聞き、パンフレットを読むと、ここはブナの森で昔はヒツジなどの家畜が入っていたのだが、ここ50年あまりは家畜を入れないでいるので森が回復過程にあることがわかった。さっそく時間が許す範囲で一番短い遊歩道コースを歩いてみることにした。ここは予想以上に生物多様性が高い、興味深い森だった。ブナの大木の根本で昼食を食べ、心残りではあったが3時過ぎには森を出てエリツォンドに向かう。

　道が小さな田舎道になり、不安を感じながらそれでもちゃんと約束の5時にはウルスカ民宿にたどり着いた。大きな犬が迎えてくれた。大きなトマトが篭に盛ってあるのが美しい。部屋に案内されてみると、谷が望める小さめの部屋だった。紺色で統一されていて同じ色のタオルがそろえて篭に入れてある。民宿だから石けんは自分持ちかなと思っていたら、小さい石けんとシャンプーが置いてあった。「全部の部屋で一気にシャワーを使ったら水が足らなくなりますから、様子を見て使ってね」と言われ、「農家民宿に泊まる時の心得」を絵いりで書いたパンフレットを見せてくださった。ナバラ自治州で出しているもので、なかなか楽しく描かれている。ナバラ自治州のがんばりが見える。近くの道路に出ている「ウルスカ民宿はこちらです」というしゃれた看板も州が費用を出してくれたものだそうだ。

図 3-14　ベルティツ保護区のブナの大木（くりかえし伐られて再生したのがわかる）

　夕方、鐘の音を響かせながらヒツジの群れが帰ってきた。窓から白い点々が近づい

てくるのが見えて、やがてそれがヒツジだとわかる。草むらの中に潜って食べている。馬もいっしょだ。日が暮れる9時頃夕ご飯になった。

　一階に降りるとそこにはもう10人あまりの人が椅子に座って三々五々おしゃべりをしていた。子ども用の椅子に座った男の子もいる。私たちはその横に座ってくださいと言われる。「こんばんわ、日本から来ました。パンプローナに住んでいて今スペイン語の勉強中です」「私たちはバルセ

図3-15　農家民宿心得帳の抜粋（© Gobierno de Navarra「農家に虫と臭いはつきものです」のページ）

ロナから来ています。もう3日目です」「アラゴン州のサラゴサからです。明日はパンプローナです」といった具合だ。

　まず白い豆のスープ、そしてトマトの薄切りの上にタマネギのみじん切りとハーブがのってオリーブ油がたっぷりかかったサラダがきれいだ。かごに盛ったパンが出される。サービスは、ジョセピさんが頃合いを見てやり、ご主人も地元の赤ワインの栓を抜いてすすめたり、食べ終わった皿を集めて交換するときなどに手を貸しておられる。メインは骨付き牛肉のステーキにサヤインゲン、カリフラワー、ジャガイモの付け合わせ。ポストレ（デザート）は自家製プリン、果物、ナバラ名物の羊のミルクをかためたクッハダ、チーズなどから選ぶというものだった。

　翌日起きて窓を開けると、窓の真下で母羊が2頭の子羊に乳を飲ませながらこちらを見ている。畑のサヤインゲンを摘むこの家のご主人らしい姿が見えた。

　朝食に降りると、もう先客2人が座っていた。バルセロナから来て数日を過ごし、今日はパンプローナに移動するという。新鮮な牛乳、オレンジジュース、パンとビスケット、ヨーグルトが机に置かれている。手作りジャムが3種類とバターも運ばれてきた。コーヒーと紅茶がポットにはいってきた。コンチネンタルの簡素な朝食というと、パンとコーヒー、紅茶だけというのが相場だが、

図 3-16　ウルスカ民宿の朝食風景

図 3-17　草原に積み上げられたワラビ（畜舎の敷藁用）

ここはイギリス人もフランス人もやってくるから、色々なものが並んでいるのかもしれない。まずオレンジジュースを飲んだ。ジャムは甘みがおさえてあり香りが高い。

　食事が終わると、ジョセピさんに今日の予定を相談した。ここから山に散策するコースがいろいろあるという。私たちは、フランス国境から稜線をウルスカ山に登るコースを選んだ。

　荷物を預けて軽いザックをしょって出発。山腹の登り道は未舗装で道にそってトネリコの大きい木が並んでいる。2から3メートルのところでいったん切られ、そこからふたたび枝を再生して葉を茂らせている。切った枝を薪にしていたのだろう。歩くうちにブナが出てきた。散在する木々の中にワラビが茂って一面のワラビ草原になっている。カラカラと羊の鈴の音がする。見ているとワラビの中から羊が顔を出した。ワラビの下に生えた草を食べているのだ。ワラビを高く積みあげた山が2つ3つとある。先ほどジョセピさんに聞いたのだがワラビを干したものを牛などの家畜小屋の下に敷くのだという。ウシが食べないものを敷藁にするのは良い考えだ。汚れたら、ワラビを持ち出せばかんたんにきれいになるし、堆肥にもなるという。さらに、ワラビを刈って取り除くことがワラビに覆われた土地に光を入れることになり、牧草が育つのだとワラビ草原を見ていて気づいた。

　15分も歩くと見晴らしの良い稜線に出る。フランスとの国境だ。フランス側からグループが登ってきた。子どもが3人いる。「ブエノス・ディアス（こ

んにちは）」と声を掛けると「ボンジュール」とフランス語が返ってきた。フランス人の家族だった。詳しい地図をもっていて、私たちのめざすウルスカ山はきっとこの道だ、と自信たっぷりに谷沿いの道を指さした。私たちはお礼をいってその道をたどる。しばらくいくとどうも方向が違うと思えてきた。ジョセピさんに言われた道しるべの黄色いペンキの印も見えない。引き返そうと決めて戻り始める。ところが双眼鏡でのぞくと、フランス人たちは私たちがちゃんと指示した道を行ったかどうかを立ち止まって見届けているふうなのだ。おせっかいなフランス風に辟易して、彼らが見えなくなるまでちょっと休憩をすることにした。エリカやハリエニシダの写真を撮る。

　国境まで戻って黄色の印を探すと、10m ほどはなれた岩の上に見つかった。稜線沿いの道である。90 度異なる方向だったのだ。道の右側はフランス、左側はスペインだ。ここらではスペイン側の方が森がよく残っているようだ。フランス側はほとんどが草原になっていて木が見あたらない。ブナの森を切り開いて牧場にしてしまったのだ。雨が多い日本から来た私たちはこんなにも広い草原を見ると、つい土壌流失が起きているのではないかと気になる。実際、山地の草原では土がやせている。草原の草はよく食べられていて、花が咲いていないことが多い。

　やがてブナの森が見えてきた。樹木はブナ 1 種だけの純林である。林床は草があったりなかったり。去年のものであろうブナの実の殻がびっしり落ちている。羊の糞も固まってあちこちに見られる。2 本 3 本とブナの実生が見られた。

図 3-18　柵で囲われた牧場の後はブナの林

図 3-19　稜線上からフランス側を望む（集落や牧場になった山々が見える）

昨年はブナが豊作であったようだ。

　谷を見下ろす尾根の出っ張りに、木で組んだ高さ 10 メートルもあるやぐらのような物が組まれている。遊地が上ってみるが、用途が分からない。後に、これは渡りでやって来る鳩の群れを追い込むための装置だと知った。やぐらの上で猛禽の羽音を立ててやると鳩の群れは谷底に急降下して、森の中に張った網で一網打尽になるというしかけであった。

　ブナだけの林を抜け再び草原に出る。黄色い目印を追いながらウルスカ山を目指した。羊の踏み分け道をたどって山頂部に着くと一帯は太さが異なるブナの森だった。しかしここもブナ 1 種の森だ。ブナの大木がたくさんあって枝を低く広げている。国境を示す石と家のあとのような石の構造物があって、ここに国境警備兵がいたころのことが思われた。

６．ソーラー利用の農家ホテルとエネルギー自給の農家民宿

　ハビエル・ブリエバさんが２回目の案内をして下さることになった時、私たちはフランス側へ行くのではなく、「再生可能エネルギーを利用しているなど、ひと味ちがう農家民宿があれば」というリクエストを出した。その結果、ブリエバさんが調べてくれて、パンプローナの北側に向かうことになった。実は、この時期のフランス側は、バカンス客でいっぱいであった。別の日に、自分たちだけでフランス側の事情もみて来ようと、ロンセスバジェスとは峠をはさんでフランス側の、サンジャンピエドゥポールの町にレンタカーで降りてみたことがある。ところが、ナバラでは経験したことのない大渋滞に巻き込まれ、どこもバカンス客で満員だった。名前だけは田舎の民宿でも、壁紙がはがれた場末の宿といった体のものしか空き部屋はなかったのだった。

A．太陽光発電で売電する農家ホテル

　ハビエル・ブリエバさんとまず訪ねたのは、ペルスケネア Peruskenea という名前のホテルだった。非常によく手入れされた整った内装で、美しく整えられた食堂が夕食用と朝食用に２つ準備されていた。少人数でもすばやく食事の準備ができるための工夫なのであろう。50 代のオーナーにインタビューした。

　　——私は、José María Astiz ホセ・マリア・アスティスといいます。もともと 7 ヘクタールの牧場をもつ農家だったこの家で生まれました。パンプローナでエンジニアとして 10 年ほど働いたあと、15 年前に思い立ってふるさとに戻ってホテルを始めました。自動車道からの 900 メートルの道を舗装するのにずいぶんお金がかかりました。3 年前に 5 キロワットの出力の太陽光発電パネルを据えました。太陽の向きを自動追尾する装置の上に載っていますが、ナバラ自治州政府が 50％（現在は 40％）、スペイン政府が 20％の合計 70％もの補助金を出してくれたので、自己負担はわずかでした。売電もできるタイプです。20 年はもつそうで、今の調子なら 6 年でもとを取れると思っています。太陽温水器も補助を受けて 2000 リットルの水を 65 度に温める能力があるものを着けました。これらによって、以前は 9 室の客室で年間 6000 リットル使っていた重油の使用量が半分に減りました。宿泊料金はダブルの部屋の 2 人分が朝食付きでオフシーズンは 80 ユーロ、ハイシーズンが 90 ユーロです。

　　——どこからのお客さんが多いですか？

　国内からももちろん来ますが、外国ではイギリス、オランダ、ベルギー、ルクセンブルクあたりが多いです。少ないけれどフランスやドイツからも来られます。

　　——宣伝はどのようにしておられますか。

　インターネットのホームページにも載せていますが、外国向けには、ガイドブックの方がよく見られているようです。年間の稼働率は、150 日から 170 日ぐらい、約半分はお客さんがいることになります。

B．アララツ村のエネルギー自給農家民宿

　その次に案内されたのは、車で 10 分ほどしか離れていない、本格的な（送電線から離れた）自立型のエネルギー自給の宿だった。谷沿いの一車線の道を車でたどり、教会の塔が見えて、白い壁赤い屋根の石造りの三階建ての農家が集まっている小さいアララツ村に出た。畑がところどころにあり井戸がある。どの家にも薪がたくさん積んである。砂利道に入って、ナラや雑木の林をしば

図 3-20　自動太陽追尾式のソーラーパネルがある（農家ホテル・ペルスケネア）

図 3-21　エネルギー自給農家民宿カーニョ・エチェア（風力発電のプロペラが見える）

　らく行くと、牛や羊たちが草をはむ牧場がひらけ、その向こうに丘を背にした赤い壁の家がぽつんと一軒見えてきた。家の後ろには風車のプロペラがまわっているのが見える。人なつこい犬が二頭走ってきて出迎えてくれる。

　驚いたことに、そこは、以前にハビエル城の近くの Aibar アイバールの村で会って意気投合した知りあいの Patxi González パッチ・ゴンサレスさんの経営する宿 Kaaño Etxea カーニョ・エチェアだった（アイバールでの催しについては自然エネルギーの項で後述）。パッチはパンプローナに出かけていて留守だったが、奥さんの Alberta アルベルタさんが迎えてくれた。アルベルタのお母さんと五歳になる息子もいた。客の多い夏場は、手伝いの女性二人に来てもらっているという。ところが手伝いの女性のうちの年配の一人がにこにこしながら声をかけてくる。

　　あなたたちは、パンプローナのサン・フェルミン祭の時、バスクの即興歌のコンサートを聴きに来ていたでしょう。

　　——ええ！？　どうしてご存じなんですか？

　　コンサートのあとであなたたちにバスク語で質問に来た人たちがいたでしょう。その中の一人が私だったの。東洋人にバスク語がわかるのかしら、ふしぎふしぎ、と思ったのよ。

　　——あんなに大勢の人が集まる8日間も続く祭のなかでお会いしたのに……

そうね、なんて世界は小さいんでしょう！（笑い）

一階はバリアフリーになっていて、客室のトイレやシャワーなども車いすの人が使いやすいように設計されている。一階には客用の食堂があり、ホールになっている。薪ストーブの前にソファがある。大きな木の机が

図 3-22　1 階の食堂とロビー（皿の彩りが美しい）

あって、カボチャやトマトがさりげなく盛ってある。古い木の食器戸棚には華やかな色の皿が並べてあって、古いものを美しく生かしてなかなかおしゃれだ。家造りのことや電気のことはパッチでないと説明できないと言いながら、アルベルタは家の中を案内してくれる。部屋ごとに特色があり、カーテン、ベッドカバーやシーツ、タオル、絨毯などの色が統一されている。材木の多くは古いものの再利用である。スペインでは宿のタンスやランプ、椅子といった家具も古いほど値打ちがあるとされているのだ。スペイン各地にある国営のパラドールという宿泊施設では、お城のような建物の中に文化財級の調度があって宿泊費は非常に高いが、年中予約が一杯である。

アルベルタの言葉。

あなたたちのことは、パッチから聞かされていました。以前から日本には興味をもっているの。そうだ、ぜひ今度は泊まりにきて！　招待するから。

――ありがとう。それじゃあ、お客の少ない九月ならゆっくり話せるかな。週末はどうでしょう。

週末よりも平日の方が、ほかに客がいない公算が大きいから、というブリエバさんの助言で、平日を予約した。

九月に入って帰国のための荷造りを始めた私たちは、レンタカーを借りて

図 3-23　パッチの発電塔（風力発電と太陽光発電の組み合わせ）

図 3-24　料理するアルベルタ

アルベルタとパッチの家に向かった。例によって寄り道をしつつ二人の家に夕方たどりついた。今度はパッチがひとりだった。足をくじいて下に降りるのがつらいからと、最上階である三階の、家族の居室で話し込むと、なんだか昔から友達だったような気持ちがしてきた。このところ曇天続きで風も少なく、エネルギー自給の家もお手上げだという。今日の夜の電気が心配だから、坂の上の発電塔においてある発電機にガソリンを入れて、起動してきてくれないか、と頼まれる。

　犬たちといっしょに風力発電と太陽光発電をしている丘へあがってみると、大きなバッテリーが並んでいた。それなりに風は吹いて風車は回っているのだが、電灯だけでなく二つの冷蔵庫やテレビ、パソコンなどもあるから消費電力も大きいのだろう。

　九時を過ぎて暗くなるころ、パンプローナに用事や買い物に出ていたアルベルタが子どもと帰ってきた。夕食の準備が始まる。貴子が手伝わせてもらう。料理を覚えるにはこれが近道だ。スペインの夕食は9時以降が標準だ。滞在中のアルベルタの食卓を、メニュー形式でご紹介しておこう。

アルベルタの夏の食卓

　1日目の夕食

　　・サラダ（レタス、到来物のトマト、タマネキのみじん切り、ツナ缶、塩少々、たっぷりのオリーブ油）

　・野菜スープ（自家菜園のサヤインゲンとフダンソウ、ブルーチーズ少々）

　・マグロのステーキ（マグロ切り身、オリーブ油、香辛料）

　・パンとナバラ自治州の赤ワイン

　・デザート（しぼりたての牛乳の手作りヨーグルト、村のハシバミの実入り）

　アルベルタの食卓では、何にでも好みで醤油をかける。「タマーリ」と呼んでいる。溜まり醤油のことだ。

　次いで２日目の食卓。

　朝食

　・コーヒー、紅茶、ココア

　・パン

　・ジャムとオリーブ油

　・チーズ

　・果物

　パンにオリーブ油を付けるのはアンダルシア風だとか。

　昼食

　・トマトサラダ（トマトスライス、タマネギのみじん切り、オリーブ油）

　・沖縄風揚げ豆腐（玄米正食の店の堅い豆腐、オリーブ油、たまり、これ
　　は貴子が担当）

　・ステーキ（ナバラの牛肉、香辛料）

　・焼きピーマン（ナバラ名物の大ピーマン、オリーブ油）

　・パンとワイン

　ゆっくり三時ころまでかけて食べて、そのあとは夕方まで昼寝。

自然の中で

　二日目の朝、アルベルタが言う。

　　近所のおうちから畑の夏野菜を採りに来ないかといわれているの。冬野
　　菜に畑を切り替えたいから欲しいだけ採っていいって。

　　──わあ、行きたい！

　まだ足が痛むパッチを残して私たちはアルベルタの車で村へでかけた。車を村の集会場の広場に止めて野菜をいただきに少しあるいた。子ども達が珍しそうにこちらを見ている。野菜はもう収穫してあって袋ごといただいた。州政府の補助で作った石造りのサイロは今は薪の倉庫になっていてナラの薪が投げ入れてあった。畑にはスイカよりまだ大きなカボチャが実をつけていた。

　さらに、アルベルタの友だちで有機農業をやっている女性の畑を訪ねた。大柄な赤いシャツの女性に迎えられたのはイラクサが生い茂る畑だった。土は黒くてふかふかである。

　私は、公共施設の清掃の仕事で給料をもらっているので、この畑での農業は趣味なのよ。でも、有機農産物の組合に入っていて、少しずつだけれど出荷もしているの。無農薬でやれる秘訣は、イラクサなのよ。畑に生えるイラクサをつぶして水に入れ、ここにある大型のポリ容器の中で腐らせたものが、殺虫剤としても使えるし、ウドンコ病などの病気にも効くの。おまけに、肥料としての効果があるから、これ以外のものは一切使わないわ。だから畑に生えるイラクサは大事に残してあるんだけれど、子どもも連れてくるんだったら、通路のイラクサは刈っておいたのにね。

　イラクサが入った容器の中の液は、黒ずんだ緑色でかなり強い特有の臭いがした。用途によってこれを水で薄めて使うという。彼女の畑には大きなキャベツ、ズッキーニ、トマト、ナス、フダンソウ、ピーマン、カボチャ、三種類のレタス、イチゴ、タマネギ、ニンジン……なんでも見事にできている。たしかにズッキーニはウドンコ病にかかって葉には白い粉が吹いているけれど、大きなりっぱな実をつけている。畑の端のニワトコのたわわな黒い実ではジャムを作るしアルコールに漬けてお酒も造れるという。畑の一角にはミツバチの巣箱もあった。

図 3-25　近所の有機農業の家で

　畑の山側の斜面は無農薬リンゴの果樹園になっている。リンゴの木の下では鶏が雑草を食べていて。卵を産むときは小屋に入って産卵場所で生むようになっているので、そこへ卵を集めに行く。鶏たちは夜は小屋で眠る。小屋には車がついていてリンゴ畑の中を移動できるらしいのは、面白い工夫だ。赤く色づいてきたリンゴをもいでエプロンでふいてくださったのをさっそくかじると、小さいのに甘くて酸っぱみもある豊かな味だ。日本のリンゴ農家の友人の話では、農薬散布回数はふつう十数回、減農薬で努力して減らしても7回程度という。日本ではリンゴを皮ごとは食べない私たちだが、このリンゴは皮ごとすっかり食べてしまったのだった。

　アルベルタはもう1軒の農家に寄った。入り口を入ると広い土間の仕事場兼物置で、機械やたくさんの工具、農産物などが整然と置いてある。そこを通り抜けて奥の居間に行くとアルゼンチンから来たというお客さんと食事中だった。失礼してしまった、と思ったら「いいのよいいのよ、もう終わるところ。さあ入って」と迎え入れられた。それは8月にハビエル・ブリエバさんと始めて来た時お手伝いに来ていた年配の女性の家だったのだ。私たちを皆に紹介してくださる。80歳だというこの家の主人は羊を飼っていて現役、お元気だ。昔ながらの農家に見えたこの家の、家の中は新しく、台所では料理用の薪ストーブがはめ込まれ、赤々と火が入って美しい。日本の私たちの家も薪ストーブで暖房や料理をしているというと、話がはずむ。客間で本格的な寒さのシーズンの出番を待っている暖炉式の薪ストーブも見せてくださった。薪が至る所に積んであるわけである。パッチとアルベルタの民宿の客用の台所にもあったナバラ製だという機能的そうな料理用ストーブ。重さは200キロ以上ありそうだが、時間があったら工場に見に行ってみたい。できたらひとつ買って帰りたいと衝動的に思ってしまった。でも、薪をよく使うのはこういった田舎の事情であり、パンプローナでは電気やスチーム暖房がほとんどだ。

　用件が済んで出口まで送ってくださった主婦は置いてあったキノコをアルベルタに持って行きなさいと手渡す。こんなにたくさんいただけないわとアルベルタは恐縮しながら結局ひとかかえいただいて帰った。「この季節、このキノコを食べないと秋が来たような気がしないの。あなたたちにごちそうできてよかった。」と家に帰って、夕食のしたくをしながら、キノコ入りオムレツの料

理法を教えてくれながらアルベルタはうれしそうだった。

農家民宿の舞台裏

　2日目の午後は、昼寝から起きるとパッチに頼まれた仕事が待っていた。足をくじいているパッチの代わりに民宿の水事情を証明する写真を撮影するというのだ。水源地は、カラマツの人工林を抜けて谷道を細い川ぞいに上がった所で、ブナ林の谷間にかなり大きな新しい水槽がある。そしてその近くにはやや小さいが、古い水槽がある。ところが、民宿でシャワーなどに使っている水は、いずれの水槽からでもなく、古い水槽の横にあふれてたまる水を、小さなろうとのようなもので集めて送っているのである。これは、上の水槽はパッチ一家より先にこの辺りに別荘を建てた四軒の家のもので、パッチ一家はその仲間には入れてもらえなかったし、別の水槽を作って利用することも、水が減るといって、拒否されているのだ、という。この状況を打開するためには、川の最上流部の利用許可を取ってしまうのが得策だと考えて、南のアラゴン州の州都サラゴサまで直訴に行くのだという。

　インターネットで紹介するための、家の各部分の写真も頼まれて、デジカメで撮影したりしたあと、その夜はよもやまの話に花が咲いた。

　翌朝目覚めて窓を開けると谷は霧に包まれていた。戸口で呼ばわる声に出てみると、全身霧雨に濡れた男の人が立っている。なにやらたいへん怒っているようだ。実は、きのうキノコをもらった、お隣り（といっても2キロ先）の家の80歳になるご主人で、パッチの家の二頭の犬が彼の羊たちを追いかけ回したというのである。たしかに犬が見あたらない。アルベルタとパッチがあやまったり、なだめたりしたのだが、大変な剣幕で、自動車で送ろうという私たちの申し出も断って、遠い山道を歩いて帰っていかれた。「はやく犬たちを捕まえないと、銃で撃たれてしまうわ」と言い残して、アルベルタが犬を探しに出かけた。

　アルベルタが犬を探す間、足が痛いので留守番をしていたパッチとともに残された私たちは、薪ストーブにあたりながら、農家民宿のできるまでのこと、パッチのこれまでのこと、エネルギー自給を決心するまでのこと、などの自分史の続きを聞いた。そうするうちに、こんどは、別の年配の男性が訪ねてきた。

日本人が来ていると聞いたので見に来たらしい。ベルツォラリ（バスク語の即興歌の名手）だと紹介されたので、まず私たちが1曲だけなんとか覚えたバスク語の民謡を歌った。まるで農家民宿（Benta）の宣伝のような愛の歌で、バスク語の歌の名手 Mikel Laboa ミケル・ラボアが歌っている曲だ。下線部がみごとに日本語の助詞と対応して快い。「僕の」は標準バスク語では nire と習ったが、ここでは nere と歌われている。

Bent<u>ara</u> noa	宿<u>へ</u>行き
Benta<u>tik</u> nator	宿<u>から</u>帰る
Benta<u>n</u> da nere gogoa	宿<u>に</u>あるよ僕の魂
Benta<u>ko</u> arrosa krabelineta<u>n</u>	宿<u>の</u>バラとカーネーション<u>に</u>
Hartu dut amodioa	愛を見つけた

すると、おじいさんは大変な喜びようで、

　　おお、バスク語を勉強したのか。それは 50 年も前のなつメロだよ。実は私も大人になってから勉強して歌えるようになったのさ。

とバスクの歌をさびた声で次々に歌っては、スペイン語でその意味を説明してくださった。長く禁止されていたバスク語が解禁になって、たくさんの民謡や即興歌がまたおおっぴらに歌えるようになったことの楽しさとほこらしさがこめられていた。

　犬を探しに行ったアルベルタは牧場や山の中を探し回って、昼過ぎに疲れ果てて帰ってきた。

　　こんなに帰ってこないのは、羊を追いかけまわして殺してしまったのかもしれないわ。羊は農家の大切な財産なのだから、そんなことをした犬は殺されても文句はいえないの……。

そんなアルベルタの苦労も知らないで、私たちがパッチと話していたこと。

バスク語教育を受けて

　僕の名前は、パッチ・ゴンサレス・マルティン・ルイスだ。スペイン人は姓として、父方と母方の両方を名乗るからどうしても名前が長くなるんだよ。1964年にバスク自治州のギプスコア県アンドアインという村に生まれた。父はナバラ自治州の人、母はスペイン南部のアンダルシアのグラナダの人だよ。

　スペインで初めてできた、バスク語で教える小学校に入って、4、5年かよったな。スペイン語だけが公用語で、バスク語やカタルーニア語といった地方語は、長いフランコ独裁の時代（1939 ～ 1975年）ずっと公の場で使うことを禁止されていたんだ。友だちがバスク州のサン・セバスティアンの大学に行って、その帰りにバスク語をしゃべっていたというので、警察にひっぱられたことがあったなあ。

　そんなわけで、どこからも支援はこないから、親たちが金を出し合って先生を雇い、校舎といっても名ばかりで、普通の家の一階が牛小屋兼物置だから、その壁にペンキを塗った程度のことで、別の「教室」に移るときは通りを横切って別の家にいったんだよ。生徒は30人近くいたと思うよ。両親は、自分はバスク語ができなかったけれど、バスク語を主に話す地域の人たちに僕をとけ込ませたいと思って、バスク語を使う学校に通わせたんだとおもうな。フランコが死んでからは憲法も変わって、バスク語で教育が受けられる公立学校もちゃんとした私立学校もできたんだよ。

　13歳の時、父の仕事の都合で、フネスというナバラ南部の村に引っ越した。そこは、バスク語使用圏じゃなかったので、僕は上手に話せない。今、ここに住んだら近所の人たちはみなバスク語ができるから、息子にはなるべくバスク語で話そうとしているんだよ。やっぱり言葉は大切だから。

　つれあいのアルベルタは、お母さんがイタリアのフィレンツェの人だけれど、ナバラの人と結婚して、フランスとの国境の海岸の町、オンダリビアに住んでた。彼女はそこで生まれたから、イタリア語もバスク語もできるんだよ。お母さんとは毎日イタリア語で電話しているし、息子にもイタリア語とスペイン語をまぜて話している。バスク語とあわせてうちは3つの言葉のまぜこぜだな。それと、お客さんのためには、フランス語と英語も話すから5つか。

地球に良いことは自分にもいい

　ここに農家民宿を作るときに、「エネルギー自給の宿」ということを考えたのは、25 歳のとき、「GEA ヘア（ガイアのスペイン語）」という千人ほど会員がいる雑誌の編集にかかわるようになったせいかな。自然住宅とか自然農法（パーマカルチャー）とか、バスク自治州の原発計画を止めたり、北西部のアストゥリアス自治州の熊を救えとか、いろいろな環境問題についての取り組みを雑誌で取り上げたし、バスク支部で年に 5 回ぐらい発表会をやったりしたよ。そうする中で、こんな暮らしをしていたら、あと 50 年もしないうちに地球の破局が来る、ということを確信するようになった。地球にいいことは、必ず自分にもいいんだ、と納得するようにもなってきた。それで、地球にいい生活を自分でも実現してみたいと思って、土地を探し始めた。ところがどっこい、ここらでは長子相続で、土地を分割することを極端にいやがるんだな。ひどい過疎なのに、譲ってもらえるような土地や家はめったなことでは見つからない。それが現実だった。

この家との出会い

　ようやく見つけたこの家は、もともとは倉庫だったのを小作人の宿舎として使っていたのを 40 年も放ってあったという荒れ果てた家で、電気も来ていない、水もないというところだから、なんとか売ってもらえたんだ。

　まず第一に考えたのは、風水（フェンシュイ）だったな。バスクにも伝統的に風水によく似た考え方があるので、違和感はないよ。方位と色と形、いろいろ考えるべきことがあるけれど、入り口の方位が特に大事なので、これを南側から東側に移したんだ。それから、小さかった窓を大きくするために、その部分の石壁を下から上まで全部取りのけて積み直しさ。大きな石で一個 300 キロのがあったり

図 3-26　もともとはこんな倉庫のような家だった

して、そりゃ大変だった。それから、屋根裏を住める高さにするために、屋根を1メートルほど上げたんだ。暖房は電気ですることも考えたんだけれど、電磁波の悪影響が心配でやめた。それで湯が通るポリプロピレンの管を家中の壁に2000メートルも埋め込んで、お湯を通して暖房するんだよ。

　本体工事に1年半かかったな。客間は5つあって、下から順にウラ・ルラ・エグラ・スア・アイセアと名付けてあるんだけれど、バスク語で水・土・木・火・風という意味なんだよ。そして、ここらの習慣に従って、玄関の入り口の上にはエグスキロレの花を飾る。これは、花は太陽をあらわし、とげとげの葉が魔よけになるんだ。

　エネルギーは、電気については、2.4キロワットの太陽光発電パネルと、小型風車だ。高さ27メートルの塔を建てて、3キロワットの風車を載せてある。ひとつの重さが240キロのバッテリーを14個並べているけれど、これが高かった。太陽温水器もあるんだけれど、隣地の植林されたカラマツが陰になって思うように暖まらないね。ここは不在地主が伐らしてくれないんだよ。料理と給湯は、一番空気を汚染しない天然ガスを使っているよ。風呂やトイレの水もわずかな谷水をためて使うんだけれど、夏場しか帰ってこないご近所の人たちが、使わしてくれないんで、絶対量がたりなくてものすごく苦労しているよ。明日は、ここから200キロ南のアラゴン州のサラゴサの町にある河川局まで出頭して、水源利用の許可をもらいに行くので、あなたたちに現場の写真をとってもらったんだよ。

　ここで、犬探しから帰ってきたアルベルタが割って入った。

　　もともと私は、電柱を立ててもらって電気を引くつもりだったのよ。ところが、パッチときたら、自然エネルギーで自家発電するっていうじゃない。最初から喧嘩よ。塩化ビニールは使わないで極力自然に配慮した素材を使うとか、クレーンを借りないで人海戦術でやるとか、環境を大事にする理想はいいんだけれど、余分に経費がかかる話ばっかりなのよね。財布を預かる側としてはたまったもんじゃないわよ。パッチときたら、夢がい

図 3-27　古い材木を活かした寝室

図 3-28　またいらっしゃいね！（パッチとアルベ
　　　　ルタの一家と）

っぱいで——そこが良いところなんだけれど——なんでもやりっぱなし。
後始末はみんな私なのよ。今日だって、雨の山の中を声を枯らして走り回
ってきたのは私。

　好きで結婚はしたんだけれど、だいたい、パッチと違って、町育ちなの
よ、私。でもねえ、この家ができ上がってみたら、まだ2年ほどにしかな
らなくて、水のこともバッテリーのこともまだまだ大変なことが多いんだ
けれど、ここの暮らしがすっかり気にいってしまって……。今度は友だち
を連れてまたきっといらっしゃいね。きっとよ。

　ケニアで聞いたレンタカー屋の老主人の人生の知恵の結晶である「女こそ
一家の柱だ。屋根を支える柱、すべての土台だ。女が家を支えているんだよ。
だいたい考えてごらん、男を支配できるのは女だけじゃないか」（安渓遊地、
2006: 205）という言葉をしみじみ思い出しながら過ごした、なかなかに起伏の
多い3日間だった。再会を約し、抱き合ってわかれた。それにしてもあの犬た
ちはどうなったのだろうか。

7．ナバラは再生可能エネルギーのショウウィンドウ

　ナバラ州立大学とアパートの行き帰りのバスの中から、パンプローナの町
を取り囲む山々の稜線上に、白い大風車がたくさん立ち並んでいるのが見え

る。青い空に緑の山並み、その稜線に並ぶ何十という白い風車は、一幅の絵のようだ。カメラを望遠にして写真をとりながら、ナバラでの再生可能電力（日本ではグリーン電力と言うことが多い）をはじめとする自然エネルギー利用についてもっと詳しく知りたいと願った。

この願いは、ナバラの観光について話を聞きに行ったことをきっかけにみたされることになった。持続可能な観光と持続可能なエネルギー利用を組み合わせることで、農山村の振興がはかれるのではないか、という私たちの問いかけに、すでにそのような取り組みが始まっていて、6月末にちょうど第1回の発表会がもたれるというのである。

A．アイバール再生可能エネルギー教室

場所は、ハビエル城から遠くない、サングエサの町から10キロほど離れたアイバールという村だという。メールで予約をし、できれば近くの農家民宿に宿泊したいという希望を伝えた。返事には、農家民宿はどこも満員で、ハビエル城のお膝元のホテルなら空いているというので、そこに2泊することにして、バスの都合で前の夕方にパンプローナをあとにした。

そこにあったのは、Aula de Energías Renovables de Aibar/Oibar、つまり「アイバール村（バスク語地名ではオイバール村）再生可能エネルギー教室」という看板が掛かった、倉庫のような建物だった。中に入ってみると、地球環境問題やナバラでの再生可能エネルギーの取り組みなどについての大きなパネルが何十枚もかかっていて、風車の模型や太陽光発電パネルの実物、木材を燃えやすく加工したペレットなど、いわゆる自然エネルギーについての非常に包括的な教育プログラムをおこなうことを目的とする場所であった。

ここを中心にして、6月17日から3日間の予定で、サングエサを中心とする15の自治体の連合体である Baja Montaña つまり、ピレネー山麓地方でのエコツーリズムを考えるというフォーラムが開催された。

プログラムによる、1日目の午前中は、「再生可能エネルギーと観光を結びつけるために」という勉強会、午後は地元のワインの試飲、昼食を経てアイバールの村の見学。翌日は、一般の人々向けのプログラム。さらに3日目は、お祭で、太陽熱で料理を作るとか、自然住宅づくりやヨガなど、1日目に参加

したそれぞれのカサ・ルラールを経
営する人々の得意とするサービスが
目白押しに並んでいる。その中には、
子ども向けの環境教育のプログラム
も組み込まれていた。

図3-29　アイバール村のフォーラムで（モン
ツェさんの話を聴く）

　われわれは、１日目の勉強会に参
加して、自然環境保全や農山村振興
についての意欲と経験をもつたくさ
んの人たちと親しく交流することが
できた。2日目は、ＮＧＯの責任者
の若い女性、Montse Guererro モンツェ・ゲレッロさんにインタビューさせて
もらった。それだけでなく、展示パネルの原稿の pdf ファイルや、発表に使わ
れたパワーポイントファイルなども惜しげなくコピーさせていただいたので、
ナバラのエネルギー事情というのがだいぶ詳しく飲み込めたのであった。以下
は彼女の説明とインタビューの抜粋である。

B．ナバラの再生可能エネルギーと観光の現状

　　──ここは、ＮＧＯですか。

　そうです。2004年9月に開所するにあたっては、ナバラ自治州政府ほか、
いろいろな所から補助金をもらって始めました。専従は今のところ私一人
で、まだ自立するほどの収入を上げるまでにはいたっていません。

　　──ナバラのエネルギー事情について教えてください。

　1993年までナバラ自治州では、水力発電がある以外はほとんどのエネ
ルギー源は他からの輸入にたよっていました。ごく小規模な水力発電をの
ぞいては、地下資源を消費して大気中の二酸化炭素を増やすか、大きなダ
ムで河川の生態系を破壊するようなものしかなかったんです。1992年の
リオデジャネイロでの環境と開発に関する国連会議のあと、ヨーロッパ全
体で、再生可能エネルギーへの転換の必要性が認識されるようになりまし
た。それで、ナバラ自治州政府としても風力発電を始めてみることにした
んですが、まず、パンプローナ市内から見えるペルドン山脈 El Perdón の

稜線沿いに試験的に建てて、住民の意見を聞きました。すると86％もの答えが、あれはいいものだ、という内容で、否定的な意見は、わずか3％しかなかったんです。これに力を得、ナバラは海に近く山脈がいくつも並んでいるという好条件のために、良い風が吹く場所が多いことを知ったナバラ自治州政府は、半官半民の会社ＥＨＮ（エー・アッチェ・エネ、ナバラ水力発電会社）を中心に、どんどん風車を建てることにしたのです。たいへんなスピードで風力発電は普及して、2005年現在は33か所の風車公園に、合計2000基を越える風車が設置されています。しかし、グラフで分かるように、2003年から2004年にかけて頭打ちが来ました。

送電線の建設コストや、自然が保護されているピレネー山中には建てられないなどの制約のため飽和状態に達したのです。そこで、今後は20年で寿命がくる風車を現在の660キロワットから1500キロワットの大型のものに建て替えることによって、発電量を伸ばそうとしています。単に大型にするだけでなく、変圧器なしに送電線に直結できるようにするとか、2年に1度のギアオイル交換が不要になるとかの、技術革新も進んでいて、それがコスト削減にもつながります。2004年にＥＨＮは民営化されましたから、これまでナバラ自治州政府の庇護のもとにほとんど独占的にグリーン電力事業を進めてきた状況も、よい意味での競争にさらされるよう

図3-30　発電用風車公園パルケ・エオリコ（© Gobierno de Navarra）

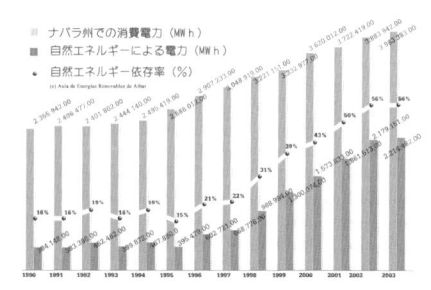

図3-31 ナバラ自治州のグリーン電力の割合の変化（© Aula de Energías Renovables de Aibar/Oibar）

になってくるでしょう。

　もうひとつ、ここからすぐ近くのサングエサの町にＥＨＮが建てたバイオマス発電所があります。これは、麦わらとかトウモロコシの茎とかを燃やすプラントですが、もともと光合成で大気中の二酸化炭素を固定したものだから、

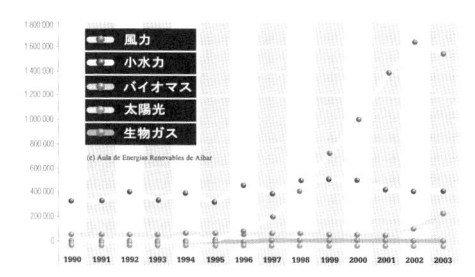

図3-32　ナバラ自治州のグリーン電力の種類別の伸び（© Aula de Energías Renovables de Aibar/Oibar）

地下資源とは違って、燃やしても二酸化炭素を増やさないんです。そのおかげで、グリーン電力は6ポイントほど増えています。太陽光発電は、まだまだこれから延びるでしょう。ただ、まだ珍しいので、せっかく設置したパネルが盗まれるという事件が起こっています。

　──2005年のグリーン電力による自給率はどのくらいですか。

　目標としては70％というところです[27]。2010年には、ＥＵ各国がグリーン電力を21％以上にすることが定められていますが、ナバラはこれをはるかに超過達成しています。パイオニアとしては、2010年には100％グリーン電力による自給を実現する、というのが、ナバラの夢です。ただ、電力消費も伸びていますから、このままではいくらグリーン電力を増やしても追いつかないのではないか、と危惧されます。環境教育と省エネがやはり大切になるということですね。

　──スペインでは原子力発電はどうなんでしょう。

　現在、7か所の原発がありますが、モラトリアム状態といいましょうか、寿命が来しだい閉鎖していくのを待つという状態で、増やすことへの国民の理解は得られていません。だって、ナバラの先進的なとりくみのおかげもあって、法整備と住民の協力があれば、二酸化炭素の排出抑制にしても、グリーン電力でここまでやれるということがはっきりしたんですもの。

　──グリーン電力と観光のかかわりについて教えてください。

　このサングエサを中心とする地域には、観光客はよく来るんですが、例

	España（スペイン）		Navarra（ナバラ）	
石炭火力	72.562	31,1%	0	0,0%
原子力	61.848	26,5%	0	0,0%
水力（大規模ダム）	38.523	16,5%	0	0,0%
コジェネ	16.864	7,2%	551	10,6%
天然ガス	18.682	8,0%	2.405	46,4%
石油	4.242	1,8%	0	0,0%
再生可能エネルギー	20.915	7,4%	2.214	42,7%
風力	11.030	4,7%	1.549	29,9%
小水力	4.801	2,1%	417	8,0%
バイオマス	1.358	0,6%	234	4,5%
太陽光	8,1	0,0%	5	0,1%
生物ガス	3.718	1,6%	10	0,2%
TOTAL	**233.636**		**5.181**	
(c) Aula de Energías Renovables de Aibar				

図 3-33　ナバラ自治州とスペインの電源の多様性（© Gobierno de Navarra）

図 3-34　アイバールの町並み（ローマ時代の町並みの中での暮らし）

図 3-35　アイバールの村で出会ったお年寄り

えばハビエル城に来ても、たいていは日帰りで、あまり地元にお金が落ちないんです。

　小高い丘からなるアイバールの町はローマ以来の石造りの家々と美しい町並みで、そこに人々が暮らしています。お年寄りも子どもも道や広場にたむろし、遊び、おしゃべりを楽しんでいます。

　山の頂きにはローマとゴチック様式が半々の教会があります。2000 年の歴史と文化を味わうことができる村です。ここはまた、キリスト教の昔

ながらの巡礼の道も通っています。眺めがすばらしい。畑となだらかな山々に囲まれた独特の地形です。ローマ以前からの人と自然とが持続的に暮らしてきた自然が残っています。麦類やブドウ、オリーブの畑、羊や牛の牧草地と山々がひろがっています。村のすそにある教会の塔の上にはコウノトリが巣を作り、子育てをしています。

図3-36　アイバールの教会のコウノトリの親子

　——景観としてはかなり違いますけれど、日本でも里山・里地といって、人間と自然が長く共存してきた環境を守って生かそうという動きがあります。

　このような歴史・芸術・文化・自然の魅力に加えて、再生可能エネルギー生産の多様な現場がここで見られるのですから、この2つの資源を生かした複合的な観光をエコツーリズム・グリーンツーリズムとして打ち出せば、宿泊客も増えるでしょう。ちょうど、古い家を改装したホテルがオープンを控えて仕上げをしていますから、あとで希望の方は見学に行きましょう。

　アイバール再生可能エネルギー教室では、グリーン電力を中心とした地球環境問題への環境教育をセットした1日から7日のエコツーリズムのプログラムを用意してあります。どうぞご利用ください。今回の展示会は、その宣伝のための第1回目の取り組みです。

C．イスコ山脈の風車公園にて

　8月に入って、現場を訪ねることにした。風車公園とワラ発電所の見学を、モンツェ・ゲレッロさんにお願いして、アレンジしていただいた。アイバー

図 3-37　イスコ風車公園で（モンツェさんの説明を聞く）

図 3-38　祭で牛の模型から逃げる子どもたち（メリダ村の夏祭）

ルの村からほど近いイスコ山脈の風車公園の現場で説明を受けていると、ハゲワシが風車に近づいてくるのが見えた。

図 3-39　イスコ風車公園の石造りの制御室

　　　──ハゲワシなどの鳥への被害ということはどうなんですか。
　州政府主導でどんどん建ててしまったので、猛禽の保護区の近くのような、本来建ててはならない場所に風車が建ってしまった例はあります。でも、こうして見ている限りでは、鳥たちは、風車のことがわかっていて、それと遊んでいるようにも見えますね。
　　　──だいぶ風を切る音がするようですが。騒音への苦情はありませんか。
　最低でも人家から1キロ離して建設することになっていますから、苦情は出ていません。むしろ、村に土地使用料という名目で補償金が入って、52基建っているアイバール村では、毎年6万5000ユーロ（日本円で910万円ぐらい）にもなりますから、隣の村と誘致合戦になったという面もありました。もっとも、ナバラ人らしく、そういうあぶく銭はほとんどをお祭につぎ込んでしまうんですよ。パンプローナのサン・フェルミンに似た祭がどの村にもあって、1週間ぐらい続きますから。それと、EHNは、

　環境教育への投資として見学客にも配慮して、ずいぶんお金をかけた石造りのコントロール室を作ったり、近くにあった伝統的な雪貯めの室を観光用に修復してくれたりということもしています。

D．サングエサのバイオマス発電所

　サングエサのバイオマス発電所は、やはりＥＨＮのプラントで、2002年から稼働している。ヘルメットを借りるところから、案内・説明まで、すべてモンツェ嬢がとりしきってくれた。まず、200人ぐらい収容できる講義室でＤＶＤによってプラントのあらましの説明を見てから、見学用通路を通って現場を見るようになっている。それによると、ひとつ300キロから400キロの長方形にパックされた干し草を毎日10トン積みトラック45台から50台分ほどずつ受け入れ、重さと水分含量を自動測定して燃焼炉に送り、蒸気タービンを回して発電している。これによって、二酸化炭素削減効果は、年間16万トンに達する。全自動運転で休日も休まないため、受け入れ口に3日分のワラの備蓄ができるように配慮されている。3万7000キロワットの能力でフル稼働するようになってからは、ナバラ自治州の全電力消費のおよそ6％をまかなっている。

　外から見ると、煙突からは完全無色の排気が出るため、操業しているとはわからないくらいである。以下は、発電所の中を見ながらの質疑応答である。

　　──温排水の温度と放流先は？
　取水温度プラス10度に調節して、エブロ川に放流するようになってい

図3-40　麦畑に積まれた発電用の麦わら　　　図3-41　サングエサのバイオマス発電所

ます。

　――焼却灰はどうしていますか。

　重さで6%ほど出ますので、取りに来てくれるならワラを出してくれる農家に無料で返すことで、土地がやせるのを防ごうとしていますが、現実には難しくて、業者に処分を依頼している部分が多いのです。

　――ワラの品質というのはありますか。

　大事なのは湿度が低いことです。25%未満というのが基準です。トラックからおろすときに3つずつはさんで、その時に自動で湿度も測りますから、湿ったワラがあれば、真ん中になるように積み込むのが、農家の知恵というものです（笑い）。

　――それにしても、穀物をとった後の麦わらで発電ができるとは思ってもみませんでした。やればやれるものなんですね！　ワラ以外の物も燃やせますか。

　いちおう、細かく砕いてパックした形になっていれば、材木などの森林資源も燃やせる設計にはなっています。

　――今年（2005年）のような干ばつだと燃料が不足するのでは？

　おっしゃるとおりで、頭の痛い問題です。ワラは家畜の飼料でもありますから。農家との10年契約で一定量のワラを確保することになってはいますが、今年のように極端に足りない年にはどうしても取り合いになりますし、余る年には、市場価格より高く買うことになって、経済的にはあまりペイしない発電所です。できて3年になるのに、2号炉建設の話が出ないのは、おそらくそのためでしょう。

E. カパソロのバイオディーゼル燃料製造プラント

　再生可能なエネルギーへのナバラの取り組みは、電力部門だけではない。燃料の分野でも、植物油から作る、軽油に替わるバイオディーゼル燃料（スペイン語ではビオディエセルという、以下BDFと略）の大型プラントが、パンプローナの南のCaparrosoカパソロ村の近くで、やはりEHNによって操業を始め、市内のセルフ給油所で給油できるようになったと2005年夏には大きく新聞で報道された。EHNにメールを送り見学を申し込んだところ、対応しても

らえることになった。レンタカーを
借りて行ってみると、入り口で待っ
ていたのは、なんと旧知のモンツェ
嬢だった。彼女はＥＨＮの広報係も
一手に引き受けているらしい。

　銀色のパイプのお化けのようなプ
ラントの横には、原料の植物油のタ
ンクや、製品のタンク、メタノール
などの必要な薬品の小さめのタンク
などが並んでいる。年間３万5000ト

図 3-42　カパソロのバイオディーゼル製造工場

ンの植物油を処理してほぼ同量のＢＤＦに加工している、ということは新聞で
読んでいた。一日あたりに直すと、100 トン弱である。山口県にある使用済み
天ぷら油の加工プラントが、下関市長府では日産 200 リットル程度、萩市の旧
福栄村で日産 40 リットルというミニサイズのものだから、まさに桁違いの大
きさである。レンタカーにＢＤＦを入れて走ってみたが、排気ガスが臭くない
し、馬力もなんら遜色がないようだ。日本で捨てられている使用済みの食用油
をＢＤＦに加工すれば、自動車燃料の 2% をまかなうことができる、という記
事を読んだことがある。ヨーロッパでは、排気ガスをクリーンに押さえたディ
ーゼル車のセダンが環境にやさしい車として人気である。日本の自動車メーカ
ーも小型で燃費のいい、しかも排気ガスのきれいなディーゼル車を作って欲し
いものだ。そうすれば、ＢＤＦの活用の道ももっと開けるだろう。以下は、見
学しながらの質疑応答である。

　　——原料油は、地域で生産されるものですか。先日の新聞にはこれで 3
　万ヘクタールの農地が活用される、と書いてありましたが。
　　残念ながらすべてではありません。実際には、国際市場で買い付けるの
　で、アフリカなどの安いパーム油などが主力になっているようです。現在
　EU では、10% の作付け制限（減反）を実施しています。ただし、油料作
　物はこれが適用されないので、その意味では農民がナタネなどの原料を生
　産する動機付けになりますし、事実作付けもされています。ただ、ナタネ

への補助金が、1ヘクタールにつきわずか45ユーロ（6300円）しかあり
ません。それならば、穀物として売って、残ったワラも1トン10ユーロ
で発電所に売れる、大麦、小麦、ライ麦やトウモロコシの方をなるべくな
ら作りたいとナバラの農民が思うのは自然なことです。

　——原料をいくらで買っているのでしょうか。

　それは、ＥＨＮに聞いても教えてもらえないでしょうね。私も知りませ
ん。一方、ＢＤＦの売値の方は、軽油と同額に定められています。これは
ＢＤＦが安く売られた場合に被る影響を回避するための石油業界からの圧
力によるということですが、このところの原油高のせいで、売り値がずい
ぶん高くなっていますから、収支としてはかなりうまみがあるのだと思わ
れます。次のもっと大きいプラントを作る話が出ていますから。それから、
EUでは、2015年までにＢＤＦが占める割合を5％に高めるという取り決
めがあることも付け加えておきましょう。

　——副産物としてグリセリンができるはずですが。

　年に3500トンほどでます。これを、化粧品などにも使える品質に精製
して、高く売るという計画で、グリセリン精製用の加工ラインを併設して
あるのですが、プラントが完成してみると、精製グリセリンの相場が下が
っていて、当初予定した価格では売れないようです。思ったようにはいか
ないものです。

　——最後に若干の残渣が出るそうですが、見せてもらえませんか。

　それは、工場の裏の方で、危険ということで、あらかじめ許可を取らな
いと見せてもらうことができません。

8．おわりに

　ナバラのグリーンツーリズムについて語り残したことは、パンプローナの西
で廃村になっていたアルギニャリツ村を復活させて、健康に配慮した住宅づく
りを通した農家民宿に取り組んでいる建築士兼大工であるフアン・ルイスさん
の家族との出会いである。訪れた宿は、それぞれに特色があるが、地元にある
もの、昔からあるものを大切に生かして、新しいアイデアをとりいれているの

が共通点だった。エネルギー自給、床や壁面の温水暖房、薪の料理ストーブや暖炉、コルクの断熱材など。いずれもプラスチックは極力使わない。都市では得られない田舎のよさ、地域の人々が維持してきた自然とのふれあい、ゆっくり流れる時間、美味しい空気、本当の安心・安全。そういったものが確かにここにはある。そうした農家民宿をとりまく里山を含めた、実に多様なナバラの森の探訪記もまたどこかに書いてみたいと思っている。

　グリーン電力については、ここで報告した以外に、風車のタービンづくりでは職人芸的な技術をもち、ＥＵの新エアバスプロジェクトにも加わっているMTorres 社を訪問したり、ナバラ州立大学で再生可能エネルギーの研究を行っている José Luis Torres Escribano 教授らにも教えを請うたりした。今後の課題は、官主導でおこなってきた再生可能エネルギー利用の意味を、いかに生活者のレベルまで浸透させるか、ということであろう。その意味で、いまナバラ自治州が環境教育に力を入れて始めていることは理解できる。

　環境教育への取り組みについては、パンプローナ市立で、教会を改装した「サンペドロ環境教育博物館」や、やはり市内にある「ナバラ環境資料センター」などを訪れて、担当者へのインタビューもおこなった。しかし、環境問題を学ぶには、体験学習がもっとも有効であると考えている私たちとしては、単なる展示や説明を越えたアイバール村の再生可能エネルギー教室のプログラムに新鮮な魅力を感じたため、ここではその活動の報告が中心となった。

　ナバラは、これまでにわが国ではあまり報告されていない、さまざまな魅力と、われわれの生活を見直すためのたくさんのヒントを持っている地域である。例えば、日本では厄介者として田んぼで燃やされるか、よくて田んぼにすき込まれている稲ワラは、当然活用できるバイオマス資源であるし、里山の手入れを兼ねて出てくる竹や間伐材のペレット加工などによるバイオマスとしての活用も岩国市などで始まっている。風がナバラほど安定して吹かず、台風対策も必要な西日本では、風車はナバラほどの成功を収めないだろうが、逆にいたるところにある小さな流れを活用した小水力、マイクロ水力発電には、ナバラにない大きな可能性があると考えられる。さらに、日本では、二酸化炭素を削減するためには原子力発電を増やすしかないという宣伝があるが、もっと手近で安全度も高いたくさんの取り組みが実は可能だったのである。

図 3-43 アルギニャリツ村の薪を積む暮らし

図 3-44 やまぐちの山村で薪を積む暮らし (2004 年 12 月)

ナバラ自治州でのグリーンエネルギー生産は多様性に富みかつ成長産業でもある。その上環境にもいい。地球温暖化についての京都議定書の約束をEU全体で実行に移そうと努力する中で、スペイン各地でもとりくみが行われ、その中でもナバラが最先端を風を切って走っている現状が熱く伝わってきた。その他にも、エネルギーを逃がさない家の構造や素材、さらに節電の工夫など、実に多様な取り組みがあった。EU全体でもこれらを強力に推進し、ナバラ自治州はEUから先進的事例として表彰されてもいる。

2006 年度にサビエル生誕 500 年を記念して盛大に行われる記念行事に合わせて、山口県からも多数の県民がナバラを訪問する予定である。私たちは、グリーンツーリズムやグリーン電力に興味と意欲をもつ県民のみなさんとともに再度ナバラを訪問して、人間的な魅力にあふれ、フランシスコ・サビエルのチャレンジ精神を今に伝えるナバラの人々と、今後相互に交流を深めようと計画しているところである。

José Luis Iriarte Ángel 副学長を始めとする、ナバラ州立大学の先生方・職員の皆様には、大学の受け入れ、留学生交換に向けた共同作業、フィールドワークでの便宜供与について、公私ともに大変お世話になりました。大学付属高等語学センターの Francisco J. Sierra Urzaiz 所長、スペイン語の Javier Perez 先生, バスク語の Juan Mari 先生は、語学の教授を超えた、愛情にみち、時を得た指導や助言を与えてくださいました。

グリーンツーリズムについては、ナバラ自治州文化観光局の José Miguel

Gamboa Baztán 課長と Beatriz Sola さんに全般的な情報をいただき、ナバラ自治州の農業改良普及員の Javier Brieval Yoldi さんは、2度にわたって現地を案内してくださるなど、農家民宿の経営者と私たちの仲立ちをしてくださいました。多忙の中で対応してくださった農家民宿や農家ホテルの経営者のみなさんにも感謝します。

図3-45　サン・フェルミンの祭で踊る人々

　グリーンエネルギーについては、アイバール再生可能エネルギー教室の Montse Guererro さんとその愉快な仲間のみなさんに多くを教えられました。また、ナバラ州立大学の José Luis Torres Escribano 先生は、大学における再生可能エネルギー研究の現状についてご教示くださいました。

　ナバラでお会いした日本ファンのみなさんや、日本人のみなさんにもたくさんの励ましをいただきました。泉類治先生は、私どものスペイン滞在中も、終始サビエルの熱い思いをもって接してくださいました。そしてなにより、独立行政法人化を控えて山口県立大学がもっとも多忙な時期にスペインへの派遣を実現してくださった県立大学のスタッフのみなさんにもお礼を申し上げたいと思います。

　ありがとうございました。Muchas gracias. Eskerrik asko.

注

26. Crypte du martyrium de Saint-Denis, 11, rue Ivonne le Tac。最寄り駅はメトロの Abbés 駅。パリの守護聖人となっている3世紀の人、サン・ドゥニゆかりの聖地をイエズス会結成の場所として選んだいきさつなどの説明をしてもらうことができる。見学は、原則として週1回、金曜日の午後3時から6時とされているが遠方からの参詣については、随時対応してもらえる可能性がある。参詣希望者は、事前に電話で確認するとよい。電話は 01 42 23 48 94。

27. 最新の情報をナバラ自治州政府のサイトで確認すると、消費電力にしめる再生可

能エネルギーの割合は、およそ4分の3程度に達しており、域外への輸出も増えている。また電力分野以外での再生可能エネルギーの導入も進んでいる。次のサイトには、この記事のもととなった訪問後の2006年から2017年までの詳しい統計が載っている。https://www.navarra.es/home_es/Temas/Empleo+y+Economia/Energia/I-balancesenergeticosnavarra.htm

第6章

バスクのおもてなし——
泊まり歩いてみた農家民宿の魅力

安渓貴子・安渓遊地

1．山口県民100人でナバラ自治州訪問

　2006年5月、フランシスコ・サビエルの生誕500年を記念して、サビエルの生誕の地、スペイン・ナバラ自治州を、山口県民約100人で訪ねた。

　私どもは2005年度に半年間スペイン・ナバラ自治州に滞在した（本書第5章）。そのときの経験から、サビエル生誕500年記念行事に参加する山口県からの民間訪問団の実行委員に安渓遊地がなるとともに、ナバラ自治州のグリーンツーリズムとグリーンエネルギーの現状を視察して交流を図る人々を募ることにした。呼びかけにこたえて下さったのは、山口で農家民宿などの「ふるさとツーリズム」が盛んになればいいと夢見る人々で、私ども二人を含む11人である。「グリーン会」と名付けて交流活動を始め、山口に戻ってからもそのゆるやかなつながりをもっている。

　ナバラでは、農家民宿や田舎別荘、農村ホテルなどが、カサ・ルーラル（田舎の家）と総称されていて、補助金制度による推進体制を立ち上げて、20年目の2005年は、500軒を越える盛況となっている。当初からこの動きを推進してきたハビエル・ブリエバさんは、前年私どもの案内をしてくださったのだが、今回も受け入れ準備で全面的なお世話になった。

　11名の内訳は、山口県の農業と農的な暮らしを牽引するパワフルな女性6人と、山口市で「徳地づくり達人塾」という地域活性化のための活動を山口県立大学がからんで立ちあげたご縁で、3人の男性とこの報告を書いている大学教員の私ども2人という構成である。民間訪問団としての全体のスケジュールが終わったあと、徳地作り達人塾の5人はさらに3泊して、農家民宿体験を

深めた。以下ではそれぞれグリーン会短期・グリーン会長期と記す。短期は、2006年5月17日〜24日、長期は5月17日から27日の旅である。

　ここでは、その旅のごくあらましの記録と、前章ではあまり深く触れられなかった、廃村に移り住んで自然素材の健康住宅づくりによる農家民宿の開業をめざしている一家のスローライフを紹介しよう。

２．10日間のグリーンツーリズム訪問日記

　2006年5月17日　朝4時集合、福岡・関西・ロンドン経由でマドリッド着。
　18日　現代美術館でピカソのゲルニカなどを鑑賞後、バスでナバラ自治州へ。グリーン会のメンバーは、自分たちの農家レストランに生かそうと、食堂での昼食の写真を多数とった。
　19日　パンプローナ近郊の農家民宿を2軒訪問。昨年もお世話になった農業局職員のハビエル・ブリエバさんと、ナバラ自治州文化・観光局の担当者2人の合計3人が案内をして下さった。
　1軒目は、パンプローナの北西郊外のイスクエ（Izcue/Izkue、地名は、スペイン語／バスク語で表記）村でバラ栽培をするロレチェア（Loretxea）農家民宿で、この名前は、バスク語で「花の家」という意味である。バラの花を摘み、美しく香りがよいドライフラワーをお土産にいただいた。すぐ近くのエチャリ（Echarri/Etxarri）村のセライ（Zelai）農家民宿も訪ね、有機栽培のつぶら

図3-46　ナバラの農家民宿の開拓者たち（左端がハビエル・ブリエバ氏）

図3-47　ナバラ州作成の観光用資料をいただく

な真っ赤に熟したサクランボを木からもいで食べ放題という貴重な体験をさせていただいた。山口県立大学からの留学生で、農家民宿を卒論に取り上げたいという梶山亜衣さんもゆかた姿で参加した（図3-46参照）。

そのあと、旧市街区にあるパンプローナ市役所を表敬訪問し、昼は、パンプローナ市の招待で旧市街区内のホテル・マイソナベでナバラ自治州の観光大臣に迎えられ、ごちそうになった。同席した大臣には私たちが書いた去年のナバラ滞在の報告書を手渡すことができ、お世話になったお礼をふくめて色々な意見交換ができた。みんなで折り紙を披露したりして楽しくすごした。

午後はオリテ城を訪問し、夕食にはワイン醸造所でのナバラ自治州による歓迎パーティーという盛りだくさんの日程になった。

20日　第九を歌うメンバー以外は、貸し切りバスでグリーンな1日を過ごした。

まず、ハビエル城まで車で20分ぐらいのイスコ風車公園を訪ねた。49基の発電風車があり、コントロール室が、古い民家の形で造られ、実際に台所もベッドルームもあるところに、ナバラの人たちのおしゃれ心が発揮されている。昨年もお世話になった案内役のアイバール村再生エネルギー教室のモンツェ・ゲレッロさんと知事を引き合わせた。二井知事は、「前にも一度来たことがありますが、たいへん重要なとりくみだと思います。ナバラの人たちの環境への思いと努力に感銘を受けています」と言われた。

ナバラの風車を山口にというのが、県庁からのご一行の胸に浮かんだ着想のようであった。日本では風車を建てる際に地元と問題が起きる例が最近あるが、ドイツでは、風車にとっての好条件のところと、渡り鳥などの自然にとって悪条件のところの2種類の地図をつくって、それが矛盾しないところを住民とNGOと行政で相談して風車を建てていくという方式をとっているそうだ。みならいたいところである。

風車公園をあとに自然の驚異・動植物の宝庫であるアルバユンの峡谷を経て、ピレネー山地の谷間にある美しい村オチャガビア（Ochagavía/Otsagabia）とロンカル（Roncal/Erronkari）を訪れた。オチャガビアでは、華やかで勇壮な伝統の舞踊で歓迎され、地元の人々といっしょに観覧した。

この夜、グリーン会の11人は、他のメンバーの羨望の眼差しを受けながら、

オチャガビア村に残り、1軒の農家民宿に宿泊した。その晩は、村の教会のおごそかなミサに出席し、そのあと樽からのリンゴ酒が飲める食堂にでかけ、地元特産の料理を自分たちで注文していただいた。隣のテーブルは婚約した2人とその両親、家族、友人が集まったお祝いの席になっていて、私たちもお祝いの言葉を述べて喜ばれた。

21日　朝はオチャガビアの村はずれの石畳道をゆっくり散策し、道ばたの花を見たり摘んだりしたあと、予約してあったマイクロバスに乗りこんでハビエル城まで移動し、メンバーと合流して改修が終わったハビエル城を見学し、記念文化セレモニーや、第九ジョイントコンサート、日本舞踊の奉納に参加した。そして城内での立食パーティーではハビエル村の村長さんとお話しをした。これがナバラでの最後の公式行事であった。

図 3-48　ブドウ畑にたつ山口の農家の女性たち

図 3-49　イスコ風車公園にて訪問団一行

図 3-50　大風車群の制御室にはパソコンが2台あるだけ

図 3-51　勇壮なバスクの伝統芸能を見せていただく（オチャガビア村）

　パンプローナのホテルにもどってグリーン会全員ですごす最後の夜は、グリーン会の全体としての反省会をして意見を出し合った。山口県のグリーンツーリズムの方向を考える上で貴重な意見が多く出た。

　22日　短期の6人は、バルセロナで一泊して、往路と同じ経由で帰国の途に着いた（24日山口着）。

　長期の5人は、レンタカーを借りてパンプローナを北に向かい、ベルティツのお殿様の荘園であったブナやカシの森を歩き、森の中で昼寝をした。こんな旅のひとときには心がひらかれていく。夕方、ナバラの農家民宿の草分けであり、リーダーでもある、フランス国境付近のウルスカ農家民宿を再訪した。シーズンオフで泊まり客は私たち5人だけだった。メンバー手作りの竹とんぼをオーナーのお孫さん二人にプレゼントした。両手に挟んですべらせて飛ばすのだがなかなか難しく、飛んだときには歓声がわいた。子どもたちは外に出ておじいちゃん（オーナーの夫）と練習していた。

　夕食は自宅の野菜を摘んだサラダで始まった。「この旅の中で一番おいしいサラダ」というのがご一緒した3人の男性の感想だった。次いでポタージュ、子羊肉のステーキとフラ

図 3-52　民宿から見たオチャガビア村の風景

図 3-53　オチャガビアのリンゴ酒レストランでの
　　　　夕食

図 3-54　オチャガビアの朝食風景

図 3-55　ウルスカ民宿遠景

図 3-56　インターネットでヨーロッパ中から予約
　　　　が入るウルスカ民宿

イドポテトに地元の赤ワインとパン。快くおいしくいただいていると、デザートはいかが？と。果物の取り合わせ、プリン、ナバラ名産のクゥハダというヨーグルトのような食べ物から選ぶものだった。

　23日　朝起きると薪ストーブが焚かれるほど寒く、外は深い霧雨だった。春のブナ林を散策する予定だったが、あきらめて下山した。低地は雨はなくその日はピレネー山脈を越えてフランス側のサンジャンピエドポールの町へ行き、田舎レストランで食事。たいへん実質的で美味しく感動した。食後、車がパンクするというハプニングのため、ガレージを探して右往左往した。ふたたび国境を越えてスペインにもどり、ロンセスバジェスの谷を通って、パンプローナの北のアララツ村でエネルギー自給をめざすカーニョ・エチェア農家民宿を再訪し、宿泊した（前章参照）。

図 3-57　ウルスカ民宿の野菜サラダ

図 3-58　このスープはぶちうまいよ！

　24 日　朝食をとりながら、東洋思想である風水に配慮した健康住宅の建て方の講義を、あるじのパッチ・ゴンサレスさんから受けた。家を建てる前には、放射線と電磁波、マイクロ波の測定を行い、さらに地下の水脈があるところでは安眠しにくいので、水を探すという実習をしてくれた。水脈探し専用のL字型に曲が

図 3-59　お土産の手作り竹とんぼを飛ばす男の子

った2本の金属の棒を両手に軽く持って何も考えないで無心に歩くと、水脈に当たった所で向きを変えるというものだった。自分で歩いてみるとたしかに棒の向きが変わったので不思議だった。

　パッチさんのすすめでパンプローナ市を通らないで、アンヂア山脈を越えて南下するという初めてのコースを走った。山脈の上にどこまで走っても平らな放牧地が広がっていて驚かされる。その一角には森が自然公園として残されていることから、ほんとうはこの一帯は森だったのだということがわかり、ヒツジや山羊の草を食べる量の多さを実感した。山脈を南に降りるにつれて森が次第に乾燥し、コルクガシなどの常緑カシの森になり、麦畑が眼下に広がって、やがてパンプローナの西、去年訪れたアルギニャリツ村に到着した。

　ファン・ルイス、クリスチーナ夫妻と娘のサラさんが迎えてくれた。フアン・ルイスさんは自然住宅の建築家である。

　ルイスさんの建築へのこだわり、廃村であったアルギニャリツ村の村おこしの過程はたいへんユニークなものなので、2005 年の滞在経験を含めて、この次の節で紹介する。

　夕方にはパンプローナに戻り、夜はパンプローナ旧市街の有名なバル「バセリア」で、名物のおつまみピンチョスなどをつまんだ。山口県立大学からの留学生や、ナバラ州立大学から県立大へ行く予定の留学生なども参加してにぎやかな集まりになった。

　25 日　バスでパンプローナ発、バルセロナへ。15 時到着。おそい昼食は、中華料理屋で箸を使ってたのしみ、その後サグラダファミリア教会を訪ねた。

図 3-60　ウルスカ山を望む

図 3-61　森の中で食べて笑って昼寝を楽しむ

図 3-62　エネルギー自給民宿訪問

図 3-63　仲良く草をはむ馬と豚

　26日　午前中、バルセロナの中央市場を訪問。スペイン第2の都市の胃袋を支える市場の活況とそのあざやかな色合いに一同魅了された。

　バルセロナ発ロンドン・関西・福岡経由の便にのって、27日夜無事に山口に到着。旅行のアレンジをして下さった国際交流協会では、私たちの到着を明かりをつけて待っていてくださった。多くの方々のご尽力で、事故もなく旅を終えられたことを心から感謝いたします。

3．事例紹介―― 建築士ファン・ルイスさん一家がとりくむ　　スローな民宿づくり

　ファン・ルイスさんとは、ハビエル城からほど近いアイバール村で出会った。2005年の6月に開催された「自然エネルギーとグリーンツーリズム」という

セミナーの時である。まず娘さんのサラさんが私たちを日本人と知って「玄米正食（マクロビオティック）のオオサワジャパンを知らない？」と聞かれた。「オオサワジャパンなら知っているわ。パンプローナでもその食材を手に入れる事ができてとても助かっているの。豆腐とか味噌とか玄米とか。私は日本ではお米を自分で育てて玄米で食べているの」と答えると、サラさんは「私も畑仕事をするのが好き。母がつくっているの。でも今は父と家造りをしていて、ほら手が豆だらけなの」と豆で固くなった手を見せてくれる。一見きゃしゃに見える若い女性サラさんの手の豆に、私は自分たちの生き方と近いものを感じて話しがはずんだ。

それは自然エネルギーの勉強会の一環として、有機ワインの酒蔵での試飲会が行われた時だった。大きな試飲用のワイングラスに深い赤紫色のワインが注がれた。ボルドーにひけをとらない深みがある味わいで、お値段はずっとお得というナバラワインである。小さい酒蔵だがレベルの高いワインを造っている。これは去年のもの、こっちは……、と次々と樽を巡って飲ませてくれた。試飲の仕方もあらかじめ専門家にしっかり教えてもらった。

サラさんは、「私今日は飲めないの。父の運転手で来ているから」という。サラさんの父ファン・ルイスさんは健康住宅・自然住宅の建築士としてこの集まりに参加していた。「ねえ、家に遊びに来て。パンプローナからそんなに遠くない山の中よ。歓迎するわ。父も母もきっと喜ぶわ」「そんなこと言うと、私たちは本当に行くわよ」「ええ、来て来て」

この約束は2か月後、遊地が右ハンドルの車を自分で運転できるようになって果たされた。地図をたよりに探してみれば、サラさんの住むアルギニャリツ村は、山の中の孤立した集落でバス路線もないところだったからだ。

ファン・ルイスさんは建築士としてパンプローナで活躍してきた人である。インドが大好きで、家族で毎年のように出かけているという。髪を伸ばし髭を蓄え、日焼けしていて風貌もなにかインド化している。アパートを売り、建築事務所をたたみ、そのお金で、パンプローナから車で30分ほどのアルギニャリツという小さい村に移り住んだのだ。

「10年前ここは廃村だったんだ。13世紀ぐらいにできた古い教会があったりして歴史もあるここを廃村にするのはもったいない、なんとかしたい、と州政

府から言われて私たち一家がまずここに移り住んだ。その時は電気もなくて、ほらあそこにある小さい風車の風力発電なんかで電気をまかなった。人が増えて定年で帰ってくる人も出はじめて、今は電気も来ているけれどね」とファン・ルイスさん。

「わあ、たいへんだったんですね、日本でも廃村になった所に住み始めて、今ではすてきな村になっている所があります。私たちの友だちもそこに住んでいますよ」と、屋久島の白川山（しらこやま）や、山口県阿武町でいま進められている「あったか村」づくりを思い出して話す。「日本でもそんなことがあるんだね」と互いに近いものを感じた。「それに、ぽつんと孤立している山の中だけど、パンプローナから車で30分でしょう。私たちも山口市の中心から30分の山の中に住んでいます」。

山の斜面に南向きに家が数軒建っている。他の家の庭先を通り抜けるのが近道で、一番下の家がファン・ルイスさんの家だ。「古い家を私が改装した家なんだ。化学物質なんかの危ないものは使わずに、またエネルギーもできるだけ自然のものを利用できるように工夫したんだよ」と説明された。入り口は天井も窓もガラスのサン・ルームになっていて、夏はよしずをかけて涼しく、冬は日だまりであたたかいしかけである。中にはいると奥さんのクリスチーナさんが「ちょうど、お料理をするところなの。いっしょにご飯食べない？」とさそってくださった。献立は野菜たっぷりの玄米のチャーハンだ。オリーブ油で野菜を炒め、炊いてあった玄米のご飯を入れ、醤油で味付けをした。付け合わせは生のキュウリ。肉食をしない、魚は食べる、というベジタリアンの一家である。天井からはローリエやセージ、ローズマリーなどのハーブが下がっている。「私どもも山口ではもう15年ぐらいずっと田んぼを耕して、そこでとれる無農薬の玄米を食べていますよ」。クリスチーナさんはパンプローナに住んでいるときは玄米正食の自然食品店を経営していたのだそうだ。ご飯のあとで案内された倉庫にはゴマやごま油、葛粉、醤油、味噌、すり鉢、すりこぎ、などが置いてあって、今でも仲間でわけるために、醤油は一斗缶で仕入れていると聞いた。

「お茶を飲まない？バンチャをいれてくださらない？」とクリスチーナさん。出てきたものは私も日本で飲んでいる日本製の三年番茶だった。お湯をたっぷ

り沸かして土瓶に番茶を入れた。スペインの田舎で番茶を入れるなんて、思ってもみないことだった。

「家の中を案内しよう」とファン・ルイスさん。彼の手作りの家だ。家はプラスチックを使わず、木と石とレンガと漆喰からなっている。柱や家具に木がふんだんに使ってあり、天井を見上げると日本のわが家にそっくりである。二階に上がってわかったのだが、我が家の力天井と同じ構造になっていて、二階の床が一階の天井になっているのだ。

入ってすぐの居間と台所、壁を隔てた奥の仕事場との間の壁に薪ストーブがはめこんである。一つのストーブの火が3つの部屋から見えるようになっている不思議な薪ストーブで、しかもこれは料理用ストーブをかねているという優れものである。ストーブの熱が壁の中を通って循環し、それが厚い壁全体をあたためて、わずかの燃料でも芯からあたたかいという仕掛けになっている。大

図3-64　廃村から復活したアルギニャリツ村

図3-65　馬に水をやる建築家のファン・ルイスさん

図3-66　薪の壁暖房の家は暖かい

図3-67　冬に備えて薪を積むクリスチーナさんと

量の薪が必要な我が家からみればうらやましいようなシステムである。

　台所は棚がたくさん作りつけてあって、棚に扉はなく、カーテンで被ってある。篭に皿や道具を入れて棚に並べて整理した簡素なものである。壁にはカラフルなタイルを使っていてかわいらしいアクセントになっている。

　居間は木の机と椅子があって食事などをとる空間と、大きな古い梁をそのまま再利用してソファのようにした、くつろぎの空間からなっていて、天井からブランコのような椅子が下がっている。奥は染め織りや縫い物をする作業室になっていて、サラとお姉さんの二人の娘の作品が並んでいる。突き当たりは書斎で建築士ファン・ルイスさんの仕事場である。居間の壁にそって階段があって吹き抜けになっている。2階はそれぞれの個室兼寝室がある、といってもベッドではなくマットレスを置いただけのすっきりとしたものである。トイレ兼シャワー室もある。扉は重厚な木でつくってある。ブラインドに竹が使ってありすだれのようである。藤の椅子や篭があるのは、インド好きだからかもしれない。

　家の周りには庭があり、果樹と野菜が少しずついろいろつくってあった。「屋根に降る雨を溜めてそれを畑の水やりに使います。今年（2005年の夏）は干魃で野菜はあまりできなかったの」とちょっと恥ずかしそうにクリスチーナさんが言う。家の周りの木々の木陰にはハンモックが吊ってあり、ここで昼寝するのは贅沢な楽しみのように見える。ハーブも石組んだ庭に植えてあり「そこはサラが手入れしているの」とクリスチーナさんが言う。タイムが花をつけていた。ここの乾燥気候ではハーブがよく育つし、昼寝の時に蚊も少ないようであった。

　「馬を見せよう」とファン・ルイスさん。家の下の斜面に柵がしてあり、呼ぶと馬の親子が駆けてきた。水が入ったバケツを持つルイスさんの後をついていくと馬がやって来た。餌と水の容器が置いてあって、みわたすと干魃で草はほとんど枯れている。「ここは水が手に入りにくいというから、馬たちも世話をする人も大変そうですね」というと、「もっと水が足らないようなときには政府が給水車で水を届けてくれ、村の給水タンクにためておくシステムになっているので、水道が止まることはないのです」という返事だった。

　ルイスさんは、この村でもう1軒の家の改装を手がけている。サラが手に豆

をつくっているというあの家だ。完成すればサラが住んで農家民宿としてオープンする予定だという。見に行くと、古い家を 100 万円ほどで買い取って、半ば解体し改装中だった。窓を広くし、屋根を上げて屋根裏を居住空間にし、断熱材として日本ならプラスチック製品を使うところにコルクの板を入れ、屋根の下のルーフィング材も、アスファルト引きのシートではなく、通気性のあるゴアテックス風のものを使っている。健康に配慮した住宅として建築士のルイスさんの知恵と工夫を凝らしていることに感心する。しかしまた、石を積み上げていく構造に、地震のない国の家づくりだなあと驚かされたのだった。

　2005 年 9 月、日本への帰国の準備に忙しい朝、新聞でファン・ルイスさんの住むアルギニャリツ村が山火事の被害にあったことを知った。驚いて電話すると「もうだいじょうぶ、みんな無事だったよ。一時は煙が充満したので、馬を連れて避難したよ」という返事だった。それどころか「いま健康住宅づくりのセミナーが始まっているからぜひ見にいらっしゃい。サラも会いたがっている」というおさそいが返ってきた。

　時間をひねり出し、引っ越しで残った日本食材や道具、健康食品などを引き受けてもらおうと、火事見舞いを兼ねて出かけることにした。

　電話をしてから車を飛ばすと黒く焼けこげた山々が目に飛び込んできた。でもルイスさんたちの集落までは火が届かず消し止めることができたようだ。「みてごらん、マツ林の所がまるで飛び火するように焼けたよ」とルイスさん。確かにマツ林の部分が黒くパッチ状に焼けてカシ林の部分は残っていた。火は南の方向から伸びて来て、集落のすぐ下のマツ林まで及んでいた。

　「いいところに来たわ、手伝って。今からセミナーの人たちの食事なの」とクリスチーナさん。家でつくった料理を、公民館のようなセミナー会場まで運ぶところだった。料理や水が入った包みをかかえて会場に着くと、ルイスさんが帰ってきて食事が始まった。自然住宅建築の理論と、今手がけている農家民宿の建築現場での実習、さらに近所のプエンテラレイナ（女王の橋）という巡礼の要所の町並みに出かけての古建築の勉強など、もりだくさんな内容に加えて、クリスチーナさんの手作りの自然食の食事がセットになったセミナーなのだ。定員は 8 人だが、このときは家を建てたいと希望する女性 2 人が受講生だった。それでも赤字にはならない値段設定で、5 日で一人 4 万円程度というこ

とである。

　お料理は完熟トマトの薄切りに塩とオリーブ油、タマネギとハーブを散らした前菜から始まった。全粒粉のパンと赤ワイン。主菜はズッキーニ、ピーマン、ジャガイモなど夏野菜のグラタンでチーズとオリーブ油がたっぷりだ。デザートは大きなプリンである。ここで私たちは和菓子を出し、貴子が抹茶を点てた。クリスチーナさんに茶筅と無農薬栽培の抹茶をプレゼントしようと持ってきていたのだった。

　お抹茶のふっくらとたった緑の泡、茶筅の竹を使った繊細な細工、砂糖は加えず甘くなくむしろ苦いお茶であること。日本の伝統文化と自然食が話題になった。ルイスさんのお話を聞いていて、山口県産材で建てた私どもの在来工法の家の考え方や匠の技と、ルイスさんがセミナーで教えているスペインの健康住宅の考え方や技術がそう遠くないものだと思われた。

　さらに、自然住宅づくりや村作り、安心安全な食材を使ったおいしい食事を通した環境学習というアイデアは、あったか村や、県立大学の地域連携授業で生かせるな、と感じた。（その結果、2006年度は、あったか村の村づくりのメンバーを中心に、山口県立大学の環境問題という授業で、健康な住宅づくり村づくりのお話を地域の人たちが主体になって話す、という企画が実現している。）

　こうしてスペインからの出発の前日に2回目の訪問をした私たちは、ここを再び訪ねようと心に決め約束をして帰った。その約束を果たすために、2006年の旅でグリーンツーリズムの交流をする班として、5月22日に本隊が帰国するのを見送って、残った5人でアルギニャリッ村を訪ねる計画をたてたのである。

　ナバラ自治州の道を車で運転して動き回るのはかなり大変だった。慣れない右側通行の上に、道を曲がるのに信号ではなく、ロトンダという円形の道を回りながら目的の道路に入るのだ。スペイン語の道路標識を読むのに時間がかかるのに、走りながら曲がるとき目的の道路がどれなのかを瞬時に判断しなければならない。

　廃村の歴史をもつほどに、人里離れた所にあるアルギニャリッツ村への道はわかりにくく、道に迷いながらもなんとか到着した。今は5月、去年の9月と

図 3-68　太陽エネルギーの活用

図 3-69　外の手洗いがかわいい

は変わって畑には青々とした野菜が育ち、サクランボが稔っていた。子猫が生まれていたこともなんだか春を感じさせた。

　お願いしてあった昼ご飯を一緒に食べた。ベジタリアンの献立だ。大きめのかりっとしたクルトンが入ったスープ、そして庭の野菜のグリーン・サラダはもちろんオリーブ油た

図 3-70　暖かい雰囲気の台所

っぷりである。次に出てきたメインの料理は肉入りパイにも似ているが聞くと、大豆タンパクで造った素材を使っているということであった。そしてデザートは手作りケーキとお茶。緑色のミントが映える。

　食事のあとは庭に出て子猫と遊び、サクランボをもいで食べた。「どんどん食べて。鳥と競争なんだから」とはげまされた。そのあとサラたちが建てている民宿を見に行った。9か月前から見ると屋根がはられ、内部の整備もはじまっている。きれいな絵が描かれたタイルがつんである部屋の片隅でサラが、「このタイルを割ってちょうだい」、「えっ！こんなにきれいなタイルを壊しちゃうの？」、「そうよ」。実は風呂やトイレの壁にサラはタイルをモザイクで埋め込んで「世界でたった一つのトイレ」をデザインしているところだったのだ。わけがわかった私たちはひとりずつ金槌をにぎってタイルを割ることになる。とはいえ絵が描かれたタイルを割るのはかなり抵抗を感じた。それにしてもこの

図 3-71　昼食に招かれました

図 3-72　食事はベジテリアン

図 3-73　昼寝することを勧められた

図 3-74　廃屋を 4 年かけて改築して民宿をつくる

図 3-75　古くても生かせるものは極力生かす

図 3-76　民宿の台所に張るタイルを割るお手伝い

図 3-77　サラさんの家の完成まであと 2 年

図 3-78　巡礼の要所プエンテラレイナ（女王様の橋）

民宿ができあがったら、その眺めは、カシやマツの木々に覆われた山並みの、遠く向こうにプエンテラレイナの町並みを望む雄大なものになりそうだ。

コラム3

リオハワインの故郷を訪ねて

安渓貴子

「持続可能な観光」という催しで一日飲み歩き

　ナバラ自治州に滞在をはじめて二月目の、2005年6月に、「持続可能なエネルギーを持続可能な観光に生かすために」という催しがハビエル村に近いサングウエサであった。ようやく少しスペイン語が話せるかなという頃だったが、参加してみた。Ecoagroturismo という表示があった。ナバラの多様な自然エネルギーの講義や、具体的な発電の仕組みの展示、自然エネルギーの開発がめざましい一方で、省エネがなかなか進まないという問題点が挙げられた。農家民宿・農家ホテルについてEUの新しい基準の説明があった。そのあとワインの試飲教室、郷土料理の食事、町並み探訪と続くプログラムであった。

　講義に続いてカタと呼ばれる、ワイン試飲の仕方を学んだ。多種類の有機ワインが提供されていて、その評価を実際にチェック形式でしたのだが、参加者は、私や夫と同じくワインの試飲に関しては素人が多いようにみうけられた。

　町並み訪問では、ローマ時代に造られた水道を見て、ここが実際ローマの支配下にあったのだと実感した。小山の上に建てられた教会を中心にお城のようになった古い町並みを歩いて上がり、その町並みの伝統的な構造や美しさを建築家の説明を聞きながら味わったり、昔ながらにオリーブ油を絞る家、昔風のパンを焼く家、コウノトリが巣をかける古い町並みのなかでのエネルギー自給の色々な試みを見学したりした。後半は、有機農家による有機ワインの酒蔵を訪問し、有機ブドウで醸造した自慢のワインが披露され、教わったばかりの流儀でワインを次々に試飲させていただいた。スペインでも「有機ワイン」はまだまだ少ないのだという。

　昼食の時間に、参加した人たちと話をしてみると、さすがに再生可能性を中心にすえたワークショップだけあって、地球の未来についてこだわりの強い人が多いのが印象に残った。盛りだくさんの1日が終わる頃には、たくさんの友だちができていた。次に訪問したい農家民宿の人とも友だちになった。そしてコーディネーターのモンツェさんとも親しくなって、自然エネルギーについての資料やデータをいただいたりした。

「口で受け止める」飲酒文化

　昼食から夕食までずっと半日ワインを飲み歩いたあと、同じ宿に泊まる仲間でバルに疲れ直しに行った。こんどは、ビールを飲むのである。蓋がついたフラスコに細い口がついたもの、いわば急須の注ぎ口が長く伸びた形のものにビールを入れて、片手を高く挙げて、注ぎ口から出てくる細いビールの流れを、口を開いて空中で受け止めるという飲み方で、自分で注いで自分で飲むのだが、なかなか難しい。

　同じ飲み方で、「革袋」にワインを入れたものを首からかけて回しのみする姿をナバラのサン・フェルミン祭でしばしば見た。飲むときには袋を絞るようにして細い流れをつくり、器用に口で受けて飲む。小さ目の革袋をおみやげとしていただいたことがある。

　さらに、りんご酒でも似た飲み方を見た。ナバラ自治州北部のオチャガビアという町の農家民宿に泊まった時に、近くのレストランで食事をした（第6章参照）。一人300円ほどの追加料金を払うと、りんご酒の飲み放題が付いていて、壁にはめ込まれた大樽の形の容器の栓をひねると、人の背丈ほどの高さから勢いよく酒が流れ落ちる。それをジョッキで受け止めて飲むのであった。

リオハワイン最古の醸造蔵を訪ねる

　当時ナバラ州立大学副学長であったイリアルテ先生は、私がアフリカの地酒の研究者であることを知り、ボデガと呼ばれるワインの醸造蔵へ私たちを連れて行ってドさった。

「ナバラのワインもおいしいけれど、今日はラ・リオハに連れて行ってあげよう。」そう言って、大学が夏休みにはいった8月上旬に、先生ご夫妻で案内してくださった。

　スペインのワインの歴史をひもとくと、ヨーロッパのワインの歴史にさかのぼる。紀元前4000年ごろの古代エジプトの壁画にブドウを絞るワイン造りの場面があり、紀元前5000年紀の新石器時代、ギリシャ北部の焼けた家の遺跡からは、ブドウの種子と皮の堆積物が発掘され、ブドウの果汁をしぼっていたことの証拠とされた（Valamoti他、2007: 54-61）。気候が温暖なイベリア半島南部のワインづくりも、フランスなどよりはるかに古く、フェニキア人、ギリシャ人、ローマ人の時代を通じて愛飲された。イベリア半島で、飲酒を禁ずるイスラムが支配的であった時代を生き延びて、現在の栽培面積では世界最大、生産量でもイタリア、フランスに次いで世界第3位の位置をしめるワイン生産大国スペインとなったのである（遠藤、1992: 82）。

　そして、スペインのワインでも最高峰に位置するとされるのが、ナバラに隣接するラ・リオハ自治州のワインなのである。

石切場の跡地を利用した醸造蔵

　トンドニアという名前のその酒蔵は、レンガ造りの背の高い建物で、あらかじめお願いしてあったらしく、入り口で若い女性のマリアさんがにこやかに私たちを迎えて、案内をして下さった。インターネットで調べたら、オーナーの娘さんのようだ（ボデガ Tondonia のサイト）。規模の大きい、古い歴史をもつ酒蔵で、入り口の部屋は小さい展示場になっていて、ここでこの酒蔵の歴史を聞いた。

　ここは、川に面した石切場の跡地を利用していて、岩盤に空けられた空間がワインの熟成に理想的な環境を一年中保っている、というので造られたものだった。1877年に、アロ（Haro）村の現在地で創業し、以後一族で引き継いできたという。伝統的な醸造法を大切にしつつ、大きな酒蔵として維持されている努力と歴史に裏付けられて、何十年ものという超高級ワインを世界中に輸出している蔵でもある。日本人がバブル経済に浮かれていたころの名残か、りっ

図 3-79　石切場跡がワイン貯蔵庫

ぱな色刷りの日本語カタログをいただいた。

　天井が高い大きな醸造の部屋に入ると、高さ5mもあろうかという大きな樽がずらりと並んでいる。手前にはブドウの果実に圧力をかけて果汁を搾る装置が置いてある。あと2ヵ月もしたら熟れたブドウが持ち込まれる。そのときはここはどんなにか賑わうことだろう。近くには、昔の、もっと小型の圧搾機も置いてあった。

　絞ったブドウの果汁はまず大樽に満たされそこで第一段階の発酵がすすむ。昨年絞ったものが入っている大樽に上がってみませんか、とマリアさんから声がかかる。足がすくみそうな樽の上にあがってみると蓋があって、そっと空けると樽のなかで発酵する赤紫色のワインを見ることができた。

　大樽での発酵が終わると、ワインは中樽に移されて、石切場跡地の貯蔵庫へ移される。

　奥の貯蔵庫にはいると、確かに涼しい。設置されている温度計を見ると16.5℃を示していた。暗くて長いトンネルのような通路が路地のように続き、その両側に樽を寝せたものが壁状に積み上げられている。樽には記号が記され、いつのどのようなワインなのかが示してある。真新しい樽も並んでいる。その奥へと通路を進むと、所々に部屋があって、それぞれの年代のワインが瓶に詰めて保存されていた。これは30年もの、こちらは50年もの、などと説明される高級ワインのどの棚にも、厚く埃が積もっており、ところどころクモの巣がかかって、クモの巣にもうっすらと埃がのっていた。通路は時に折れ曲がって進み、いくつもの部屋を巡って奥へ奥へと入っていく。

穴蔵のなかでワインの試飲

　やがて、大きな金属の扉の前に出た。マリアさんが閂の鍵を開けると、中は広い部屋になっていた。そこには小さな電灯がともっていたが、目が慣れるま

では薄暗く、クモの巣のはった部屋の大きさは見当もつかないほどだった。魔女の館のような空間の真ん中に、ワイン樽を足にした大きな丸い机があり、その上に大きなワイングラスがたくさんきらめいている。薄切りにしたパンと生ハムがそれぞれ大皿に並べてあるのが不意打ちだった。こんな穴蔵の奥で飲んだり食べ

図3-80　貯蔵庫の奥でワインの試飲

たりできるとはまったく予想していなかったから。

　目が慣れてくると、部屋の壁際は天井まで届くほどの棚になっていて、ワインの瓶が寝せて積まれていた。壁際の一部が机になっていて、新しいワインの瓶が立てて並んでいる。ボデガのラベルが貼ってあり、赤も白もロゼもある。埃をかぶったワインの瓶も並んでいた。

　「さあ試飲をしてみましょう」とマリアさんは言って栓を抜き、大きな試飲用のワイングラスに赤ワインが注がれた。ラベルを見ると1981年産。24年間ここで寝かせたものであった。赤い色が透き通って美しい。グラスの側面には、グリセリンを含むワインの"足"が幾本も降りている。そっと口に含むと、以前パリに住んでいた時「これはおいしいよ」と言われて味わったやや高級なボルドーワインの味と香りを思い起こさせた。「ボルドーに似ている」と夫に言うと、「僕もそう思う」という返事である。スペインの主なブドウ品種は、テンプラニーリョだというが、私たちにはピレネー山脈の南と北で、やや似通った味わいが感じられたのだった。ここで売られている超高級ワインほどでなくても、ボルドーに負けない実力をもったワインが、ずいぶんお買い得なのが、ナバラやリオハのワインの楽しみである。生ハムを贅沢にパンにのせていただきながら、白ワインも味わった。私たちは赤ワインが気に入って、帰りに私たちでも手の届くお値段のものを購入した。

大樽も自前で造る

　すっかり満足して、ふたたび暗い通路をたどって入り口の広い作業場に戻った。ここで酒樽の修理をしているのを通りがかりに見たので、樽造りを見たい、とお願いした。なんと新しい樽を造るところからやって見せてくださった。日本も日本酒や醤油の醸造に大小の樽を使ってきたが、金属やプラスチックの登場で、今では樽をつくる技術者がほとんどいなくなってしまった。使っている現役の樽の修理をするにも、樽のくれ板をまとめている竹製の「箍（たが）」が造れないから修理もできない、と聞かされていた。しかし、このボデガでは樽作りの専門家がいて、今も樽を造っているし、修理もしている。樽造りの道具が壁いっぱいに整理されておかれている。

　物作りの現場を見るのが大好きな私たちは、うれしくなって思わず詳しく見たり尋ねたりした。聞けば、スペインでも樽作りの技術は先細りなのだという。「ブドウ酒造りの工房で、樽の製造までやっているのは、スペイン広しと言えど、今ではうち1軒だけです」という。材料の樫材は、スペイン産ではなく、北アメリカのアパラチア山脈のものを輸入しているということだった。ここなら、一日でも飽きずに見ていられると思いながら、後ろ髪を引かれる思いであつくお礼を言って、次の部屋へ移動して、壜詰めのワインの栓を、

図3-81　樽づくりの道具の数々

図3-82　古いワイン樽の修理のようす

地中海気候に生育するドングリが成るカシの仲間「コルクガシ」の樹皮からつくるようすを見た。コルク栓とコルクスクリュー、カシの木から剥がした樹皮の実物展示と、コルクガシのドングリが展示してあった。コルクガシの樹皮そのものを私は初めて見た。

　そもそも日本の中世以降、とくに江戸時代に日本酒造りが盛んになったのは、杉板から樽を造る技術が広まり、一方で吉野杉などの杉の造林が定着し、樽に使う間伐材を定期的に供給できるようになって、酒を大量に醸造できるようになったという背景がある。それまでは酒は壺や甕で造られていたのだから大量には醸造できなかった。吉野杉と京都・大阪の酒造りの展開が良い例である。このように造林と酒樽造りは手を携えて発達したのだった。醤油や味噌も同様である。林業と手工業がともに磨き合って作り上げたその一連の技術と、世界遺産などと持ち上げられる和食の食文化の、その一番の基礎の部分が朽ちようとしていることが気になるのである。

第 4 部
交流から創造へ

第7章
日本とスペインの新たな交流へ向けて

Ｉ　山口県立大学とナバラ州立大学の学生交流・学術交流

溝手朝子

1．国際学術交流の稼働に向けて―体制づくりと学生のムーブメント喚起

　ナバラ州立大学食品工学科のマテ先生に初めてお目にかかったのは、2013年10月にナバラ州立大学を訪ねた時のことである。2013年は山口県立大学とナバラ州立大学が姉妹提携をして10周年に当たる年であった。ナバラ州立大学には食品工学科があり、山口県立大学には栄養学科があるということで、ナバラ州立大学からは、学部長 Prof. Paloma Torre Hamández, 食品工学科学科長 Prof. Juan Ignacio Mate Caballero が、山口県立大学からは、栄養学科長の溝手朝子と前年度6か月間留学した看護学科の大田友子先生（彼女はスペイン語が堪能であったので、通訳をしていただいた）であった。

　協議内容は、まず、両学科の関わり方について話し合った。ナバラ州立大学には、栄養士・管理栄養士養成の課程はなく、スペインでは日本の管理栄養士が担っている臨床栄養の領域は、薬学部で養成している、ということだった。しかし、食品と健康については大いに関心があり、お互いの長所を活かした連携を取りたいと思っている、との回答が得られた。共同研究の可能性については、ナバラ州立大学食品工学科の得意とする領域は、食品生産に係る技術開発である。山口県立大学栄養学科は、人を対象とした健康管理や栄養状態の評価などを得意とする。両学科が補完的にうまく融合できれば、発展的な共同研究が可能になるかもしれない。

　とはいえ、ナバラ州立大学の食品工学科から山口県立大学の栄養学科を訪れ

た人はおらず、栄養学科からも適切な期間、ナバラ州立大学に滞在したものはいない状況であった。そこで、以下の4つの提案をした。1）教員の短期研修（2〜3か月）の実施により、両大学の教員が相互に現地研修し、具体化していこう。2）化学分析、効果の検証、食味・官能検査、市場調査・販路調査等をおこない、山口・ナバラのコラボを検討しよう。3）共同研究については、具体化後は e-mail でおこなう。4）交換留学生の可能性を探ろう。

　ナバラ州立大学側は、英語のインテンシブクラスは8月3週間、スペイン語は1月と8月に、1週間、3週間のコースを開講している。また、ナバラ州立大学では修士の学生は1年間海外で研究をして修士論文を書くことになっているため、共同研究を展開していく中で修士の学生を派遣することを前向きに考えている。山口県立大学の学部学生の受け入れも可能、共同研究の一環としての専門研究であれば時期はいつでも構わない。ということで、山口県立大学の学生の受け入れも可能性が高まった。

　帰国後、本学栄養学科の実現化に向けた体制作りの提案をした。まずは、スペインやナバラのことを知らなければ、何も進まないと思い、教員のコアメンバー（3〜4名）と関心のある学生で『山口・ナバラコラボ広場（仮）』を設置し、栄養学科の課外活動として、ナバラの特産、健康状態等を把握することにした。次の年度より教員交流、研究の具体化に向けた話し合いの開始を目指そうということで、学科の協力が得られた。一歩前進である。

　2014年、山口県立大学の栄養学科教員の加藤元士先生を3か月派遣し、現地調査をしてもらうことになった。彼の使命は、1）教育環境調査：研究室内は英語、一般生活はスペイン語であることから、用意されている語学プログラムがランゲージギャップに対応できる語学プログラムであるかどうかの検証。2）生活環境調査：栄養学科の学生が交換留学で現地に赴くとして、必修が多いため長くて2〜3か月である。これに対し、気候・風土等、短期間で順応できるかどうかの検証。3）共同研究のテーマの具体化：先方は食品の加工・製造を得意とし、本学は健康影響の実験的・統計的解析を得意としている、これらを融合させ、それぞれの地域の活性化を視野に入れた学際的共同研究として合意が得られるように詳細を調整し、主として実施する領域分担を行う。4）持続可能なシステムの検討：本学の学生を毎年数か月派遣し、先方の修士の学

生を1年間受け入れできる体制を整備するために必要な課題の抽出を行う、と
いうものであった。

　現地調査に加え、同時期に栄養学科からもう一名、相互理解と学生の短期研
修プログラム開発を目的に2015年3月、内田耕一先生を派遣し、ナバラ州立
大学の食品工学科において、日本における生活習慣病をテーマに講演を行って
いただいた。

　学内では、課外活動の学生たち（立ち上げ当初の学生は、1年から3年生ま
での約80名）が中心となって、調べ学習を行ったり、スペインに対する関心
を高めたりしようと、「ナバラを食いつくそう」と銘打って、調理会や試食会
を開催した。栄養学科の学生、教員だけでなく、大学事務の方々や他学部の学
生たちも参加して、一緒にスペインやナバラの地理、歴史、特産品、生活、学
校制度、世界遺産などについて、情報を共有した。またクリスマス時期だった
こともあり、スペインのクリスマスについても、家族で過ごす大切な日である
ことを知り、日本での捉え方との違いを認識した。

　この時提供したメニューは、パエリア、スパニッシュオムレツ、イベリコ豚
の塩焼き、カタラーナ、王冠パンで、それぞれに栄養価計算したものを示し、
一人分を摂取すると1300kcalにもなることを示し、参加者に一日の3分の2
くらいの摂取エネルギーになることを伝えた。しかし、あとから知ったことだ
が、パエリアはバレンシア地方で食べられている料理であり、ナバラ地方では
あまり作らないということで、スペイン料理といえば、あの「パエリア」と思
いこんでいる日本人の間違った認識であった（本書のはしがき参照）。2013年
度は計4回の活動で、ナバラ自治州の文化や食について知識を深め、新しい活
動の仲間の開拓へと歩み始めた。

2．ナバラ州立大学からの留学生

　2014年10月、ナバラ州立大学食品工学科から大学院生のBeatriz Rodríguez
（ベア）さんが、栄養学科で修士論文の足掛かりをみつけるため、交換留学生
としてやってきた。「スペインで問題となっているのは、アレルギーと肥満で
ある」ということから議論を重ね、彼女の1週間の食事内容も記録してもらい、

日本の学生たちとの違いを洗い出しそうとした。しかし、彼女自体は、大変食に気を使っており、あまり参考にはならなかった。修論のテーマを、肥満の解消に絞り、スペインで生産量の多いアーモンドを材料とし、スペインにおける料理のエネルギー量を低減させるために、アーモンドミルクの製造法の改良に取組むことになった。栄養学科助手の清水亜依美先生と共に約 4 か月の試行錯誤の末、山口県産業技術センターの協力を得、通常では半日程度で分離してしまうアーモンドミルクを凍結乾燥させることで、長期に安定的に使用することが可能になる、という製造法を確立した。彼女は、この結果を持ち帰り、成分分析等をナバラ州立大学で行い、修士号を得ることとなった。現在は、ロンドンで活躍しているそうだ。

　一方、課外活動の学生たちは、アーモンドミルクや、搾りかすのアーモンドパルプ、アーモンドの種皮を使って、実際に料理を作り、栄養価計算を行い、通常のレシピでつくったものと比較しどれだけ摂取エネルギーを抑えられるのかを考察した。学生たちのこの取組は、『Lo-cal-o　Recipe-From the View of Food and Health Science』として出版された冊子のレシピ集に集約されている。この本は、調理や食品科学の基礎を学びながら、食習慣を中心に自らの生活習慣を見つめ、一日の献立を考え実践する、という構成になっている。栄養価計算も参考資料として掲載してあるので、活用していただければと思う。遠く地球の反対側の異国の地、スペインを想いつつ、450 年の歴史も偲びながら、食事を楽しんでは如何だろうか。

3．山口県立大学栄養学科からのプロジェクト研修の挑戦

　2015 年 9 月には、栄養学科の学生 2 名がプロジェクト研修（中期交換留学）として 2 か月間、ナバラ州立大学で講義を受け、キャンパスライフを経験することになった。ベアさんが 6 か月、ということだったので、栄養学科からは 2 〜 3 名が 2 か月滞在することは可能、ということであった。延べ日数を交換する、という法則を初めて知った。住まいは大学の寮を提供していただいた。これに応募した 2 名は、学業成績優秀で日常英語には不便を感じない力を有していたが、決して社交的で人前に出ることを得意とはしていない、人見知りの激

しい学生たちであった。

　この時、短期語学研修として、看護学科の学生4名と栄養学科の学生14名が一緒にスペインに足を踏み入れた。ほとんどの学生が海外旅行を経験したことがなく、いずれもスペインは初の経験となった。同行した教員の手助けで大勢の学生たちと、入国当初の不慣れな手続きを解決し、生活の基盤を築くことができた。山口県立大学からは、国際化推進室の職員のみなさんが、特にホルヘ・ガルエさんが、熱心に遠隔サポートをしてくれた。

　英語を母語としない二人が、ナバラ州立大学で、英語で開講される授業に挑戦した。スペインの学生とペアを組んで、市場調査に出かけたり、調べ学習をしたりと、フィールドも体験しながらの授業だったと聞いている。スペインの学生も英語があまり得意ではないらしく、お互いに意思疎通を図ろうとする過程を楽しんだようだ。帰国後、彼らは10月に受講できなかった授業の補講に追われて、ゆっくり話を聞く機会もなく、実際に遭遇した困難や、習得した事柄など、個人的に情報収集することはできなかった。ただ、その後の彼らの行動から、言葉が通じなくてもどうにかなる、そんな逞しさと共に、一歩踏み出す勇気を身につけて帰ってきたように思う。

　帰国後、山口県立大学の国際化推進室に提出された栄養学科の派遣学生たちの報告は、初めての本格的な異文化接触の驚きと喜びが溢れているが、ここでは、大学での「学び」のありかたの違いと、この経験をいかにみずからのキャリア形成にプラスのものとして育てていくかの意思表明の部分に焦点をあてて抜粋してみよう。なお、2005年から開始された山口県立大学の国際文化学部の学生のナバラ州立大学への10か月の長期留学の中で、日本の生活や、食べ物との接し方などについての気付きを含むレポートとも対比しながら、国際的な経験が少なかった栄養学科のような専門の学生にとっても、本格的な異文化接触がきわめて大切であるということを強調しておきたい。ご多忙の中、学生の受け入れに尽力してくださったナバラ州立大学の先生方、帰国前後の補講等でお骨折りくださった山口県立大学の諸先生方には、心から感謝申し上げる。短期語学研修は、2016年度も実施された。ナバラ州立大学の食品工学科に、山口県立大学栄養学科の学生がいる、そんな光景があまり違和感なく受け入れられてきたように思う。とくに2年連続で、ナバラ州立大学食品工学科と山口

県立大学栄養学科の交換留学・教員交流・共同研究を実現するための現地交渉にあたられた、共著者の大野正博氏の貢献は特筆すべきものであった。

レポート 1・アクティブな授業・アクティブな地域で受けた刺激

　　今回のプロジェクト留学では、海外の大学で行われる食品系の授業に参加し、授業の内容やスタイルを学んだり、海外での生活や一人暮らしを通したりして、コミュニケーション能力の向上を図ることをテーマに留学した。特に印象的だったのは、大学の授業に参加できたことである。今回は英語で開講されているクラスに参加させていただいたが、少人数のクラスとあってか、授業中にわからないところや質問があればその場で先生に質問したり、プレゼンテーションをする機会が多かったり、山口県立大学で行われていた授業と比較すると、もっとアクティブな授業であるなと感じた。授業内容は、栄養に関してだけではなく、農業・畜産分野であった。栄養の勉強をするにあたって、食物の背景を知る機会は少なく、この機会を通じて食物の生産場面(植物の組織培養技術や畜産物の定義や方法など)を知れたことは、食品を取り扱う仕事に就いた際にも背景にまで意識が届き、よりよい食事を提供することにつながり、知識が生かされるのではないかと感じた。……

　　実際に現地に赴いて実感・体験し、興味深いなと感じたことは、バスクとスペインの関係性である。1つとても印象に残っている質問がある。それは、初めてクラスに参加した帰りにあるスペイン人の学生に「君たち（私ともう一人のプロジェクト留学生）は何語でいつも話しているの？」と聞かれたことである。私は「日本語だよ」と当たり前のことを聞かれ戸惑いながら返事をしたのだが、彼の質問の真意としては、ナバラではスペインで公用語とされるスペイン語の他にバスクの地域からきた学生はバスク語を日常的に喋るため、「日本語ではない地域特有の言語を喋っているのか」という意味だった。実際、ナバラ州立大学内ではスペイン語で行われる授業の他に、私が参加させていただいた英語のクラスに加え、バスク語で授業が行われているクラスもある。日本では方言は存在するものの、一つの国の中に全く語源の異なった言語が存在するということはないので、興味

深く感じた。……

　（栄養学科3年女子、2015年度2か月留学後）

　この最後のくだりは、日本が単一民族・単一言語の国家であるという思い込みが大学生になっても根強いことを示している。そうした気付きを含む、国際文化学科の学生のレポートを以下に引用する。

レポート2・日本にもいる少数民族の存在に気付かされた

　……カタルーニャ州で独立選挙を行う、ちょうどその時期、私の家に、1週間ほどカタルーニャ州出身の女の子が居候することになりました。居候中に、一度大家さんが家に来ました。私の家の大家さんは、スペイン人でも疲れるくらい、本当に良く喋ります。大家さんは、その子がカタルーニャ出身だと知ると、「独立選挙についてどう思っているのか」「そのことについて賛成なのか」ということを尋ねていました。大家さんは独立反対派、しかし女の子も、カタルーニャ出身なので一歩も引かず、二人は白熱したディベートをし、決着がつかないまま大家さんは帰っていきました。女の子は大家さんが帰った後も、「¡ Madre mía!」と、相手の言い分に納得がいかない様子でした。日本ではあまり出会う機会の少ない、同じ国の中にある"民族"の違いで、国の歴史や成り立ちを感じることが出来ました。日本で民族、といえば、'アイヌ民族''琉球民族'などが思い浮かびましたが、気になり調べてみると、他にも樺太で生活している'ウィルタ民族'や、'ニヴフ(ニブヒ)民族'などがいるという事を知りました。スペインのように、一つの民族に多くの人口がいないので、スペインほど民族としての活動を活発にとりあげられることは少ないですが、今回のこの経験は、私に、日本で少数ながらも生活している'民族'にも目を向ける機会をくれた、よい体験になりました。……（国際文化学科3年女子、2014年度10か月留学の3か月目、全文は、http://ankei.jp/yuji/?n=2057）

レポート3・食と文化をとらえなおすきっかけをいただいて

　今回の学習テーマは、スペイン・ナバラ州立大学での研究内容の概要を

知り、農学や食品加工学と栄養学の繋がりを発見することである。栄養学科では、食や人の健康に関して学んでいるが、農産物や畜産物などの食の基となるものについて学ぶ機会は多いとは言えない。ゆえに、栄養学を学ぶ上で、農学分野を学ぶことで必要な知識や考え方をさらに発展させることができると考え、今回のプログラムに参加した次第である。畜産食品に関する講義ではその意義を学び、流通や加工の流れを学んだ。植物組織培養の講義では、組織培養の基礎や遺伝子組み換えについて学び、それを踏まえた上で、基礎的な植物組織培養実験を行なった。どれも学んだことのない内容であり、非常に興味深い講義であった。

　私が特に印象的だったのは、植物組織培養について学んだことである。植物の茎や芽を取り出し、それを培地で培養することで新たな植物に育てるというものである。小さな茎や芽から新たに根や葉が出るのを観察し、植物の培養を体験することができた。日本では、植物組織培養が大規模に行なわれているとは言えない。しかし、スペインではぶどうやもも、オリーブの木をはじめ、アーモンドなどの種実類を組織培養植物として大規模に製品として取り扱われていることを知った。また、遺伝子組み換えについても否定的ではないと思われた。畜産物の講義では、1つの食品について調べ学習をし、それを英語で発表する機会があった。英語で発表をするのは初めてであり、上手に発表はできなかったものの、非常に貴重な経験となった。

　今回のプログラムでは、日本で学んでいることとは違った視点で、食について考えることができた。今までは、人の健康のために何が必要でどのような食改善や治療を行なうかを考えてきたが、それだけでは一方向の視点のみで物事を見ていることに気づいた。管理栄養士として、人の健康の支えとなると同時に、食品の知識や興味をいつまでも持ち続けることが重要であると感じた。私の夢は病院の管理栄養士として働くことであるが、食品の取り扱いや安全性を常に考慮し、環境保全や食料自給率などの食の問題点についても重きを置くことを意識したい。生涯を通してあらゆる視点から自分の仕事について考え、活かしていきたい。……（栄養学科3年男子、2015年度2か月留学終了後）

　国際文化学科から長期留学した学生は、山口の田舎と深く付き合った経験を生かしてナバラで田舎をめぐるうちに、日本での食品の安全性や、とくに出身が広島ということで、あらためて自分の足下を深く考える機会をいただいた。後半は、第3章で詳しく紹介された「やまぐち図書館」が舞台である。

レポート４・自分の足下のことを何も知らなかった自分への怒り

　……「日本人は人に優しい、礼儀正しく共同意識が高い」ということはよく聞かれる話だが、今の私にはとても信じられない。少なくとも「知らない人について行ってはダメ」と子供に教え、自分の住んでいるまちにすら関心がない人々が優しいだなんて私には思えない。それどころか日本の世の中はますます弱者にとって生きづらいものになっているようにさえ思える。枯葉剤耐性のある遺伝子組み換えの大豆・トウモロコシが承認されたというニュースを見たが、日本ではどのように報道されているのだろうか？　私たちは自分の食べている物に何が使用されているかさえ分からなくなっている。流通が認められてしまえば、知らないうちに私たちはそれを食べてしまう。食べる物を選べないものたちにとって、いくら危険性があっても避けられないものになってしまう。「危険そうなものは避ければいいじゃないか」という一言で済ませてしまう社会が弱者にとって優しい社会であるはずがない。弱者を犠牲に経済を優先させても、その利益は犠牲になった人たちに還元されていない。何故こんなことに今まで気づいていなかったのか。……

　11月にパンプローナ市内にあるやまぐち図書館で、日本について市民の方々と交流する機会があった。参加者は毎月日本に関する本や映画を通じて勉強しているだけあって、日本についても詳しかった。この日のテーマとなったのは『lluvia negra』（『黒い雨』）『La operación muerte』（水木しげる氏のマンガ『総員玉砕せよ！』の西訳版）という本であった。軽い気持ちで誘いを引き受けたが、テーマが戦争だと知ると正直気が重くなった。……当日参加者から広島について様々な質問を受け、大部分は事前に

用意しておいたノートを見ながら答えた。だが「あなたはこの本を読んでどう思った？」と質問された時、思わず言葉に詰まった。質問されることは事前に予測はついていたはずだがどうも口が回らない。次々と頭から溢れ出る日本語にスペイン語が圧迫されているような感覚であった。もっともらしい返答をしていても、「違う！」という声が自分から聞こえてくるようであった。終わり際に「あなたの家族はどうやって助かったのか？」と聞かれた時は、「何も知らない」と答えるのが精いっぱいであった。……（国際文化学科4年男子、2012年度10か月留学の3か月目、全文は、http://ankei.jp/yuji/?n=1822）

4. 持続可能な相互交流に向けて

2017年3月、念願のナバラ州立大学食品工学科のマテ先生の招聘が実現した。これも大野正博氏の粘り強い交渉の成果である。実際に山口を訪れ、県立大学を見、4月に移転する栄養学科の新校舎にも足を踏み入れ、継続的な交流について実感をもたれたのではないだろうか。マテ先生からの提案は、食品工学科と栄養学科の互いの得手を尊重しつつ、足らざるを補完しあうような交流をしていきたい、とのことであった。ナバラ州立大学で用意されている、英語で開講される科目も、今後増えていくし、研究室で行っている研究にも参加してもらえるような体制を整えている。是非ナバラ州立大学に来てもらいたい、と。山口県立大学で開催されたランチには、ナバラ州立大学でマテ先生にお世話になった学生や、次年度以降の訪問を希望する栄養学科の学生が20名程度集まり、マテ先生を取り囲んで話をしていた。栄養学科の学生がこんなにも積極性があったのかと、唖然とする光景であった。

2017年度、残念ながら山口県立大学からナバラ州立大学への短期語学研修は打ち切られたが、学生たちのナバラ州立大学に行ってみたいという思いは絶えることはなかった。国際共同研究枠で獲得した資金を使い、学生たちの国際化推進と、継続的交流を行うため、9月に10日間、研修に出かけた。参加学生は8名である。この間、なかなかのハードスケジュールであったが、ナバラ州立大学での教員の始業式に出席させていただいた。前年度の成果や今年度の

抱負などを発表し、功労者の表彰、新任の紹介、設置者である州知事の講演と、盛りだくさんのセレモニーであり、教員は、学部カラーの正装で出席し、厳粛な雰囲気を醸し出していた。参列した私たちも、正装で来るようにとの指示があった。貴重な経験をさせていただいた。

ナバラ州立大学は、中央にあるどっしりとした図書館が印象的である（第5章参照）。内部の施設も見せていただいたが、勉強する空間や設備が贅沢に確保されていて、羨ましい限りであった。

食品工学科のマテ先生の学科では、Idoiaさんが興味深い実験を披露してくれ、食品業界に起きている、魅せる（見せる）料理の元にある化学反応を体験させてくれた。学生たちは童心に帰って楽しんでいた。理系の授業に興味関心を持たせる、というヒントがここにあるように思えた。教育手法に関しては、多く学ぶ点があるのではないかと思う。先に紹介した2名のプロジェクト研修に参加した学生たちのレポートからも読み取ることができる。欧米の大学では、学生の主体的学習を促す授業展開が根付いている。いわゆるアクティブラーニングであるが、これを運営する教員の手腕が授業成果に大きな影響を及ぼしていく。せっかくの姉妹提携校なのだから、授業手法を学びに行くだけでも有益と考えている。

ナバラ州立大学を訪問して、これなら必修単位の多い栄養学科の学生でもよい経験ができるのではないか、と思わせる新たなプログラムの情報を得た。それは、本来アメリカの学生用に計画しているものである、ということであったが、2〜3週間プログラム、というものである。9月当初から授業が始まるため、渡航時期については検討が必要であるし、スペイン語の運用能力が皆無の学生が単独で行くとしたら、少々難点はあるかもしれない。しかし、2〜3週間で、留学先（栄養学科の場合は食品工学科）の学科でプログラムを組んでくれれば、スペイン語の履修を必須としなくても対応可能、というものであった。内容については、フレキシブルに検討するので、山口県立大学の栄養学科の学生で興味のある学生がいたら、連絡してほしい、と提案されている。

栄養学科の学生が1年留学、というのは、先方で修得した単位が管理栄養士に必要な単位には全く反映されない、という点から、ハードルが高いと感じている学生が多い。しかし、学生たちは海外の大学で学ぶことに対し、非常に高

い興味関心を持っている。それは、近年の英語の取り組み姿勢にも反映されている。今回提示された、2〜3週間フレキシブル留学に対し、興味を持ってくれる学生が現れることを期待したい。

　持続可能な大学間交流の実現に向けた要素は、丁寧な付き合いの中から生まれているようだ。小さな取り組みかもしれないが、将来に向けて、大切に育ててもらいたい。時間をかけて相手の求めることを、共存を可能にする手法で受け入れ共進化していく。そのような積み重ねで英語を母語としない東西2つの民族は、排除よりは共存を目指すための基本の構造を確立できるのだろう。

II　ナバラと山口の架け橋最前線・国際交流員という仕事について

エフライン・ビジャモール・エレロ

　日本と強い縁で結ばれていたのか、私は幼い頃から、いつか日本語を勉強したいという夢をもっていた。頭の片隅にある些細な記憶が原動力となることもある。私の場合は、日本語を勉強したいという気持ちが芽生えてから15年後に、すなわち大人になって、ようやくその夢がかなった。18歳の時に生まれ故郷のビルバオからパンプローナ市に移住してから、山口での県立大学の入試まで、パンプローナの実家で、まったく独学で日本語を習得したのだが、その時から不思議なほどに山口に親近感を持っていた。そういうこともあり、国際交流員のような職にずっと憧れていたのが事実であるが、残念ながら大卒という応募条件が私にとっての高いハードルとなっていた。そういう思いから、日本の大学での受験に挑戦してからもうはや8年の年月が経っている。現在念願かなって山口市の国際交流員になり、パンプローナ市と山口市をはじめとして、スペインと日本をつなぐ役目を期待される身となった。

　みなさんは、「国際交流」もしくは「異文化交流」についてどんなイメージをお持ちだろうか。一般的にこれが「楽しい」と認識されがちだが、表面的な場合ではない限り、異文化交流は「楽」ではないはずである。一例に過ぎないが、「Adibidez, euskaraz idatzi badut, zuek, noski, ezin duzue ulertzen zer esaten ari naizen」（例えば、バスク語で書けば、みなさんは何を述べているか

はわからなくなる）という違和感のある感覚に直面することである。つまり、異論、異なる感覚で物事を理解する人の立場になるということは、いわゆる自らの視点から客観的に現象を捉えることは決して容易なことではない。言語にしても、生活・思考様式、求められるものは共有意識とも言える文化によって形成される。国際交流員という職は、物腰の柔らかさと不断の努力だけでなく、思考そのものの柔軟性を要するのである。場合により日本とスペインの両方の考え方に転換できないといけないこともあるし、その文化的な隔たりを埋める使命に取り組むことが業務を行ううえで最も重要ではないかと考えている。歴史的な友情関係のあるスペインと日本、言い換えれば、バスク地域のナバラと山口の物理的な距離を縮め、お互いが学べることを見出していくことも私の責任であろう。このギャップに関心を持ってもらい、山口の方には本場のナバラに触れ合って、より好きになってほしいという気持ちで日々勤務に向き合っている。業務内容は様々で多岐にわたるのだが、その中で印象的で紹介したい事業がいくつかある。まず、夏休み期間中に行った小学生対象の「スペインサマースクール」が印象的だった。山口市内の地域交流センターなどを巡回し、ナバラの話を試みた後、子どもたちと入り交じってナバラの伝統的な「収穫ゲーム」などを通じて本場の遊びを体験してもらった。また、月に数度学校訪問の派遣依頼が届く。新たな子どもと触れ合って子どもの率直な質問に対応することで、気づかされることが多い。次世代の国際交流員育成ももちろんのこと、ともかく山口の市民性の新たな側面として全国一のナバラおよびスペイン理解を自慢できるように努めたい。

図 4-1　小学校での講座の例

図 4-2　山口ゆめ花博 2018 年スペイン祭で

図4-3　山口菜香亭にて着物の着付け体験　　　図4-4　きらら浜水泳プールでの公開練習

　一方、山口市は2017年にスペイン王立水泳連盟のホストタウンになった。さらに、2020年の東京五輪や2021年の福岡世界選手権に向けて競泳・アーティスティックスイミング・水球・オープンウォーターのスペイン代表の水泳選手が山口で合宿することになっている。プロの水泳選手の公開練習はもとより、複数のスペイン人を身近で見たりすることで、山口市のスペイン愛は一層深まっていくだろう。スペイン水泳選手にとっても、山口での滞在は貴重な日本体験にはなるはずである。その中で、これが山口とナバラの深いつながりに起源を持つ友好的な外交関係を学ぶ機会ともなるし、着物着付けから明治維新の衣装試着など様々な市民との交流事業や観光をすることにより、日本への適応を図ろうとするが、私からすれば紛れもなく山口に馴染んでいるように見える。

　ホストタウン事業の一環として、スペイン語圏観光客の誘致にも取り組んでいる。まず、観光交流課や文化交流課などと連携をとり、リアルタイムでイベントや観光スポットをめぐる生きた情報を、山口市国際交流課が監修するスペイン語版のSNSで発信している。この中では、スペイン語圏向けに特化した観光パンフレットで大内文化の遺跡および主要な建造物や維新策源地である山口の魅力を紹介している。また、このSNSを公開した際に、スペインの国営放送のテレビ局に連絡を試み、パンプローナ市のサン・フェルミン祭の開会式や閉会式の生中継に出演することになった。

　スペインからの旅行会社代表者や旅行ジャーナリストなどを招待して、スペイン語圏旅行者に勧めてもらいたい山口県の豊富な食文化と、歴史ある観光地を案内して色々な体験してもらう中で、何よりも彼らの印象に残るのは「なぜ山口ではそれほどのスペイン愛が浸透しているか」ということである[28]。

図 4-5　山口菜香亭での観光 PR

バスクのクリスマスと日本のクリスマス

エフライン・ビジャモール・エレロ

「持続可能な観光」という催しで一日飲み歩き

　本来のクリスマス（スペイン語：Navidad）は、キリスト教に由来する宗教行事である。唯一の神が楽園追放（失楽園）の原罪を取り消すために、人類に赦しの機会を与えた。その目標実現のために、神の子とされるイエスは、12月 24 日の夜にこの世で生誕したとされる。キリスト教が支配する欧米社会においては、一年間の行事の中で最もめでたい日である。バスクの諸地域では、旧市街や商店街では、クリスマスイルミネーションが輝く。町の中心部において、クリスマス限定で開催されるクリスマス市場（スペイン語：Mercadillo de Navidad）に家族連れが集うのも恒例である。規模には地域差があるものの、寒い冬の夜を散歩し、温かい飲み物、またクリスマスの品揃えを巡るのが、日本にも広まっている、いわゆる現代的なクリスマスの風習である。聖なる誕生を振り返るため、24 日のクリスマスイブに合わせて、基本的に家族全員が揃って夕飯を味わうのが、スペインのもっとも一般的な過ごし方である。熱心な信者は深夜のミサ（スペイン語：Misa del Gallo）に参加する。こういった事情から、スペインではクリスマスパレードは前日の 23 日に実施されることが多い。クリスマスの時季となるにつれて、クリスマスパレードや活気のあるイベントやプレゼントをもらう等の子どもたちの楽しみが増える。日本では、アメリカの影響か、クリスマスプレゼントを運ぶのは、世界的に著名な飲料会社のコマーシャルに登場した赤い服を着たお爺さんのイメージが根強いが、スペインでは地方により、土着文化を彩る人物がクリスマス行事と一体化している。

　例えば、バスクの大地ではどこでも、バスク民話の中で炭焼きとされる

図4-6　子どもの願いを聞き届けてくれるオレン
　　　　チェロ　　出典：http://www.bilbao.eus

図4-7　2016年のPINの情景
　　　　出典：http://pin.bilbaoexhibitioncentre.com

民俗的人物、もしくは山の仙人などと呼ばれるオレンチェロ（バスク語：Olentzero）が山奥から町に下りてくるという。実際に、その年の成績や態度を判断し、子どもの善悪を決めるらしく、それに伴ってプレゼントを配り分ける。いい子の家庭には、贈り物がもたらされるが、悪かった子には、食べてもいい素材で作ってはあるが、石材並みに硬い炭飴が届けられる。

　また、ビルバオ独自の催し物だと思うが、学校の冬休みの間にだけ（12月21日〜1月8日）開かれる児童向けのアクティビティ施設（スペイン語：Parque Infantil de Navidad, PIN）は、特にビルバオ出身のバスクの子どもにとっては、思い出深い場所である。そこでは、運動系のゲームもあれば、遊園地のようなアトラクションも設けられており、子どもが冬休みの間、溜まったエネルギーを存分に発散できるようになっている。

　次に、「古き夜」の意味を持つノチェ・ビエハ（スペイン語：Noche Vieja）と呼ばれる12日31日の夜は、静寂に過ごすべきクリスマスとはずいぶん違う。この夜は、いわゆる日本での忘年会と同様に、スペインでは友達と飲んだりはしゃいだりすべき時間とされる。スペインでは、実家で晩御飯を済ませ、スペシャル番組などを鑑賞するのも、日本の年越し様式とごく変わったところはない。しかし、夜の12時になると、カウントダウンを生で観るために町の市役所前や大広場が人混みであふれる。スペインでは、この瞬間を見逃すまいと、多くの家ではテレビに注目する。その理由は、鐘が12回響くのに合わせ、葡萄を食べられれば、新年に幸運が訪れると言われているからである。もっとも

図4-8　2016年パンプローナ市大晦日の深夜の仮装コンテスト

出典：www.diariodenavarra.es

これは、葡萄業界の売り上げ増戦略によって浸透した年の越し方であるが。

また、年が明けた瞬間に最初に放送されるコマーシャルは、その年で広告料が最も高価だと言われているから、スペイン人はテレビの前で待ち構えるという面もある。また、特に若い世代の間では、大晦日は深夜になると、友達と遊びに行くのがスペイン各地では普通の過ごし方である。パンプローナ市では、スーツ姿で新年を迎える人が多く、爆竹を放ったり、紙吹雪などを投げ合ったりする他のスペインの地方のごく一般的な年越し様式とは、一風変わった風景がある。それは、大晦日の年越しパーティーがカーニバル化しているという特徴である。

実際に仮装の完成度には個人差があるが、むしろそれを、パーティーを盛り上げる要素として捉え、楽しみながら仮装コンテストに挑む人が多い。ナバラ新聞（2016年12月31日）によれば、1982年のラジオ番組の催し物だった仮装コンクールが起源だという。他のスペインの地域には、この習慣が行き渡っていないが、「今を楽しめ」（ラテン語：carpe diem）というスペイン文化の核心から生まれた新しい側面として、ぜひ山口県民や日本の観光客に知っていただきたい行事である。

年明け後には、大人の娯楽は終わりを迎えるが、日本のお正月とは違って、スペインの子どもにはクリスマスがまだまだ続く。恐らく、スペインではクリスマスの日より、プレゼントがもらえると思っている日は、1月6日ではないかと思う。この祭日は、イエスが誕生した際に、東方の三賢者（三博士）（スペイン語：Los Reyes Magos）が訪れたとされる言い伝えに由来する。スペインの各地域では、5日の夜を祭にして、23日と同じく、パレードで市内の大通りが賑わう。東方の三賢者が到来したことを歓迎するパレードに関しては、マドリッドやバルセロナといった大都市では、経済的な繁盛を示すかのように、規模が最も大きく、全国放送されるくらいである。長蛇の列を作る使者やラク

ダなどの登場もあり、仰々しい一夜になる。日本の神社などで子どもたちが待ち構えて、餅蒔きで熱狂的になるぐらいに、スペインの子どもにはやはりこの三賢者のパレードで蒔かれる飴が最も嬉しいものだろう。

　翌日（1月7日）は、朝になるのを待ちきれず、早起きする子どもには、新たなプレゼントが待っている。す

図4-9　ビルバオ市長夫妻と並ぶ東方の三賢者
出典：http://www.bilbao.eus

ぐそれらを試しに、広場に赴き、無我夢中に遊んでいる子どもの日なのである。そして、この日朝ごはんで食べるのは、クリスマスの最後の快事である。それは、輪型をした東方の三賢者ケーキ（スペイン語：Roscón de Reyes）である。日本でも、稀にこのケーキを作るケーキ屋もあるが、スペインのケーキは、不思議な隠し事が特徴である。そこに、固い豆が突っ込まれており、ケーキを食べて豆が当たった人にケーキ代を出させるという伝承がある。食べ終わったら、スペインのクリスマスで残っているのは、8日から始まる学校の宿題が終わっていないという不安だけである。

　一方、日本のクリスマスはどちらかというと、特に祝日にもなっておらず、家族中心とはいえ、恋人と過ごしたりケーキを食べるのが一般的ではないだろうか。しかし、スペインではクリスマスの日には、ケーキを食べる、または恋人とデートするような祝祭日ではなく、家族の愛を祝する祭である。熱心なキリスト教徒のみならず、スペイン人はいくら離れていたとしても家族の元へ戻るのはクリスマスである。様々な事情で離れて暮らしている家族も多く、クリスマスの時ぐらい全員揃って賑やかに食卓を囲むことは、ある意味スペイン的な親孝行ではないだろうか。

　日本で初めてクリスマスが祝われたと記録されている山口市では、サビエル以来築かれてきたスペインとの友好関係を大切にし、2008年から毎年12月の1か月間は、山口市は、日本で初めてクリスマスのミサが行われたという歴史に基づいて「クリスマス市」になり、クリスマスにまつわる多くのイベントが実施される。

図 4-10　クリスマス市宣言のポスター
出典：http://www.xmas-city.jp

サビエル記念聖堂においては、スペインのクリスマス飾りで有名なキリスト生誕の場面を再現した人形飾り（スペイン語：Belén）が展示される。ところが、そこにはスペインでは到底見られない特徴がある。記念聖堂の関係者によれば、25日のキリストが誕生したとされる聖なる日まで、赤ちゃん人形が登場しないというスペインには珍しい形式が見られ、スペインからの礼拝者や観光客にはきっと人気が出そうな仕掛けである。

図 4-11　12 月のサビエル記念聖堂

図 4-12　赤ん坊のいないクリスマス人形飾り

第 8 章
バスク料理と和食の出会い

Ⅰ．地中海食と和食を結ぶ

大野正博

1. 世界遺産としての食文化

　世界三大料理と言えば、フランス料理、トルコ料理、そして中華料理というのが定番である。もちろん、この中に和食は含まれていない。地中海食もしかりで、イタリア料理やスペイン料理が世界三大料理に入れられることはない。この世界三大料理というくくりは、古いヨーロッパ人による価値観で決められたらしいが、現在のグローバルな価値観からするとかい離があるかもしれない。ユネスコ無形文化遺産に登録されたメジャーな食文化は、フランス料理以外には和食と地中海食なのである。

　ユネスコ（国際連合教育文化機関）による世界遺産登録事業には、文化遺産や自然遺産の他にも記憶遺産や無形文化遺産もある。正確には、世界遺産と無形文化遺産にかかわるユネスコの制度は別々であるが、日本では全部をひっくるめて広い意味で世界遺産として解釈される場合が多いように思う。無形文化遺産は、貴重な文化の保護を目的として作られた制度であり、民俗芸能や祭礼に関する登録が多い。日本から登録されたものを見てみると、能楽や人形浄瑠璃、歌舞伎（いずれも 2008 年登録）といった伝統芸能の他、日本各地の伝統祭礼や伝統舞踊が登録されており、2018 年 3 月現在で 21 件が登録されている。日本から登録されたリストの中で、ひときわ目を引くのは「和食：日本人の伝統的な食文化」という登録内容である。日本から登録された 21 件の中で、食に関係するものはこの「和食」だけであるが、ユネスコ無形文化遺産の全リス

トの中でも食に関係する登録は少なく、10 に満たない。登録当時のマスコミ報道では、「日本人が日常で食べてきた和食が世界的な健康食として認められた」というニュアンスの報道が多かった記憶しているが、果たしてそう言い切れるのだろうか。

　和食が無形文化遺産としてユネスコに申請された際の資料（nomination file No.00869, 2013）を確認すると、申請内容が複数の要素から複合的に構成されていることがわかる。基本的な骨組みはもちろん和食なのだが、日本料理そのものを前面にアピールしているわけではない。年始のおせち料理を家族で一緒にいただく文化、地域コミュニティで行われる餅つき、学校での教育活動の 1 つとして実践されている食育活動などを紹介した上で、伝統食と民族的な慣習とが組み合わされて貴重な食文化が形成されているという構成になっている。一部の記述に栄養バランスに優れている点やローカロリーについても見られるが、決して栄養学的な長所を声高に主張しているのではない。審査プレゼンテーション用に製作された動画の内容も確認すると、自然の美しさや季節の移ろいと年中行事が密接に関係していることを説明した上で、家族を始め様々なコミュニティを形成することに貢献していることを主張する内容になっている。和食が無形文化遺産に登録されたのは、多様な食材の持ち味を生かしつつ栄養バランスに優れ、自然の美しさや季節の移ろいを表現する、その鮮やかで深みのある食文化が評価されてのことなのである。

　日本料理の調理テクニックでは、濃い味付けで料理を形づくるのではなく、食材そのものの風味を引き立たせる傾向が強い。刺し身や寿司ネタでは新鮮な素材そのものの食感やうま味成分を重視した料理になっている。そして、日本料理の重要なテクニックである「だし」は汁物等の味付けのベースになっているが、最終的に料理が出来上がったときには素材の長所を壊さないような味付けにされる場合が多い。日本人は、食材が本来持っているうま味を取り出し、『だし』というかたちで普遍的に利用してきた。コンブ中のグルタミン酸、かつお節のイノシン酸、シイタケのグアニル酸などのうま味成分を効果的に組み合わせつつ、様々な食材との相性を探り続けてきた。代表的な和食材としてまず思いつくのは日本野菜や大豆、魚介類や海藻といった水産物だが、素材の持ち味を活かすだけでなく、結果的には食材中の様々な機能性成分（栄養成分だけで

なく色素成分も含めて）を最大限有効利用していることも「和食」の特徴であると言える。

　現在の科学では、われわれ人間の味覚認識は 5 種類から構成されており、そのうちの一つが「うま味」である。科学の世界では、うま味は世界共通語となっているが、このうま味が日本人によって発見されたという歴史は、和食の文化が日本人の心に根付いていたことと無関係とは思えない。

　和食が、文化的にも技術的にも栄養学的にも優れたものであることは確かである。しかし、栄養学的には和食に大きな短所が存在する。それは塩分が多いことである。日本人全体の食塩摂取量は世界で比較すると多めである。食塩の過多は高血圧を始め種々の疾病のリスクを上昇させるが、和食の伝統文化では食塩を多用してきた。和食における重要な調味料である醤油や味噌は塩分が高いが、これらの調味料が高塩分であるのは保存技術として食塩が多用されてきたことによる。食塩による保存技術（塩蔵）は、調味料に限らず野菜や魚といった他の一般食材の保存方法としても用いられてきた。まだ流通が発達していない時代、内陸部に魚を運ぼうとすれば腐敗を防いでくれる塩はありがたい存在だった。また、野菜が不足する冬期間まで漬物として野菜を保存してくれる塩蔵技術は、日本人が生活する上で欠かすことのできない技術であった。しかし、現代は冷蔵・冷凍による流通・保存技術が普及し、食塩に頼らずとも食材を保存することが可能になった。人間側の味覚さえ許容すれば、料理の塩味を和らげることは可能である。厚生労働省始め様々な機関が、国民の食塩摂取量を低減させようと努力している。将来的には、日本人の食塩摂取量が少しずつ低下していくことが期待されるが、併せて和食文化の一部に食塩摂取過剰の要素が含まれていることも頭の片隅に置いておかなくてはいけない。醤油や味噌といった高塩分調味料や塩漬け食材は、和食の一部なのである。

　和食と同年に無形文化遺産に登録されたのが地中海食（Mediterranean diet）である。登録されているのはスペイン、イタリア、ギリシャ、キプロス、クロアチア、モロッコ、ポルトガルという複数国である。地中海食の定義は様々存在し、1960 年代のギリシャ地域の食事を指す場合もあるが、一般的な解釈では地中海沿岸の広域地域における伝統的な食事ということになるだろう。1993年開催の『地中海食に関する国際会議』での定義によれば、以下の条件を満た

すものが該当することになる。

1) 植物性食品（果物、野菜、パン、その他の穀物製品、豆類、種実類）が豊富

2) 加工度が低い、季節折々のその地域で育てられた新鮮な食品を使う

3) デザートとして新鮮な果物を食べる

4) 主たる油脂類はオリーブオイルを用いる

5) 少量の乳製品（主にチーズとヨーグルト）

6) 卵の使用は、週に4個未満

7) 赤身肉（牛、豚、羊などの肉）は少量

8) 適量のワインを食事時に飲酒

　地中海食は健康食として世界的に確固たる地位を築いているが、健康食としての効果を裏付けるのは疾病発生率とその要因の関係を調べる疫学的分析である。疫学的研究の結果、地中海地域が他地域に比べて心疾患や糖尿病の罹患数が少ないことが明らかとなり、さらにアルツハイマー病、がん、アレルギー性疾患などの予防に有効であることが報告されている（Del Chierico, 2014）。

　地中海食のこれら栄養学的な長所は何に由来するのだろうか。典型的な地中海食にはいくつか特徴的な食材が含まれているので、それらを見てゆきたい。

　まずオリーブオイルであるが、その油の原料をもたらしてくれるオリーブの木と人類との歴史上のつながりはとても古い。紀元前4000年頃にはすでに地中海沿岸で栽培され、利用されていた（マーメルスタイン、2017: 3）。油をたっぷり含んだ実を潰して搾るだけで良質の油を大量に得ることができるオリーブはとても貴重な存在であった。加熱することなく、常温で搾汁可能なことも大きな長所であり、オリーブのように簡単に大量の良質な脂質を得られる資源は地球上にまれである。オリーブの木自体は乾燥地でもたくましく育ち、病気に強くて樹齢が長く、放っておいても勝手に実をつけてくれる。まさに神様が与えてくれたことを想像させるような植物だ。その優れた生産効率性は地中海地域における古代文明の発展をある面で支えてきた。果肉から分離された油は、食用はもちろんのこと、現代においても石けんや化粧品、潤滑剤等に重用されている。

　主成分は油脂（中性脂肪、あるいはトリグリセリドともいう）であるので、

油脂分子の中に脂肪酸と呼ばれる炭素の鎖状部分を持つ。脂肪酸の骨格は炭素同士が鎖状につながった形をしているが、炭素同士のつながり方には飽和結合と不飽和結合の 2 種類があり、いずれかの結合が連続あるいは断続的に並んでいる。飽和結合は不飽和結合に比べると安定な結合であり化学的な変化が起こりにくい。飽和結合だけから成る脂肪酸（飽和脂肪酸）を高い割合で含むのが動物性脂肪（バター、ラードなど）であり、過剰摂取は血中の悪玉コレステロール（LDL コレステロール）を上昇させ、生活習慣病のリスクを高めるとされている。一方、不飽和結合を含む不飽和脂肪酸は植物性油脂や魚由来油脂に多く含まれ、血中悪玉コレステロールを上昇させにくいという長所がある。さらに不飽和脂肪酸には、血栓を防止する機能や脳の認知機能を向上させるといった生理機能性を持っているものもあるので、健康を維持するには一定以上の不飽和脂肪酸を摂取することが望ましい。不飽和結合には酸素が結合しやすいので、不飽和脂肪酸は酸化反応が起きやすく不安定であるという特徴がある。しかし、オリーブオイルは不飽和脂肪酸を多く含んでいるにもかかわらず酸化に対する安定性が高く、加熱調理をしても変質しにくいという長所を持つ。加えて、オリーブオイルは抗酸化性を持つポリフェノールを含んでいるので、メタボリック症候群やそれに起因する動脈硬化症の予防や改善が期待できる（宮崎、2013: 159）。また、独立行政法人国立健康・栄養研究所による安全有効性情報において、オリーブオイル経口摂取の有効性として高血圧症および高コレステロール血症への有効性、心筋梗塞発症、乳がん及び大腸がん発症リスクの低減が評価されている。

　オリーブオイルの国際的な規格としてエキストラバージンオリーブオイルがよく知られているが、これは風味、品質共に最高級のオリーブオイルを指す。国際規格は国際オリーブ協会（IOC）により定められており、製造工程において加熱抽出や有機溶媒による抽出を行っていないことの他、酸度（油の劣化度合い）の低さ、資格のある判定士が官能評価を行いあらゆる品質に問題がないことなどが、最高級であるエキストラバージンオイルの条件となる。非常に厳しい条件をクリアしたオリーブオイルだけがエキストラバージンの称号を得ることができる。では、日本国内ではどうなのだろうか。じつは、我が国ではエキストラバージンの規格が存在しない。IOC に加盟をしていないので、海外

図4-13　パンプローナの市場で売られていたシイ
　　　　タケ

ではエキストラバージンとならない品質の物も、日本ではエキストラバージンを勝手に名乗ることが可能である。日本国内の一般消費者にはまだこのことが周知されていないので、海外でエキストラバージンとして流通している物と日本国内でエキストラバージンと表示されている物とでギャップがあり得ることがほとんど認知されていない。現在は日本の油脂メーカー・流通業者の良心に頼っている状態であるが、今後は国が率先して表示制度を改善する必要がある。

　次に、アーモンドについてである。世界でのアーモンド生産量はアメリカが突出しているものの、第2位はスペインであり、モロッコの生産量も多い（FAO. 2016）。主要な栄養成分は脂質であり、その含量は約54％と高い。脂質を構成する脂肪酸としてオレイン酸（約67％）やリノール酸（約24％）といった不飽和脂肪酸を多く含んでいる。総脂肪酸のうち不飽和脂肪酸の割合は約92％であり、不飽和脂肪酸の摂取源として優れている。また、抗酸化性のビタミンであるビタミンEの含量が極めて高く、特にα-トコフェロールは31mg/100gであり、種実類の中で最も含量が高い。ビタミンB2も約1.1mg/100gと多く含まれているので、皮膚の健康を保つために適した食品であると言える。ミネラルとしては、鉄、カリウム、マグネシウムなどを多く含み、ミネラルの摂取源としても適している。さらに、食物繊維は約10g/100gと豊富であるので、整腸作用についても期待することができる。一般に種実類の種皮中には、ポリフェノール成分が多く含まれている場合が多い。アーモンドについては、種皮が付いた状態での1粒当たりのポリフェノール含量は約750μgであり、その70％以上は種皮に含まれていたと報告され、さらに、悪玉コレステロールの酸化を抑制することも報告されており（柳沢ら、2005: 178）、アーモンド種皮の生理機能性についても非常に期待できる。

　地中海沿岸地域では、山で採れたきのこも重要な食材である。イタリア料理

でよく用いられるマッシュルームは日本人にとってもなじみが深いが、スペインではシイタケも身近なきのこである。シイタケは店頭では "shiitake" と名称表示されて売られており、なんと日本語の名前がそのまま使われている。きのこは全般に低カロリーであり、難消化性の食物繊維を多く含むので整腸作用を期待することができる。また、シイタケなどのきのこには、がん抑制作用が期待できる β - グルカンを含むので、日常的に摂取することでがんのリスクを抑制できるかもしれない。

　海が近いこともあり、地中海食では魚介類が豊富に利用されている。スペインの市場ではマグロやカツオといったツナ類やマダラは当たり前のようによく見かけるし、それ以外の魚も種類豊富に並んでおり、さらにタコも身近な食材である。地中海食では魚介類をふんだんに利用しているので、これらの魚介類が不飽和脂肪酸や良質のアミノ酸の供給源となっていることが予想できる。

　家畜由来の食材についてであるが、スペインでは豚肉がよく食される。市場では子豚が丸ごと売られているし、ハモンセラーノと称する豚肉生ハムは日本でも有名である。ヒツジやウサギの肉も一般的であるが、分厚い牛肉ステーキをたらふく食べるといったシーンは少ないかもしれない。肉は適度に好まれるが、肉単独でたくさん食べるということではない。

　チーズも好まれるが、発酵が進んだナチュラルチーズを食べることがほとんどで、濃厚な風味を活かして他の食材との付け合わせやディップとして楽しんでいるという感じである。

　スペインではスペイン風オムレツ（トルティーヤ）がよく食卓に上がるので、地中海沿岸地域の中では卵の消費量が多いかもしれない。しかし、トルティーヤを調理する際にはジャガイモやホンレンソウ、タマネギといった野菜とミックスして作られることが多く、卵だけをたくさん食べるというシーンは少ないのではないだろうか。スペインでは畜産加工品の摂取が少ないという印象は受けないが、総じて魚介類や植物性食材のバラエティーが豊富であり、オリーブオイル由来の不飽和脂肪酸が多いので、動物由来の不飽和脂肪酸摂取量は大きな問題にならないのかもしれない。

　地中海食では食事の際にワインが飲まれることが多い。ワインの原料であるブドウにはポリフェノールであるアントシアニン色素（プロシニアジンが主）

が多く含まれ、特に赤ワイン中にはポリフェノールが多く残存している。もちろん、過度な飲酒は健康リスクを上昇させるが、適量のワインを摂取することで食事全体を華やかにし、コンダクターの役割をしているような気がする。

　地中海食全体を見てみると、バランスが取れ理想的な食事であるかの印象を受ける。しかし、動物由来の脂質はもっと減らすべきかもしれないし、植物性油脂のうち極端にオリーブオイルに偏った嗜好は一考すべきである。一方、伝統的な和食では動物性脂質の摂取量が少なく、地中海食よりも魚介類を豊富に盛り込むことができる。和食で利用可能な菜種油や大豆油、ごま油は、脂肪酸組成の面で見れば、オリーブオイルと比較しても全く遜色はない。むしろ、抗酸化性成分を多く含むごま油や n-3 系脂肪酸（オメガ3脂肪酸ともいう）を多く含むえごま油の生理機能性は、オリーブオイルを上回ることが予想できる。加えて、和食の長所は大豆を多く用いることである。大豆は脂質を多く含んでいるがコレステロールは含まない。また、大豆たんぱく質は血中コレステロール抑制や血圧上昇抑制の作用があるし、イソフラボンやオリゴ糖にも生理機能性がある。和食の様々な長所に着目すると、和食が地中海食を上回る健康食だと思えてくるが、和食の難点は何といっても塩分摂取量が高いことである。また、地中海食と比べて野菜と果物の摂取量が少ない。決して、ベストな健康食ではないのである。それでは、理想的な健康食とはどのような食事なのだろうか。もしかすると、和食の欠点を補うような食事が理想に近いのかもしれない。つまり、食塩量を究極まで減らした上で、野菜と果物を増やし、良質の脂質を摂取する形である。さらに理想に近づけるためには、食物繊維量を高めるために精白度の低い穀物を選ぶか、食物繊維を多く含む和食の食材（後述するこんにゃくやゴボウなど）を積極的に食べることが理想形に近づく方法なのではないだろうか。

2．スペイン人が興味を持ちそうな食材あれこれ

1）シラスウナギ

　スペイン人にとって市場は身近な存在である。日本と同じように街中に食料品店が点在し郊外にはスーパーマーケットもあるが、新鮮な食材を厳選して手

に入れようと思えば市場で買うのが最良の方法となる。市場の魚屋の店頭に並べられている魚介類の種類の豊富さは予想外であったが、さすがに日本のように生食用の魚が並ぶことはない。魚介類は加熱調理が原則である。タコやイカもスペイン人にとっては身近な魚介類であるが、煮込むなどして加熱してから食べる。

　スペイン人が好きな食材の一つにウナギがある。日本のように脂ののった成魚を食べるのではなく、稚魚の状態で食べる。シラスウナギである。ニンニクを加えてオリーブオイルで加熱調理して食べるらしい。食べるらしいと書いたのは、スペイン現地では、現在シラスウナギは高級食材であり、なかなかお目にかかれないからである。かつてはクリスマスのような特別な日によく食べられてきた、スペインの食文化を代表する料理の一つである。ところがヨーロッパではウナギの数が減少したため、2007 年からワシントン条約で規制がかけられている。ヨーロッパウナギが減少した原因には日本が深くかかわっており、日本国内でまかなえないウナギ稚魚を海外からの輸入に求め、かつてヨーロッパからシラスウナギを大量に買い付けたという事実がある。このため、ヨーロッパのウナギ資源が激減しシラスウナギの価格は高騰（まさにウナギ上り）したのである。レストランでのシラスウナギ料理の価格は、1 皿 1 万円以上もすることになってしまった。庶民が楽しみにしていたホッコリ系の料理だったのに現在では超高級料理に変貌してしまった。しかも、日本のウナギ好きという食文化がスペインの食文化に悪影響をもたらしたのである。しかし、スペインで食料品店やスーパーマーケットの売り場を眺めると、シラスウナギが

図 4-14　シラスウナギ風食品（左）とそれを使ったピンチョス

容器に入れられてたくさん並んでいる。

　価格は数百円程度で手ごろである。実物を手に取って表示の欄を見てみると、原材料のところに "surimi" と書いてある。なんと、魚のすり身を材料として加工されたシラスウナギのフェイクなのである。日本ではカニカマとしておなじみの加工技術がスペインではシラスウナギの加工技術に変貌して利用されている。日本人がスペインからシラスウナギを奪い、代わりに日本のメーカーが開発した食品加工機械によってシラスウナギもどき食品が作られている。ちなみに、ヨーロッパで活躍しているこの加工機械は山口県内の企業が製造販売している物が大部分である。

２）フェイク食品と肉食禁止令

　日本からスペインに渡ったフェイク食品といえば、シラスウナギの他に人工イクラがある。第 4 章に登場する世界一予約が取りにくいレストランとして有名だったエル・ブジは、世界の美食家から惜しまれながらも現在では閉店してしまった。このエル・ブジのシェフであるフェラン・アドリアは料理の世界に数々の革命をもたらしたことで有名だが、彼が世界中に広めた技術としては様々な食材を泡状に変えてしまったエスプーマがことに有名である。そんな彼がかつて来日した際、日本で発明された人工イクラの技術を知りスペインに持ち帰ったらしい。人工イクラの技術は日本ではあくまで人工イクラとしてしか日の目を見なかったが、フェラン・アドリアは固定観念に囚われることなく、この技術を様々な食材に応用した。オリーブオイルをイクラ状にし、果汁やソース、お酒などもイクラ状にしてしまった。彼にとって人工イクラは、フェイク（偽物）ではなく、非常に興味深い新しい技術だったのである。

　先に登場したカニカマや人工イクラといったフェイク加工技術は近代の日本で発明されたが、考えてみる

図 4-15　スペインで製造販売されている人工イク
　　　　ラ食品

と日本のフェイク調理技術にはこれまでの長い歴史の積み重ねがある。その源流をたどると、日本の伝統的な調理法にたどり着くのではないだろうか。禅宗の寺院で発展した精進料理は、まさに日本で発展したフェイク調理技術の集大成であると言える。本来とは異なる材料を用いて似せて作るという目的を達成するために数々の試行錯誤を経て確立されたのが、精進料理であろう。鎌倉時代に中国から伝えられた禅宗においては生臭い食材や肉食が厳しく禁じられたので、禅宗の寺院で発達した精進料理では動物性食材の代わりに植物素材を駆使した。精進料理の中でも京都の黄檗宗萬福寺において伝えられている普茶料理では、豆腐と大和いもを使ってちくわのフェイクを作り、長いもを使ってかまぼこのフェイクを調理している。極めつけはうなぎのかば焼きのフェイクで、豆腐と大和いもでうなぎの白身肉を作り、海苔を使ってうなぎの皮に似せている。動物性の食材を用いず、代わりに大豆・小麦たんぱくや胡麻油を利用することで、獣肉の代わりとなり得る食感と味、そして必須な栄養価を満たすための調理技術を作り上げた。見た目や食感を似せるだけでなく、修行僧の栄養管理や精神的な苦痛をケアするために編み出された心配りの調理テクニックである。決して食べた人を欺くためのテクニックではなく、日本流心遣いのテクニックなのだ。

　日本での肉食禁止の戒律は、禅宗の伝来からさらにさかのぼって 675 年の天武天皇による勅令が始まりとされている（岡田、1998: 181）。しかし、その後の奈良・平安時代には度々肉食禁止令が出されているところを考慮すると、宮中以外の日本全体に肉食忌避の習慣が根付くまでにはかなり年月がかかったのではないかと推測される。大きな転換点だったのは、禅宗の伝来と、禅宗の厳しい規律を強く支持した武家封建社会の成立だったのではないだろうか。明治期まで 1200 年ほど続く肉食禁止令と禅宗そして、武家社会が深く関係することは、想像に難くない。

　水田畑作に主力を置く農業にとって、肉食の習慣は農耕に欠かせない牛馬の減少をもたらしかねない非常に大きなリスクだった。そのリスクを回避する上で、肉食の禁止は大きな意味があったとも理解できる。しかし一方、肉食が禁止されると、たんぱく質や脂質、ビタミン類の不足といった栄養面でのリスクが危惧される。そこで日本人は、魚介類や大豆を盛んに摂取することで栄養の

面での危機を長年にわたり乗り切ってきたと言える。しかし、一般庶民は鎌倉時代以降幕末まで、滋養強壮や薬効を期待して鳥獣肉を食べることが珍しくなかったらしい。たしかに、普段肉食をしていない人間がひとたび肉を食べれば、かなり精がついたのではないだろうか。現在ジビエと称されるイノシシやシカの肉は、古くから庶民になじみが深い食材であった。

　明治に入り文明開化が花開くと西洋式の食文化も盛んに取り入れられるようになった。そのような中、明治天皇が自ら肉食を励行され、宮中で外国使節へ提供される正餐はフランス料理となった（岡田、1998: 187）。しかし、明治維新期の日本で新しい食文化の浸透が順調に推移したわけではない。牛肉食をけがれとして忌避する人々や日本の伝統文化の破壊を危惧する人々にとっては、西洋式の肉食文化は受け入れがたいものであった。明治5年には、肉食文化に反対する宗教活動家10名が皇居に乱入し、そのうちの4名が射殺されるという驚きの事件が発生している（岡田、2000: 23）。また、明治5年に大分県で一揆騒動が起きたが、一揆勢側の要求の中には牛馬殺傷に関する危惧が含まれていた（原田、2013: 157）。その後、徐々に肉食文化が日本の世に広まってゆくことにはなるが、この時期には肉食のけがれを信じる人々は決して少なくなかった。

　文明開化期には多くの西洋料理が流入した。宮中迎賓館や鹿鳴館といった外国人をもてなすための施設が西洋料理輸入の玄関口だったと考えられるが、徐々に一般庶民も洋食レストランにおいて西洋料理を味わうことになる。西洋料理が庶民に広がってゆく過程において、日本人に合うようにアレンジされたメニューも考案され、日本風に創作されたすき焼きやカツレツ、ライスカレーなどは現代日本人にも欠かすことができないメニューとなっている。おそらく当時の料理人たちは、西洋料理と和食とをありとあらゆる形で組み合わせて試行錯誤し、星の数ほどの試作品の中から至極の厳選メニューを世に送り出したのではないだろうか。当時の料理人のとてつもない苦労がしのばれる。

3）缶詰

　かつてナポレオン1世は軍隊用の保存食を求めて懸賞公募を行った。その際に採用されたのがフランス人ニコラ・アペールにより発明された瓶詰技術だっ

た。瓶詰には重量がかさむことや衝撃に弱いという欠点があるが、その数年後、瓶詰技術をさらに発展させ缶詰技術を発明したのは、イギリス人のピーター・デュランドだった。瓶詰も缶詰もヨーロッパで発明され、今なお全世界で利用されている技術であるが、大本の成り立ちが保存食である。現代の日本でも缶詰は保存食と認識されており、便利で廉価な食べ物として扱われることが多い。なかなかメインディッシュとしては取り上げにくい食品である。ところがスペインの事情は日本と異なるらしい。レストランや居酒屋では、シェフが堂々と缶詰を材料にして料理を作る。スペインでは、日本でのような缶詰に対するチープなイメージはないらしい。スペインのバスク地域で有名なピンチョスにのせられる具材のかなりの部分は、缶詰や瓶詰の食材を利用しているのではないだろうか。衛生的でおいしい食材を多用するのは、ある意味合理的で当たり前である。日本人としての感覚を考え直す機会としたい。

4）ウサギ肉

　一説によると、スペインの国名イスパーニャの由来はウサギにあるという。かつてフェニキア人がイベリア半島の地を"ウサギのいる土地"と名付けたことが大本らしい（太田、1996: 26）。日本において自動車にひかれてしまう野生動物はタヌキが最も多いらしいが、スペインには野ウサギがたくさん生息しており、スペインで自動車の被害者となる野生動物はウサギが最も多いらしい。

　スペインの市場では全身の皮をはがれたウサギを見ることが多いが、スペイン人にとってウサギは身近な食材である。レストランではウサギ肉の料理を提供しているので、気軽にウサギ肉を味わうことができる。スペイン料理で有名なパエリアはバレンシア地方が発祥であるが、本流のパエリアではウサギ肉とカタツムリが使われる。最近日本では、イノシシ肉やシカ肉といったジビエが注目されているが、ウサギ肉が提供されているという話は聞かない。かつての日本でも狩猟の獲物としてウサギを捕らえて食べていたが、現代日本人にはウサギを食べるというイメージはピンとこないのかもしれない。同じくカタツムリについても、多くの日本人は拒否反応を示すかもしれない。しかし、近年まで日本の一部の地域では田んぼのタニシを獲って食べることは珍しくなかったのではないかと思う。私が実際にウサギ肉を食べたのはスペインでの経験が初

図4-16　パンプローナの市場で売られていたウサ
　　　　ギ肉

めてだったが、とても鶏肉の食味に似ていた。おそらく、低脂肪で高たんぱく質なのであろう。そういえば、ウサギの数を数えるときに1羽2羽と数えるが、食味が鶏肉と似ていることが関係するのであろう。かつて日本で獣肉食が禁止されていた時代、ウサギ肉を食べることの口実として、けもの肉ではなく鶏肉であるという言い訳をしてウサギ肉を食べること

が多かったらしいが、実際ウサギ肉を食べてみて至極納得した。パエリアに入っていたカタツムリも食べてみたが、こちらは日本で食べているツブ貝の食味に似ていた。

　相手側の文化を理解する方法の一つとして、相手の食文化に踏み込んでみることは必ず必要になる。自分が食べ慣れない食べ物を拒否するだけでなく、とりあえず恐る恐る口に運んでみる。そんなことから、文化の交流の糸口が見つかるかもしれない。食わず嫌いは文化交流の発展を妨げる原因になりかねないので、たとえゲテモノであっても果敢にトライするべきである。

5）豆腐

　スペイン食料品店でも気軽に豆腐を購入することができる。話に聞いたところでは、フランス産の大豆を使用してスペイン国内で製造している場合が多いらしい。スペインの豆腐を実際に食べてみると硬くてボソボソしており、日本のつるんとした冷奴の豆腐には程遠い。木綿豆腐よりもさらに硬くてボソボソなのである。日本の一部にも堅豆腐（つと豆腐）という硬めの豆腐があり、山口県の祝島にも石豆腐という硬い豆腐があるが、似ていなくもない。スペイン現地での食べ方を調べてみると、野菜サラダの上にトッピングして、オリーブオイルをかけて食べることが多いようだ。そのような豆腐の食べ方には硬くてボソボソした食感のほうがあっているのかもしれない。もしかすると本当のところは、スペイン人が食べやすいようにわざと硬ボソにしているのかもしれな

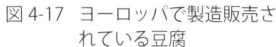

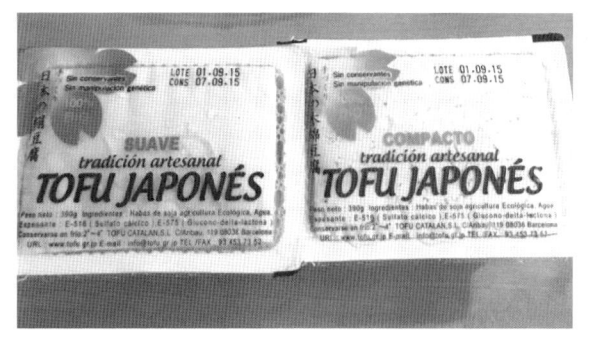

図4-17　ヨーロッパで製造販売さ
　　　　れている豆腐

図4-18　清水建宇氏がバルセロナで製造販売している絹豆腐と木綿
　　　　豆腐

い。でも、日本の柔らかくて風味があるざらつかない豆腐のことをスペイン人
は知らないのだろうな、と思うと少々残念な気もする。

　以前たまたま日本のテレビを観ていたら、バルセロナで日本人が豆腐の製造
販売をしているという放送があった。この人は清水建宇という人物で、朝日新
聞の論説委員や朝日新聞社発行の『大学ランキング』の編集長をしており、テ
レビ朝日のニュース番組にてコメンテーターも務めていた人である。定年退職
を機に豆腐製造の修業をし、現在はバルセロナで豆腐製造販売店を営んでいる
とのことだった。清水さんのことを知った直後、ちょうどバルセロナに滞在す
る機会があったので、清水さんのお店を訪問してみた。お仕事途中にもかかわ
らず、ご本人から詳しいお話を伺うことができたが、「日本のおいしい豆腐を
スペインに広めたい」という想いで、スペインでの豆腐作りを始めたそうであ
る。スペインの硬ボソ豆腐に負けず、ぜひ日本流のおいしい豆腐を広めていた
だきたいものである。

6）こんにゃく

　日本伝統の加工食品の中で食物繊維を豊富に含むものといえば、こんにゃく
を挙げることができる。こんにゃくは日本だけでなくアジアの一部でも食され
ているが、日本へは仏教と共に6世紀頃に薬用として伝来したとされる。その
後、精進料理に用いられることで発展し、江戸時代には「おなかの砂払い」と
言われ、庶民にもてはやされるようになった。特に、女性には人気であったら

しい。現代女性と同様に、江戸時代の女性も美容やダイエットということに敏感だったのであろうか？　「砂」とは、お腹の中に溜めておいてはいけない不純物を指し、こんにゃくを食べればお腹の中の滞留物を排出してくれるという考えは、実に当を得ていた。まだ栄養学が発達していない江戸時代において、日本人は食物繊維の生理機能性をしっかりと認知していたのである。こんにゃくは 96 - 97% が水分であり、それ以外の主成分がグルコマンナンである。グルコマンナンはグルコースとマンノースという糖の分子が結合した炭水化物の一種で、ヒトの消化管ではほとんど消化されない。このため、エネルギーが極めて低い食品であり、摂取カロリーを制限する必要のある場合の食品素材としてよく利用されている。日本ではダイエット食としてこんにゃくゼリーが製造されているが、欧米においても、麺状のこんにゃく（しらたき）を低カロリーの健康食品として利用する場面が多くなりつつある。特に、イタリアを中心にパスタの代用として利用されている。日本から輸出される場合には、輸送コストや保存性を考慮して乾燥白滝（乾燥糸こんにゃく）として製造される場合が多い。スペインではまだ一般に浸透していないようだが、近い将来気軽に購入できる食材になるのではないだろうか。

　こんにゃくの原料であるこんにゃく芋は長期保存することがとても難しい。そこで、こんにゃく芋を一旦乾燥粉末にした上で保存あるいは流通させ、この粉を水と混ぜてから凝固させて製造する場合が多い。白っぽい色をしたものやグレーのこんにゃくは、ほぼ間違いなくこの方法で作られており、日本で製造されるこんにゃくの大部分が該当する。しかし、山口県の岩国市には生芋こんにゃくの製造に力を注いでいるメーカーがある。乾燥粉末を使用せず、こんにゃく芋をすりおろしてから直接作ったこんにゃくにこだわっているのである。生芋こんにゃくを製造しようとすると、原料の調達コストと加工コストが増えるので、製品単価が安いこんにゃく業界においては大きなハンディとなるはずであるが、生芋いもこんにゃくの食味にこだわりを持っている。山口県内にはこのメーカー以外にも生芋こんにゃくを製造しているところがあるので、山口県はこんにゃくのレベルが高い"こんにゃく先進県"なのである。

　スペイン人にこんにゃくを食べてもらうにあたって心配なことがある。それはこんにゃく独特の生臭いにおいである。においの主成分はトリメチルアミン

という物質で、これは海産魚の生臭さと同じ物質である。こんにゃく芋の乾燥粉末を精製して、特有のにおいを低減させたものは、あく抜きが不要なタイプのこんにゃくやこんにゃくゼリーに用いられる。このこんにゃく粉を使えば、こんにゃくを食べなれない外国人でも受け入れてもらいやすいだろう。しかし、スタンダードなタイプのこんにゃくは受け入れてもらえるだろうか。今後機会があれば、スペイン人がこんにゃくのにおいをどれくらい受容してくれるのか、ぜひ試してみたい。

7）ゴボウ

　日本の特徴的な野菜といえば、根菜類である。根菜類のうちゴボウは、山口県内では秋吉台で栽培される美東ゴボウが非常に良質であるとして有名である。日本人には馴染が深いゴボウであるが、馴染の無い欧米人にとってはただの木の根としか映らないようである。確かに見た目はまさに木の根そのものであるが、独特の濃厚な風味を持っているのでヨーロッパの限られた地域ではハーブとして扱われることもある。スペイン人が、このゴボウ特有の風味を受け入れてくれるのかは不明である。

　一方で、ゴボウは利尿、発汗、血液浄化、皮膚疾患に対する生薬・漢方薬として用いられるほど生理機能性が高い。ゴボウ中にはポリフェノールであるクロロゲン酸が豊富に含まれているが、このクロロゲン酸はゴボウを水にさらしたときに溶出する茶褐色の成分で、抗酸化作用がある。抗酸化作用とは、言いかえれば、われわれの体の成分が錆びるのを防いでくれる作用である。さらに、ゴボウは食物繊維、特にイヌリンという水溶性食物繊維を豊富に含むのが特徴であり、便秘予防に効果があるとされている。腸内細菌を活性化し、排便を促す効果があるということであるが、この効果は腸内に滞留している有毒な物質を体外に排出することにもつながり、大腸がんの発症を抑制することも期待できる。

8）スペインのパンに山口県の食材を

　スペイン人に主食があるとすれば、それはパンである。日本人は白くて柔らかいイギリス風のパンを好む人が多いが、スペイン人が好むパンは硬いパンで

ある。日本人は硬いバゲッドタイプのパンをフランスパンとして認識していることが多いが、スペイン人はそのフランスパンに近いタイプのパンを食べることが多い。スペインの各家庭でパンを一から作るのはまれで、多くの家庭ではパン屋から頻繁に購入する。スペインの街中では、未包装のパンを片手に持って歩いている人を普通に見かける。細長くて硬いパンは、手に直接持って歩くのに不自由はない。

　スペイン人の食事には、小麦の風味が強くて硬いパンは欠かすことができない。この硬いパンに、こんにゃくあるいはゴボウを入れ込んだら、スペイン人の食物繊維摂取量を高め、地中海食の長所をさらに伸ばすことにならないだろうか。このような思い付きから、こんにゃく入りのパン、そしてゴボウ入りのパンを研究することにした。研究室に所属した学生とともに足掛け2年間試行錯誤したが、食感や風味、色などの諸条件を向上させることに苦心した。研究当初は、パンの基本材料にこんにゃくを混ぜればよいのだと軽く考えていたが、一定量のこんにゃくを混ぜようとすると、どうしても焼き上がったパン生地が十分膨らまないのである。ゴボウをパンに入れ込むことにも苦労し、焼き上がったときのとてもまずそうな色見を改善することに苦心した。仕上がったパンの官能評価は、まだ日本人でしか行っていないが、これだったらスペイン人にも受け入れてもらえるはずだというレベルにまでなった。

9）両国の食の交流の発展への提言

　日本人からすると、皮をはがれたウサギや仔豚の丸焼き、羊の脳ミソといった食べ物に忌避を示す人が多いだろう。一方外国人からすれば、納豆や生卵、サーモンの刺し身といった食材に嫌悪感を持つかもしれない。納豆を食べ慣れた人からすれば、なぜこんなにおいしくて健康に良い食べ物を口にしないのだろうかと不思議に思うかもしれないが、どうしてこのようなギャップが生じるのであろうか。異文化を理解できない、他者との違いを受け入れられないことが原因なのだが、どうしたら異文化を受け入れることができるのだろうか。

　相手の生い立ち、習慣、生まれた地域の歴史など、様々な要素を偏見なく理解し、ありのままを受け入れ、自分の中で再構築してゆく作業が必要だろう。そのためには、様々なプロセスと学習、努力が必要であり、労力と時間をかけ

なければいけない。金沢吉展（1992）『異文化とつき合うための心理学』（誠信書房）には次の記述が書かれている。

> 文化を一つの物差しだけで理解しようとするのは、その文化を正しく理解するのを妨げ、逆に限られた片寄った理解（すなわち誤解）につながってしまう。文化というのは、単純な一つの理解の仕方ではなく、いくつもの概念や幾つもの観点からとらえていくのが正しいやり方である。

　地球上の様々な文化を理解するためには、自分の中にたくさんの物差しを用意する必要がある。相手と接触した体験を自分の中に取り入れ、その多様性を十分に咀嚼する必要がある。異文化に触れ合うための方法のうち、最も有効な方法が一緒に食事をすることである気がしてならない。相手の文化を理解する第一歩として、相手の食文化に踏み込んでみることが重要だろう。

　和食と地中海食との差は大きいようで、共通点も多い。多彩な食材を旬で味わう、魚介類が好き、野菜も多彩、といった共通点は間違いない要素である。日本人がスペインに旅行して現地の料理を食べ続けることが他の国に比べて苦にならないのは、おそらく共通の要素を多く持つからだろう。しかし、日本の食材をスペインに持ち込んで受け入れてもらうには、まだまだハードルが高いだろう。スペイン流に上手にアレンジしなければ、簡単に拒絶されることもあるだろう。しかし、受け入れてもらえる余地はある。地中海食の立場から和食を見た場合にも、共通点が多いはずだからである。レストラン「エル・ブジ」のフェラン・アドリアのごとく、スペイン人は固定観念にとらわれず受け入れてくれる人たちが多いのかもしれない。そのような期待を込めつつ、今後も和食材をスペインに広める活動を続けていきたい。

Ⅱ　バスク料理への和食からの提案

溝手朝子

　ここで、第4章で紹介したナバラ自治州とバスク自治州に暮らす日本女性の

　鈴木さんや大山さんの経験と、我々の見聞にもとづいて、バスクの食文化に日本の食材や食文化が導入・定着できるかどうか、考察してみたい。

　すでにサン・セバスティアンの有名レストランでは、日本の味噌や山椒、柚子といったものが使われて、そこを訪れる観光客や現地の人たちに受け入れられている。伝統的な味の中に、こっそりと忍ばせて、新しい味の表現をしているように思える。排除されるほどの強烈な変化はもたらさず、共存できるという許容範囲の中で変化を楽しませる。そんな挑戦なのだろうか。

　バスクの食文化にソースが挙げられることから、吸着・侵入の第一歩を成立させられるかもしれない。それも、州旗にちなんだ色が重要らしい。であれば相手の色に共通点を見出し、赤は赤しそ、緑は青柚子や山椒、抹茶、白は……やはり出汁では？　白醤油、白みそなどがあるが、出汁ではないだろうか。白の代表ソースがピルピルソースであり、それがオリーブオイルとニンニクから作られているのだから、出汁は十分に白といえる。しかし、出汁を本当に白くしようと思ったら米から作ったライスミルクで割ると白くなる。少し粘度を出すための工夫が必要だが、エスプーマ出汁や、葛だしといった、物性を変化させてソースにしてもよいのではないだろうか。また、甘味に味醂を使うのも一案だが、糀でつくった甘酒を利用するのも、マクロビオティック（玄米正食）の実践者には受け入れられやすいかもしれない。つぶつぶが気になるなら、ブレンダーで滑らかにして使えばよい。色も、願ったりかなったりの白である。鈴木啓子さんによると、この地域の人々は、辛いものには敏感らしいので、柚子胡椒は難しいかもしれないが、少量なら薫り高き柚子がいいアクセントになる。すり下ろしたワサビの風味は例えようもないほど良い香りである。スペインで売られているチューブに入ったワサビは鼻に抜ける辛さがきついが、おろしたてのワサビは香りの方が勝ってそれほど辛くない。これを少量、活きのよい刺し身やサラダに使うと、新しい味の表現ができるのではないだろうか。

　今回はあまり触れなかったが、スイーツ好きの彼らに、甘く味付けした豆「餡」を提供しても面白いと思う。日本では、小豆が定番であるが、今はやりのグルテンフリー食材である。豆を甘く煮る習慣がある食文化圏も少ないだろう。世界の豆料理の調理特性（吉田・富田、2017）によると、豆を調理する際、調味料をよく使うのは、日本や朝鮮、中国であり、その他の地域では様々なスパイ

スをよく使うそうで、スペインやポルトガルでは、胡椒に次いで、パプリカ、ベイリーフ、サフランをよく使っている。パプリカが使用されるスパイスとして上位にあるのは、このイベリア二国とロシア、東欧であり、甘い香りと赤い色調、そしてサフランの黄色と並んで料理に彩を添えていると述べている。また、豆と併せる野菜類としては、たまねぎやトマトが使われており、これは日本食と大きく異なっている。スペインでは、豆の入ったシチューやパエリア、スープが上位3位を占めている。出現する豆は、ひよこ豆やグリーンピースである。レンズ豆もよく使われる。一方で、日本は豆腐の味噌汁やおはぎ、揚げ豆腐が挙げられている。もちろん、豆としては大豆が筆頭で、次いで小豆が使われる。これを見ても分かるように、世界で豆を菓子として甘く調理する食文化を持つ民族は少ない。しかし、先にパンプローナに暮らして25年の鈴木さんの話にもあったように、日本のアニメに出て来る食べ物は、徐々に浸透していて、どら焼きはスペインでもかなり市民権を得た食べ物であるらしい。小豆を甘く煮て、菓子として提供する、これは比較的容易に受け入れられるのかもしれない。いまどきのパリの菓子店では、ひたひたとパリジャンに受け入れられるお洒落な和菓子が浸透しているそうだ。抹茶と和菓子、マクロビオティックなグルテンフリー食材で美しく作り上げれば、バスク地域でも受け入れられるだろう。もっとも、日本食自体が麩を例外としてほぼグルテンフリーのため、それを掲げてもよいのかもしれない。ただ、本格的割烹料理は、少々高価なので、一般的とは言えない。対象者を特定して、食べ物だけでなく、周囲の設えや侘び寂びを感じさせる空間など、少々大掛かりな仕掛けが必要ではないだろうか。

　このように侵入させた食文化に対し、やみつきにさせる手法——高額の渡航費を払ってでもリピートしたくなる媚薬のようなもの——は何だろうか。お金では買えないもの、心に響くもの、神秘的なもの、そして、日本では普通だが、異国人には普通でないもの。

　本書の共編者でバスクの誇り高きエフラインさんがヒントをくれた（第3章）。基本的に母国にないものに惹かれるというのだ。例えば、日本文化に魅了されるスペインの若者は、アニメや漫画のファンタジーの世界観にふれ、心を揺さぶられる。スペインの大人は、未知の文化、茶道や武道、着物、俳句、

仏教など、奥ゆかしく落ち着きのある癒しの文化に惹かれるというのだ。日本のアニメに出て来る食べ物は、若者には興味深いものになるだろう。アニメからは、匂いや味は伝わらない。高価な懐石膳より、ピンチョスのバスクに、ピンチョス的アニメ料理を提供する。どんなアニメが注目されているのかを調査すれば、具体化も容易であろう。

　日本は四方を海に囲まれた島国である。ここから一歩踏み出して、大陸に出かけていって打ちのめされたにしても、海を渡って帰ってくれば、心安らぐ原風景が迎えてくれる。言葉も違う、食も違う、水も違う、家屋の基本構造も違う、街の作り方も違う。柔らかい日本の水に育まれ、職人気質の農民によって高品質の農産物が生産される。米の甘味や食感、出汁の柔らかさ、素材の味を大切にし、それを最大限引き出すための包丁をはじめとする日本独自に進化した調理器具、何か大切なことを伝えようとする日本料理。言葉にしなくても伝わる「心遣い」。こんな繊細なものを感じ取ってもらうには、異次元の時間と空間のなかで、現実から脱却してもらうことが必要ではないだろうか。

　国際都市をめざす「やまぐち」は、どうすればその名を世界に馳せることができるだろうか。大内氏が山口の守護大名となり650年を経た。500年の節目の頃、日本国を刷新する志高き維新の志士たちを輩出した山口の風土があった。その後の150年、この街は維新の財産を食いつぶす以外に何をしたであろうか。高杉晋作をこよなく愛する私の友人は、東京からわざわざ「絵堂」を訪ねて大雪の日にやって来た。高杉が挙兵にあたり詣でた功山寺ではなく、毛利藩の内戦を戦って勝った絵堂を。そこがどういうところだったかを語れる山口県人がどれほどいるだろうか。その地は、人を惹き付ける景観になっているだろうか。150年前に思いを馳せることができる佇まいにはみえない。

　私（溝手）がイギリスで生活していたころ、レンガ造りの家が高額なのに驚いた。彼らはレンガの積み方や大きさを見ると、その家がたてられた年代がわかるらしい。ある日、郊外にある林の中に建っている友人の家に招待された。これは500年前の家だよ、と教えてくれた。スタイリッシュな風貌の友人が住む、信長や秀吉が生きていたころの家か。さぞ古めかしくて不便な家だろうと、中を想像してみた。彼の生き様とのギャップに疑問を持ちながら。一歩足を踏み入れると、新築のような白い壁と梁の太さがうまく融合し、セントラ

ルヒーティングの暖房に温水配備の近代的設備がしっくりと治まっていた。台所は IH で食器洗浄機もあり、洗濯機も並んでいた。中は近代的な設備で快適である。家具は最小限に抑えられ、広い空間に古の香りを漂わせているかのようで、自在にタイムスリップできそうな佇まいであった。彼らは家の古さを自分の地位や誇りを示すものとして捉えているように思えた。いつか、こんな家に住んでみたい、これぞ The British, と感じさせるひと時であった。イギリスの料理は不味いと、よく耳にするが、一年以上暮らしてみてもそれほどまずい料理に遭遇したことはない。朝食に出るベーコンの塩分はかなり高いが、豚ロースの生姜焼き用くらいの厚さで結構美味。他の塩気のない目玉焼きやマッシュルームと一緒に食べると程よい辛さになる。自分でも好みのベーコンを購入するようになった。朝食には必ずベイクドトマトが添えてあるが、これには当初は閉口したが、日本でも今やリコピンブームである。イギリス人は毎朝リコピンを摂取していたようだ。そのうち慣れた。トマトそのものは、日本のトマトのように美味ではない。ヨーロッパ一帯という目で見れば、日本のトマトと遜色ないものがあるのだろうが、イギリスでは国内に 300 店を擁する大手の Marks & Spencer の店でも遭遇しなかったのだから、やむを得ない。イギリスの友人が子どもの頃、香港に行ったとき、りんごや桃が大きくてきれいで、甘いのに驚いた、未だにあの味は忘れられない、と言っていた。日本の野菜や果物は、その当時の香港のものよりさらに美味だとも。日本で普通に食べている野菜類は、どれを取ってみても美味しいのである。ヨーロッパで食べたものの方が美味しいと思った食材は、マッシュルーム（最近岡山県でほぼ同等のマッシュルームに遭遇した）、アスパラガス、牛ひれ、豚ロース（肉類はコストパフォーマンスからそう感じてしまう）、そして日本にはないがパースニップ（セリ科特有のにおいがする、一見白い人参）くらいだろうか。日本の農産品を使って、現地の料理を作るとき、素材の味が決め手になるようなものだと、その威力を発揮するはずだ。きっと異国の人は、食材のおいしさに魅せられてしまうだろう。ドイツに住む友人は日本食をこよなく愛している。しかし、ドイツで食べる日本食は、日本食ではないという。そこまで言うならと、バイエルン州の Wurzburg に立ち寄ったとき緑茶とインスタントみそ汁をプレゼントしたが、冠玉露よりティーバッグの煎茶に満足していたし、50 袋入りの「生みそ汁」

にあふれんばかりの笑みを浮かべていた。ドイツでは手に入らないからうれしかったのか、日本人が拘るような微妙な味の違いに気づかないからなのか、よくわからないが、ローマ法王も食べたという能登の神子原米と九州産コシヒカリの違いを認識できるとは思えなかった。これには、軟水か硬水かといった、水の違いが大きな要因となっていると思われるが、そのほかにも気候・風土の違いや普段の食生活が及ぼす影響も大きいのかもしれない。そうであればなおさら、マクロビオティックであったり、ベジタリアンであったりという自分の生き方を豊かにする食に惹かれていくように感じた。

　スペインのナバラ州立大学から山口県立大学の栄養学科を訪問されたマテ先生は、食に興味関心の高い人であった。彼もやはり、スペインで食べる日本食は日本食ではないことがはっきり分かった、と言っていた。彼の食行動を観察していて、気づいたことがいくつかある。酒は何の料理でもワインを好む。最終便で山口宇部空港に到着されて、湯田まで移動したらお店は閉まっていると思い、馴染みのすし屋で、気の利いたお弁当を作ってもらうことにした。彼は、日本に足を踏み入れるまで、刺し身は食べないと言い切っていたため、生魚は抜いてもらった。寿司屋に生魚を使うなというのは、相当わがままな注文ということはわかっていたが、そこは、常連のよしみ。飲み物は、日本酒かなと思いはしたが、ハーフボトルのイタリア産赤ワインを添えて手渡した。もちろん、ワインオープナーも一緒に。翌朝、彼から出た言葉は、巻きずしやいなりずしも美味しかったし、上の段に入っていた卵焼きや鰆の西京焼き、出汁の利いた煮物など、どれも美味しく、ワインとよく合い疲れが取れた、というものだった。お世辞半分にしても、お弁当が相当気に入ったようだ。スペイン産ワインじゃなくてごめんなさい、といったところ、美味しいワインだったから、あっという間になくなった、と言っていた。もしかしたら、フルボトルでもよかったのかもしれない。日本に数日滞在し、市場を見、料理された生魚を見て、食べてみたいと思ったらしい。初めは恐る恐るであったが、箸は止まることなくすっかりたいらげてしまった。黒い紙のような海苔も、香しさが気に入ったらしく、どこで買えるのかと聞かれた。桜餅も美味しいと、葉っぱまで食された。食すものすべてが美味だったようだ。山口滞在中に一つだけ彼の顔を曇らせたものがあった。それが山口のワインである。造り酒屋の当主自慢のワインらし

かったが、残念ながら美味しいという評価はもらえなかった。帰りに立ち寄っ
たお茶畑の風景は、山口にもこんなところがあるのか、と思わせるものだった。
ティーバッグ緑茶や和紙で飾られたお茶缶を購入してスペインに持ち帰られ
た。ヨーロッパ各地で緑茶のティーバッグや飲料は時折目にするが、少々高い。

　新しい食材は、好奇心があって、食欲をそそるものであれば、食すことはい
たって簡単なのだろう。しかし、慣れ親しんだもので、味の違いを明確に判断
できるようなもの（マテ先生の場合にはワイン）は、本場の物には敵わない。

　世界がシームレスになって、いろんなものがどこでも手に入るようになる。
移動手段も空飛ぶ自動車が普通に車庫にある時代が来る。そのような時代に、
異国の人を魅了する街として、やまぐちが選ばれるとしたら、エフラインさん
の言う、「奥ゆかしくて落ち着きのある癒しの文化」を継承する、やまぐちの
歴史的文化（己）を知り、やまぐちの歴史的文化の継承者として発信し、異文
化（他）と共存する精神を以て接することができる担い手を育むことが重要で
はないだろうか。たとえそれが、時代に逆行したアナログの要素であったとし
ても。まさに、Artificial Intelligence（AI）にはできない、ヒトだからこその
妙技だろう。

　これまでの章を通して、侵入者がどのように宿主に定着するかについて、振
り返ってみよう。孤立した島国日本の場合は、もともと日本に類似の痕跡があ
る、侵入者と認識されないような回避構造がある、といった、異物侵入時に選
択される要素があるように思う。では、ヨーロッパ（特にナバラ自治州）展開
を可能にするには、何を乗越えたらよいだろうか。彼らは大航海時代を牽引し
世界侵略を企てた民族である。様々な異文化の中で生き抜く力を持っており、
多様性の受容は日本人が想像もできないほど寛大であり、受け入れたものを融
合させ独自のものに変化させる能力に長けている。その民族に向けて、『和』
の拡散戦略を成功に導くには、『人口 18 万の街がなぜ美食世界一になれたのか』
（高城、2017）に、そのヒントがある。「伝統的な味」と「新しい表現の追求」
の二方向性だと高城氏は言う。そこで重要なのは、ナバラ自治州で日本の食文
化を展開するのか、ナバラ食文化の中に日本の食文化を侵入させるのか、とい
う選択である。まずは、それぞれの食の特徴をひもといてみれば、適切な答え
がみつかるかもしれない。

Ⅲ　山口の食材で創るバスク料理の世界

エフライン・ビジャモール・エレロ

　スペイン国際交流員に着任した 2018 年 4 月から多くの事業に関わることができたのだが、その中の一つはこの本の趣旨に直結している。それは、山口市商工会議所主催のクリスマス事業で「BASQUE & YAMAGUCHI」、山口の食材で作ったバスク料理事業である。試行的に実施されたこのクリスマス限定事業は、スペインからの直入食材なども手配されているが、「美食の聖地」という看板を背負うバスク料理に恥じず、しかも日本人の口に合うように多少調整して提供される。スペイン料理といえば、パエリアなどが頭に浮かぶ人は、バスクの郷土料理に出会って驚くだろう。そこで、新鮮な食材の素顔を味わうべく、余計な調味料などを加えず作られるバスク料理は、体にすぐ馴染み優しい料理という評判である。普通のバスク人の摂取する量にははるかに及ばないとしても、ピルピルソースのタラやバスク料理の代表とも言える魚の煮込み料理などが山口で堪能できる。また、バスクから直入したナバラ名産の食材、赤ピーマンや羊のチーズなど、日本で珍しい食材にも挑戦することになるが、とにかくバスクの本場の味、つまり家庭の温かさ、スペインの中でもっとも美食であり、食にこだわるバスクのその味を経験してもらうことをねらった。

　バスク料理の監修だけではなく、糖度で好評される山口市の徳佐リンゴでバスクのリンゴ酒（バスク語：sagardo）生産を試みる事業の研究段階に至っており、現在山口市からバスクに下見や情報収集に赴いた事業の企画にも関わっている。リンゴ酒農家に直接研修を受け、バスク固有のリンゴ酒に関する生産工程や生産に必要なノウハウを導入し、環境に配慮した生産など、バスクからの伝統的な知

図 4-19　山口市商工会議所主催のバスクメニュー

図4-20　バスクのエコ農産物料理

図4-21　リンゴ酒博物館

恵を山口にもたらす狙いがある。バスクに由来するこの新たな事業を通して、山口がさらなる一歩を踏み出し、日本の中でバスクの魅力を発信する最先端となってほしい。バスクの食文化を通じて、日本でますますバスクの認知度が高まることを信じつつ、今後の発展を期待したい。

　また、2018年には、前代未聞の数と述べてもいいくらいに、多数のスペイン人が山口を訪れることになった。スペインの水泳代表に次いで、2018年11月22日に山口で「第20回日本・スペイン・シンポジウム」の開催にちなみ、スペイン大使を含む一行の役員やスペインからの登壇者も来山した。

　このシンポジウムは、2018年に署名された「日本・EUの経済連携協定（EPA）」や日本とスペインの間で結ばれた「戦略的パートナシップ協定（SPA）」など、国際経済の先頭に立つ自由貿易区を設定することが見込まれている。これを契機に、バスク精神を利かして、将来に備えた新たな経済交流にも貢献していきたい。バスクと山口を繋いでくれたサビエルは最初のきっかけだが、結果的には実に多岐にわたる分野においてスペインと日本の関係が深まってきている。姉妹地域のナバラ州は自然エネルギーの分野などで世界規模の大手会社があるし、日本は最新技術やテクノロジーの革新を生む最先端技術の大国である。ゆえに、これらの産業的な特長を活かした連携事業などにも関わり、両地域のますますの活発化に貢献したい。国際交流員という職に憧れ、来日して受験勉強

図 4-22　第 20 回日西シンポ一行の国宝・瑠璃光寺五重塔訪問

に挑んでから、約 8 年が経つが、振り返ってみると、やはり架け橋になること
を果たすのが私の使命であると同時に、それを実現することに関して言葉で表
現しきれない程、充実感に満ちた日々を山口で過ごしている。勇気や誠実な行
為は、将来に知られざる形で実を結ぶと信じて来日したサビエルに感謝し、今
後のバスク地域およびスペインと日本の連結がより一層強まることに努めてい
きたい。そのため、異国情緒にとどまらず、心の中、どこかで共通点が多いこ
とはお互いが憧れる源なのだと私は感じ取っている。

注

28. サビエルの遺産が、現在の姉妹締結などの交流に結実していると、2018 年 10 月
に山口を訪れたスペイン人ジャーナリストが記事を書いている。https://elpais.
com/elpais/2018/11/06/paco_nadal/1541513894_571370.html

おわりに

みんなちがってみんな変？？　食文化の共存への道
安渓遊地

　食べ物の本は、楽しく美味しそうでなければいけません。ことに、スペインの料理の締めくくりには、甘いポストレ（デザート）が期待されます。しかし、ここでは、読者のみなさまの消化を助けるために、本書の監修者として、少し苦みのある食後酒をさしあげたいと思います。

　単一国家・単一言語・単一文化の思い込みに強くしばられた歴史をもつスペインと日本。生活の不満が高まるとき、そうした思い込みが差別や排斥の具体的行動として噴出してしまうことがあります。14 世紀のスペインで黒死病（ペスト）が猛威を振るったとき、川や泉に毒を流したというデマによって殺されたのはユダヤ教徒たちでした。スペインのバルの天井からすだれのようにぎっしり下がっている豚肉製品が、イスラム教徒にとっては、昔からの「入店お断り」のサインになっていることに日本から行く観光客は気づかないかもしれません。

　当初は受け入れたキリスト教を、はげしく弾圧した江戸時代から明治初期の日本。はじめは大きな恩恵をうけつつ共存していたイスラム教徒やユダヤ教徒をきびしく排撃するようになっていった、スペインとポルトガル。一過性の観光イベントも悪くはありませんが、それぞれの歴史をきちんと学んで、その教訓を未来の交流と多文化の共存に生かしていくことが大切だと思います。

　2016 年の 1 月から 3 月まで、ボストン大学からアダム・セリグマン教授（宗教学）を山口にまねいたとき、私と妻は、敬虔なユダヤ教徒と日常的に接するという、はじめての経験をしました。私の家族は、アフリカやフランスで何年かくらした経験がありますから、相手がイスラム教徒なら、豚肉や、アッラーの名のもとに首を切ったのでない動物を食べないとか、厳格な人はアルコールが微量に添加された醤油でも使えないなどの、「ハラーム」を摂取しないという規則があり、断食月の日中は食物や飲物を口にしないという習慣を守ることを知っています。

　アダム先生からは、まず 1 枚の紙を渡されました。「私は宗教上の理由でこ

れらのものは食べられません」と説明するマニュアルです。肉は、律法にそっ
て屠殺し、よく切れるナイフでさばいて、肉に血が含まれないようにするこ
と。手で取れるような大きな鱗がある魚は良いが、鱗のないもの、または鱗を
ナイフでこそげ取らなければ取れない魚はいけない。エビ・カニ・イカ・タコ
もだめです。食べてはならない「トレイフ」のリストには限りがないように思
われました。聖書の神の言葉によって、乳製品と肉を混ぜることは厳禁で、チ
ーズバーガーなどはもちろん「トレイフ」です。そして、天地創造のあと神が
休息された安息日には、なにかを創ってはいけません。ガスや電気で着火する
ことは「火を創る」ことになるので、料理も前日に済ませておくし、エンジン
のある乗り物も避けたい。文字を書くこともパソコンを起動することもいけま
せん。

　さあ、こんなにたくさんの律法を守っている人の正月三が日のホームステイ
を受け入れて、一緒に食事をするときには、いったいどうしましょう！　主婦
として妻は悲鳴をあげてしまいました。始めのうちは、当たりさわりのない菜
食料理を出してみました。しかし、アダム先生は、お酒が好きで、それに合う
のは魚じゃないかな、などとおっしゃいます。何度もいっしょにお食事をする
うちに、やっと分かってきました。同じ食卓についていても、同じものを食べ
る必要はないのです。彼がトレイフとして食べないものを、こちらはおいしい
と食べても、ちっとも失礼にはあたらないといいます。それなら、お互い好き
なものを選べるようにすれば、問題ありません。

　本書の第1章の終わりに、サビエルのあと日本に長く滞在した宣教師ルイス・
フロイスの、日欧の発酵食品についての好みの極端なまでのすれ違いが印象
的に描かれています。これは、フランスで聞いた話ですが、階下のアジア人が
毎朝食事時に耐えがたい悪臭を放つと訴えられたのが、味噌汁だったというエ
ピソードがあります。自分がおいしいと思うものが、相手にとっては、ゴミ以
下のおぞましいものでありうるということは、わかっておいた方がよいでしょ
う。自分にとってすばらしい文化が、みんなにとってすばらしいとは限らない。
お互いに「みんなちがってみんな変」なのだという気づきこそが、このヘイト
の時代を打ち破る、筋金入りの寛容のための鍵なのではないでしょうか。

　アダム先生の指導で、彼が世界中で展開している「違いを保ったまま共に生

きる」CEDAR という合宿のミニ版のワークショップを実施したことがあります。その始めに、山口県立大学の学生・教員を中心に、サビエル記念聖堂（キリスト教）、今八幡宮（神道）、洞春寺（仏教）を訪ねて、ユダヤ教・キリスト教・仏教・神道・アニミズムを信じる参加者が、カトリックのミサ・祝詞奏上と毛利の殿様も受けたお祓い・曹洞宗の座禅を体験させていただき、意見交換するという貴重な経験ができました。

　ここで、明治以来の 150 年はまた移民と戦争の歴史でもあったという、2018年暮れの、天皇の国民へのメッセージから引用をしておきます。

　　……先の大戦で多くの人命が失われ、また、我が国の戦後の平和と繁栄が、このような多くの犠牲と国民のたゆみない努力によって築かれたものであることを忘れず、戦後生まれの人々にもこのことを正しく伝えていくことが大切であると思ってきました。平成が戦争のない時代として終わろうとしていることに、心から安堵しています。……今年、我が国から海外への移住が始まって 150 年を迎えました。この間、多くの日本人は、赴いた地の人々の助けを受けながら努力を重ね、その社会の一員として活躍するようになりました。……日系の人たちが各国で助けを受けながら、それぞれの社会の一員として活躍していることに思いを致しつつ、各国から我が国に来て仕事をする人々を、社会の一員として私ども皆が温かく迎えることができるよう願っています。また、外国からの訪問者も年々増えています。この訪問者が我が国を自らの目で見て理解を深め、各国との親善友好関係が進むことを願っています。

　これから日本に増えてくる移民の人たちとの暮らしを考えても、日本社会への同化を強いたり、差別したりするのではなく、文化的な違いを保ったまま共に生きるという経験とそのための智恵が必要になってきます。自らのルーツが朝鮮にあるとした大内氏や、サビエルを誇りとして生きる温故知新のバスクの人びと、スペインで暮らす日本人など、この本に登場するさまざまな人びとの生き方や経験が、たんなる美食礼賛や観光促進を越えた、グローバル化する世界の中でもローカルな価値を守りつつ、異文化の共存を通した平和な世界を創

るためのヒントになることを願っています。

　この本の主な内容は、出版にあたっては、山口県立大学の出版助成をいただくことができ、サビエルとの縁の深いもう一つのまち鹿児島に本拠をおく南方新社のお世話になることになりました。幸いにバスク人であるエフラインさんに編集執筆者として加わってもらうことができて、内容ゆたかなものになったと思います。彼の現在の職場のリーダーである山崎里恵さんをはじめとする山口市国際交流課のみなさまには、本書の出版のために山口市の協力をとりつけるなど、さまざまな温かいご支援をいただきました。また、ナバラ自治州政府からは、写真の提供とロゴマークの使用許可をいただくことができました。本書の広報面の協力を、（一社）山口県観光連盟と（一財）山口観光コンベンション協会からたまわりました。

　本書末尾のスペイン語とバスク語による要約は、エフラインさんによるものです。

図 4-23　やまぐちでバスク料理を味わう会に参加した著者一同
　　　　　向かって左から安渓（遊）、溝手、エフライン、大野、安渓（貴）

引用文献

麻井宇介（2001）『ワインづくりの思想──銘醸地神話を越えて』中央公論社

浅井治海（2006）『森と樹木と人間の物語──ヨーロッパなどに伝わる民話・神話を集めて』フロンティア出版

有薗正一郎（2016）「16世紀後半〜20世紀前半に日本を訪れた外国人が記述する日本庶民の日常食」『愛大史学：日本史・東洋史・地理学号』25: 127-144

アルーペ、ペトロ（1949）「キリスト教伝来四百年記念特集──フランシスコ・デ・サヴェリオ」『カトリックダイジェスト』2（8）：1-28

安渓遊地編（2006）『続やまぐちは日本一──女たちの挑戦』弦書房

市毛弘子・石川松太郎（1984）「近世節用集類に収録された食生活関係語彙についての調査（第1報）」『家政学雑誌』35（3）：207-214

伊藤幸司編（2011）『大学的やまぐちガイド──「歴史と文化」の新視点』昭和堂

江後迪子（2004）『南蛮から来た食文化』弦書房

遠藤伸雄（1992）「ブドウ栽培面積世界一──多様なワインを生むスペイン」麻井宇介監修『気軽にワインを楽しむ──豊潤なバッカスの世界への招待』講談社、82-85

太田尚樹（1996）『サフランの花香る大地ラ・マンチャ』中央公論社

岡田　哲（1998）『食文化を知る事典』東京堂出版

岡田　哲（2000）『とんかつの誕生』講談社

越智敏之（2014）『魚で始まる世界史』平凡社

オリヴェイラ　イ　コスタ、ジョアン　パウロ（1999）「聖フランシスコザビエルと日本」『来日450周年大ザビエル展図録』253-256ページ、東武美術館・朝日新聞社

金沢吉展（1992）『異文化とつき合うための心理学』誠信書房

岸野　久（2001）『ザビエルの同伴者アンジロー』吉川弘文館

熊倉功夫（2009）『日本料理の歴史』NOCHS Occasional Paper 8: 24-39 http://hdl.handle.net/10112/2922

敬学堂主人（1872）『西洋料理指南（下）』雁金書屋、国立国会図書館デジタルコレクション

グティエレス、G. フェルナンド（1999）「スペインにおける聖フランシスコ・ザビエ

ルの図像研究」『来日 450 周年大ザビエル展図録』237-242 ページ、東武美術館・朝日新聞社

河野純徳訳（1985）『聖フランシスコ・ザビエル全書簡』平凡社

小菅桂子（1983）『にっぽんの洋食物語』新潮社

芝　信夫（2012）「日本人と刺し身」『水産大学校研究報告』60（3）: 157-172

総合地球環境学研究所（編）（2010）『地球環境学事典』弘文堂

高城　剛（2017）『人口 18 万の街がなぜ美食世界一になれたのか──スペイン サン・セバスチャンの奇跡』祥伝社

高橋　保（1991）「16 世紀におけるイベリア勢力のアジア進出と日本像の変容 ── 黄金の国ジパングから銀の国ジャパンへ」Bulletin of the Sohei Nakayama IUJ Asia Development Research Programme, 170 − 202

土井忠生解題（1960）『日葡辞書』岩波書店

土井忠生・森田武・長南実編訳（1980）『邦訳日葡辞書』岩波書店

中島春紫（2018）『発酵の科学』講談社

ニュートン編集部（2016）『遺伝とゲノム（ニュートン別冊・増補第二版）』──「個性」は遺伝でどこまで決まるのか？　遺伝の基本から、オーダーメイド医療、ゲノム編集まで』ニュートンプレス

林　文子（2008）「日葡辞書』が語る食の風景（1)」『東京女子大学紀要論集』58（2）: 123-149

原田信男（2013）『日本の食はどう変わってきたか──神の食事から魚肉ソーセージまで』角川書店

東谷岩人編著（1992）『スペイン入門』三省堂

ビジャモール・エレロ・エフライン（2017）「仏教用語によるキリスト教布教──イエズス会の翻訳作業における葛藤、『ひですの経』第 29 章の例から」『インターカルチュラル』15: 141-150

フロイス、ルイス著・岡田章雄訳注（1991）『ヨーロッパ文化と日本文化』岩波書店

堀尾拓之・横山智子（2016）「室町・安土桃山時代の食文化について」『名古屋経済大学自然科学研究会会誌』49（1・2）:36-50

堀越宏一・甚野尚志（2013）『15 のテーマで学ぶ中世ヨーロッパ史』ミネルヴァ書房

マーメルスタイン、ニール　H（2017）「"テーブルにオリーブを"──食材としての

オリーブの安全性と品質」『月刊フードケミカル』11月号

松本仲子（2009）『「日葡辞書」所載飲食関係用語総覧』岩波ブックセンター

溝手朝子ら（2017）『Lo-cal-o Recipe』東洋図書出版

三宅　眞（1991）『世界の魚食文化考——美味をめぐる資源研究』中央公論社

宮崎　均（2013）「多様な有効活用が可能なオリーブ成分」『生物工学会誌』91: 159

村上直次郎訳（1969）『イエズス会日本年報 下』雄松堂書店（新異国叢書4）

柳沢千恵ら（2005）『日本未病システム学会雑誌』11（1）:178-180

吉田真美・富田綾子（2017）「世界の豆料理の調理特性」『日本食生活科学会誌』28（2）
　　: 69-79

ヨリッセン、エンゲルベルト（1984）「南蛮人が見た日本の風俗」『近世風俗図譜⑬南蛮』
　　小学館、134 － 142

ロリウー、ブルノ（2003）『中世ヨーロッパ——食の生活史』原書房

渡辺万里（2010）『スペインの竈から——美味しく読むスペイン料理の歴史』現代書
　　館

Aguerre, J.（1957）El habla materna de San Francisco Xavier, *Príncipe de Viana* (18),
　　Nº 67-68, pp.451-462.

Añoveros, X.（2003）Cartas y documentos escritos por San Francisco Javier, *Principe
　　de Viana* (64), Nº 230, pp. 587-612.

Azpilicueta, L. & Domench, J.M.（2005）*Navarra en la mano*. Pamplona: Publicaciones
　　del Gobierno de Navarra（6. Edición）.

Del Chierico, F., Vernocchi, P., Dallapiccola, B., & Putignani, L. (2014). Mediterranean
　　diet and health: food effects on gut microbiota and disease control. International
　　journal of molecular sciences, 15(7), 11678-11699.

Erize, X.（2016）Subjective motives of the Basque population for their linguistic
　　behaviours（1991-2016）, and prospects for the future. In I. Martínez de Luna, X.
　　Erize, and M. Zalbide, Sociliguistic Evolution of Basque Language（1981-2011）,
　　(pp.13-25) Sociolinguistics Cluster. http://www.soziolinguistika.eus.

Eusko Jaurlaritza（2014）V Inkesta Soziolinguistikoa 2011. Vitoria-Gasteiz: Basque
　　Government.

EUSTAT（2016）[Basque Statistics Institute] Departamento de Educación, Estadística de la Enseñanza. Gobierno Vasco. http://www.eustat.eus

Gorter D., Zenotz V., Etxague X., Cenoz J. (2014) Multilingualism and European Minority Languages: The Case of Basque. In: Gorter D., Zenotz V., Cenoz J. (eds) Minority Languages and Multilingual Education: Bridging the Local and the Global. Educational Linguistics, vol 18: 201-220. Dordrecht: Springer.

Igartua, I. & Zabaltza, X. (2012) *Euskararen historia laburra*. Donostia: Etxepare Euskal Institutua.

Jimeno, J.M. & Salaberri, P. (1994) *Toponimía de la cuenca de Pamplona/Iruña*. Bilbao: Euskaltzaindia/ Real Academia de la Lengua Vasca.

Moseley, C. (ed.) (2010) Atlas de las lenguas del mundo en peligro. París, Ediciones UNESCO. http://www.unesco.org/culture/languages-atlas/es/atlasmap.html

Schurhammer, G. (1947) San Francisco Javier y Navarra. *Príncipe de Viana*. (29) pp. 469-477.

Valamoti, S.M. et al., 2007, Grape-pressings from northern Greece: the earliest wine in the Aegean? Antiquity 81 (311) : 54-61, https://doi.org/10.1017/S0003598X00094837

Villamor, E. (2018) The Identity of Children in a Multilingual Education Region: A Case Study on Primary Education in the Basque Autonomous Community. 山口県立大学大学院. (修士論文)

Villamor, E. (2019) Xavier's Sacrifice and Vision for Christianity in Japan: Dissensions and similitudes between religious philosophical interrelations in the early days of Jesuits in Japan. *Hispania Sacra* (in press) .

Xamar (2013) *Vascos: Su lengua a través de la historia*. Pamplona: Pamiela.

Zabaltza, X. (2013) De la Lingua Navarrorum al Estado Vasco. *Historia Contemporánea* (47) pp. 471-492.

Zubillaga, F. (1968) *Cartas y Escritos de San Francisco Javier*. Madrid: Biblioteca de Autores Cristianos.

Zulaika, J. (2012) *Tradizioak*. Donostia: Etxepare Euskal Institutua.

引用ウェブページ

・アーモンドの生産量（FAO,2016）
http://www.fao.org/docrep/X5337E/x5337e02.htm
・大内御膳の復原
http://yamaguchi-city.jp/informations/Download/110303_ooutigozen.pdf
・ユネスコの世界の危機言語地図 http://www.unesco.org/culture/languages-atlas/es/
　　atlasmap.html.

おすすめリンク集

（多くは、バスク語・スペイン語・英語・フランス語の 3 〜 4 言語対応）

・バスクのオンライン百科事典 http://aunamendi.eusko-ikaskuntza.eus
・バスク文化について https://aboutbasquecountry.eus
・バスク文化一般 http://www.euskoguide.com/basque-culture
・バスク伝統的球技 http://www.euskalpilota.com
・バスク伝統的球技の「手球」http://www.pelotamano.com
・バスクの伝統スポーツビスカヤ連盟 http://herrikirolakbizkaia.eus
・バスク国際交流基金 http://www.etxepare.eus/es/enlaces
・ビルバオ市 http://www.bilbao.eus
・ビルバオ市のアスクナ・センター http://www.azkunazentroa.eus
・ビルバオ市観光振興局 http://www.bilbaoturismo.net
・バスク自治州観光協会 https://turismo.euskadi.eus
・ナバラ自治州内のカサ・ルラール案内（予約も可能）
　　http://www.casasruralesnavarra.com/
・ウルスカ民宿 http://www.urruska.com/
・パッチとアルベルタのエネルギー自給民宿 http://www.kaanoetxea.com/
・リオハワインのボデガ Tondonia http://www.lopezdeheredia.com/index.html
・アイバール再生可能エネルギー教室 https://www.aibar-oibar.org/noticias/1159-
　　actividadescolar
・ナバラ環境資料センター Centro de Recursos Ambientales de Navarra http://www.

crana.org

- ナバラ水力発電会社 http://www.acciona-energia.com
- スペイン国立再生可能エネルギーセンター http://www.cener.com
- ナバラ州立大学 http://www.unavarra.es/
- 山口県立大学 https://www.ypu.jp（「スペイン」で検索）
- 山口イーブックス https://www.yamaguchi-ebooks.jp/（「山口県立大学」で検索）
- 山口サビエル記念聖堂 http://www.xavier.jp/
- 山口市のスペイン語 SNS 公式アカウント「Me gusta Yamaguchi（やまぐち大好き）」
  （facebook, twitter, instagram, youtube）
- 公益財団法人山口県国際交流協会 http://yiea.or.jp/
- 山口スペイン・ナバラの会 http://navarra.jugem.jp/
- CEDAR（Communities Engaging with Difference and Religion）http://www.cedarnetwork.org/
- 地中海食 https://ich.unesco.org/en/RL/mediterranean-diet-00884

資料・山口と京都でのサビエル

　1940 年に広島に赴任し、被爆者の救援にもあたったイエズス会のペトロ・アルーペ神父は、ビルバオ生まれのバスク人でサビエル研究の第一人者でした。彼が 1949 年に刊行したサヴェリオ（サビエル）の伝記から、1550 年の冬に始まる山口と京都、再びの山口でのサビエルの行状を紹介します。文中「例の翻訳」とあるのは、霊父と呼ばれるサビエルが 1549 年 8 月の鹿児島到着後冬までかかって、アンジロウの助けを得て日本語に訳した信仰箇条を指しています。

山口

　小舟による平戸への渡航は、波が高いのと、海賊が多いのとで頗る危険であつた。平戸には二ヶ月滞在した。更に小舟で平戸を立つて博多に着く。博多から陸路、箱崎、香椎、古賀、福間、東郷、赤間、小倉、門司を経て、下関、豊浦、小月、埴生、厚狭、船木、嘉川、小郡を通つて山口に着く。雪に掩われた凸凹のひどい山路の旅は、難渋を極めた。村に来ると、子供等は石を投げつけて嘲笑した。日が暮れる頃には、霊父等は疲れ果てていた。旅宿に着いても、貧弱な家であるから、刺す様な北風に対しては何の防ぎようもなかつた。その上にサヴェリオは、なお自己に依る禁欲の業をきびしく課していた。道中霊父は風景に気をとられず、たゞ祈りに沈潜し、旅宿では誰からも後指をさゝれないように、肉類も魚も採らなかつた。山口への途中で、三人の者が信者になつた。高齢の武士と一組の夫婦とである。山口には、有力な諸侯の一人、大内義隆の居城があつた。その邸内には芸術や学問と共に、凡ゆる悪徳もまた栄えていた。町には、木造家屋ばかり一万戸以上あり、華麗な寺院や神社だけでも百以上に及んでいた。霊父等は内田と云う人の家で旅装を解くと、直ぐに福音の説教を開始した。毎日二度ずつフェルナンデス修士と共に、人出の多い街頭や十字路に立つた。まず初めに修士が例の「翻訳」を朗読するのであるが、第一には世界の創造を説き、それに付随して、日本人の三つの主要な罪を数え上げた。それは偶像の崇拝と、乱倫と、幼児殺しとであつた。次に霊父が説教するのであるが、その時には、霊父の顔は熱心の余り、火の様に赤くなつた。その言葉はフェルナンデス修士が次から次へと通訳した。毎日場所を変えたので、間もなく、少くとも賑

かな街では、神の言葉の告げられなかつた場所は一つもない程になつた。外国の「坊さん」の話をきくために人々は大勢押し寄せて来た。或る者は霊父等を狂人だと云い、或る者は何かに憑かれているのだと考えた。彼等は盛んに霊父等に罵詈雑言を浴びせかけた。霊父等は、また多数の高位者の家に招かれた。その中の或る者は、熱心な智識欲からであり、或る者は異なる好奇心、或は暇つぶしからであつた。面白がる者もあり、同情を寄せる者もあり、また軽蔑する者もあつた。けれどもサヴェリオは彼等を相手とする術を心得ていた。若し高貴な身分の者が横柄な言葉を使つた場合には、霊父はフェルナンデス修士に命じて、同じ横柄な言葉を以て答えさせた。従つて慄々然たるこの通訳は、霊父が殉教を求めているに違いないと考えた位であつた。或るとき招かれた邸で修士が、悪魔ルチフエルの顛落と、傲慢な者の永劫の懲罰との条項を朗読した時、そこの主人が嘲笑し、愚弄したので、霊父は烈々たる威嚇の顔を上げながら、「たとえ貴下がそれを望まなくとも、貴下が自ら抑制して謙遜の徳を持たない限り、永劫の苦悩に陥る以外はないであろう。」と言つた。それから修士に向つて「私たちが死を恐れていないことをみせてやろう。そうしてこの傲慢な人々に、私等の優れていることを示そう。見なさい。如何に彼等は坊さんを尊敬しているかを。若し彼等が坊さん以上に私等を尊敬していないとすれば、彼等は決して私等の教義を受け入れることはあるまい。」と言つた。このように、家の中や街頭で説教を行うこと数日に及んで後、漸く義隆自身が霊父等を自邸に招いた。候は当時四十三歳で、芸術家、詩人、学者、並びに僧侶の保護者であつたが、同時に生活は非常に奢侈で、特に不自然な罪に身を持ちくずしている人であつた。先ず挨拶として渡航のことを始め、印度や欧州に就いての質問があつて後、候は霊父等が説教している新しい掟のことがきゝたいと望んだ。そこでサヴェリオはフェルナンデス修士に命じて、例の翻訳を読ませた。義隆はそれを注意深く、一時間以上もきいていた。大部分を読み終つた修士は、つぎに常時の日本人の重大な悪徳たる乱倫の章に移つた。そこには、「この罪を犯す者は豚よりも汚らわしく、犬や其の他の畜生よりも、更に下等である。」と説かれていた。この時、修士の眼には、義隆の顔が一瞬にして色を失つたように見えた。けれども、義隆は己を制していた。一言も口を利くことなく、サヴェリオを案内した家臣に対して、目顔を以つて謁見の終つたことを知らせた。修士は義隆が彼らを殺害せしめるのではないかを、怖れた。然し別に何事もなかつたので、霊父等は今まで通りに布教を続けた。フェルナンデス修

士がキリストの苦難の章を読む時、或る人々は涙を流した。信者になつた者は僅か数名にすぎなかつたが、その中の第一人者は、霊父の宿の主人夫婦であつて、洗礼の時、一人はトメ、一人はマリアという霊名をいたゞいた。布教の効果は、先ずこのくらいのものであつた。従って、霊父は降誕祭を迎える八日前に、二人の同行者を伴つて都への旅路についた。その第一行程としては日本の国内をよく識るために、山越しの陸路に依つた。雪が深くて、所によつてはそれが膝以上に達した。また氷のように冷い河を徒渉しなければならなかつたこともしばしばであつたが、水は膝を浸し、時には帯にまで達した。従つてサヴェリオは跣(はだし)で歩くことが多く、日が暮れて旅宿に着くと、足から血が吹き出ていた。夜の寒さは格別ひどいので、それを防ぐために、霊父は畳を取つて自分の身体の上に置いたことすらあつた。何しろ霊父とフェルナンデス修士との二人に、一枚の古毛布しか無かつたからである。このような辛苦艱難を極めた山越しの旅を数日つゞけ氷上、長野、宮市、富海、戸田市、福川、徳山、櫛ヶ浜、下松、玖珂、岩国、を経て宮島へ出た。そこから渡し舟に乗り、堺に向つた。約二週間というもの、船は帆に風をはらんで、嶋の多い瀬戸内海を進んで行つた。霊父等は同船している若い商人達から一番悪い場所を与えられて、嘲笑されながら、昼も夜も甲板の上にいて、霰まじりの北風に吹きさらされ、海の幅の狭い所に来ると、海賊を恐れて甲板の下へ押し込まれた。当時、日本に於ける最大にして最も裕福な商業都市である堺に船が着いた時、霊父と土人の同行者は上陸した。しかし、船中で霊父等に同情した商人が紹介してくれた家は、仲々見つからなかった。下賤な者達からうるさく悪罵を浴びせられながら、町はずれの住吉神社の松林の中へ入つて夜を明かした。勿論、こゝでも子供等に嘲笑され、石を投げつけられた。翌日また探したあげく、漸く目指す家を探し出すことが出来た。その人は工藤と云い、こゝで霊父等は、客人としてもてなされた。工藤氏は間もなく、都へ上る一人の貴人を紹介してくれた。貴人は小姓や下郎につきそれ、駕籠に乗つて出かけた。十八哩の道程は、その大部分を駆足で、二日にして往き切つた。道は深く雪に掩われていたが、サヴェリオは今までとは打つて変つて愉快そうに、僚友と共に、跣で下郎達の間に伍して走つた。頭にはシアムの縁なし帽をかむり、林檎を空中に投げ上げたりなどして、眼には感涙を一杯ため、日本国王の宮廷で、聖なる信仰を告げるべき機会を神が彼にお与えになつたことに対して、衷心から感謝していた。

京都

　一五五一年一月の半に、王城の地である都に到着した。見渡す限り黒い屋根の海であり、雲に掩われた高い山に取り囲まれ、大きな寺や、何層にもなつている塔が聳え立ち、直角に相い交わる真直ぐな通りが涯しもなく続いている。けれども、其処此処に黒く焼けくずれた廃墟のあることは、不穏な世相を物語つていた。サヴェリオは比叡山の大学を訪ねようと試みた。けれども徒労であつた。贈物のない限り、坊さんは誰一人通してくれなかつたのである。そこでサヴェリオは直ちに都に引きかえし、日本の国王に謁して、国内に於ける宣教の許可を得ようとした。貧困の極に陥つた日本の国王は、百姓家にも等しい古い木造の家屋に住み、宮廷としての威厳もなければ、何等の華麗さもなかつた。サヴェリオがフェルナンデス修士と一緒に、弊衣破帽で皇居の玄関に現われ、拝謁を請うた時贈物がなければ拝謁のかなわないことが教えられた。その上霊父等の聞いたところに依ると、今日日本に於ては、誰も国王に従うものはないのだから、王の許可を得た所で何の価値もないと云うことであつた。都には大きな市街戦の起るような暗雲が低迷していた。こんな状態では、布教の基礎を築くことなど考えることも出来なかった。サヴェリオは、都へ到着してから十一日の後には、鳥羽の街端れで舟に乗り、淀川を下って堺に帰つた。小舟が悠然と川を下っていく間、霊父は脇目もふらず不幸な王のいる都を見詰めていた。霊父は直ちに計画をすつかり改めた。山口には国王よりも有力な大名がいる。そこへ訪ねてゆくことにした。但し日本人にはまだ十字架の清貧が解らないのであるから、今度は貧乏な修道者としてゞではなく、推薦状や贈物を持ち、修交の使節としての威容を整えて行くつもりである。そこで三人は堺から乗船して更に西に下り、三月の始めに四ヶ月半不在にした平戸に帰つて来た。

再度の山口

　トレス神父はその間、無為に日を送つていたわけではなかつた。四十人の日本人に洗礼を施したのである。平戸に帰つた霊父は多数の贈物を船に積み、フェルナンデス修士やベルナルド等と共に山口へ出発した。四月の終り頃、今度はポルトガル人等が寄贈してくれた上等の着物を着用して、駄馬に荷物を積み、印度総督の使節という資格で、再び大内氏の居城を訪れ、謁を願い出た。それが許されたので、霊父は羊皮紙に美しく書かれた二つの手紙を候に渡した。一つはゴアの司教からのも

のであり、他の一つは印度総督からのものであつた。それから霊父は総数十三箇に上る高価な贈物を差出した。その中には日本人が未だ曽て見たことのないものが多かつた。例えば、大きな箱の中に精巧なゼンマイ仕掛が入つていて、それが規則正しく十二部に分れ、正確に昼と夜とを示すもの（時計）、一つの機械に十二の弦があつて、別に手で、かき鳴らさなくとも五週期に十二の音を出すもの（音楽時計）、二つのガラスがはめ込まれてあつて、それを用いると、老人が若い者と同じように、物を明瞭に見る事ができるもの（眼鏡）、平滑な品物でそこには少しの影もなく、顔が映るもの（鏡）、贅沢に装飾され、三つの銃身を有する火縄銃、非常に美麗な水晶ガラス数個、緞子製品、ポルトガルの葡萄酒、書籍、絵画、コーヒー茶碗などであつた。義隆は親書にも、贈物にも非常に満足した。その返礼として数々の品物を取り揃え、それに小判や大判をそえて霊父に応えようとした。しかし霊父は厚く礼を述べただけで、それらの凡てを固く辞した。その代りに只一つの好意を願つた。それは山口でキリスト教を布教し、信者をつくることの許可であつた。候はこの願いを喜んで聴き入れ、直ちに町に布告し、この新しい掟の宣教と、それに帰信することを許可する旨明示し、家臣などに対しては霊父に危害を加えてはならないと命令した。更に候は霊父等の住居として、無住の寺を与え、贈物に対する返礼として、坊さんか又は俗人を印度に送りたいという希望を述べた。義隆の布令が出てからはこの外国の説教家達は、今迄と全くちがつた目で見られるようになつた。……霊父が義隆から第二回目の謁見を許された時、候の側を決して離れることのない真言宗の坊さんの一人が、霊父の説く「万物の創造主」たる神について数々の質問をし、この神には形や色があるかと訊ねた。霊父は神には形もなく、何等の色もない、純然たる実体であつて、凡ゆるものの創造主であるから、それらのものとは別のものであると説明した。するとその坊さんは、更にこの神はどこから来たのかと尋ねた。そこで霊父は、自分自身から出たのであつて、万物の原理であるが故に、無限の力を有し無限に智であり、善であり、始めもなければ終もないと答えた。坊さん達はこの答に満足したらしく、霊父に向つて、言葉や衣服こそ違つているけれども、教義の内容に至つては真言宗と同じであると云つた。（全文は http://ankei.jp/yuji/?n=2352）

■ スペイン－日本民際交流のための索引

■ 執筆者プロフィール（あいうえお順）

安渓貴子（あんけい　たかこ）

山口大学・山口県立大学等非常勤講師・生物学担当。専門は生態学・民族生態学。理学博士。おもな著書に、『森の人との対話—熱帯アフリカ・ソンゴーラ人の暮らしの植物誌—』、東京外大 AA 研（2008）、Cookbook of the Songola: An Anthropological Study on the Technology of Food Preparation among a Bantu-Speaking People of the Zaïre Forest, African Study monographs, Suppl. 13 (1990) など。

安渓遊地（あんけい・ゆうじ）

山口県立大学名誉教授。専門は人と自然の人類学、地域学。京都大学理学博士。著書に『奄美沖縄環境史資料集成』（当山昌直と共編 2011 年 南方新社）、『調査されるという迷惑——フィールドに出る前に読んでおく本』（宮本常一と共著 みずのわ出版 2008 年）、『廃村続出の時代を生きる——南の島じまからの視点』（南方新社 2017 年）など。

大野正博（おおの・まさひろ）

山口県立大准教授。食品科学研究室。専門は、食品科学。東北大学工学博士。主な論文に、山口県産ゴボウを利用したフランスパンの品質特性 2017/02 、好熱性コラーゲン分解酵素生産菌 *Thermobifida* sp. 4-2-1 株の分離とキャラクタリゼーション 2008/12、ダイズ品種の収量およびイソフラボン含量に及ぼす播種期および登熟環境条件の影響 2004/11 など。

溝手朝子（みぞて・ともこ）

山口県立大学教授。専門は微生物学、食品衛生学。山口大学医学博士。著書に『感染と生体防御』（建帛社）(2018)、論文は Identification of self-growth-inhibiting compounds lauric acid and 7-*(Z)*-tetradecenoic acid from *Helicobacter pylori.* 　 Microbiology (2015) など。

Efraín Villamor Herrero（ビジャモール・エレロ・エフライン）

山口県立大学大学院修了（国際文化学修士）国際関係論・国際社会学。山口市国際交流員。『スペイン語、もっと先へ』（渡辺克義と共著 第三書房 2016）、「仏教用語によるキリスト教布教—イエズス会の翻訳作業における葛藤、『ひですの経』第 29 章の例から—」『日本国際文化学会』(2017) など。

スペイン語による要約

El legado de S. Francisco Javier y el clan Ouchi:
el encuentro de la gastronomía mediterránea y japonesa

Resumen

El presente libro, redactado por especialistas en diversos ámbitos, aborda el encuentro entre S. Francisco Javier, patrón de Navarra, y su legado en el presente en Japón, como tema primordial. El trabajo de campo característico de la antropología, la metodología innovadora de la microbiología o nutrición, así como la frescura de los estudios en interculturalidad que aúna este libro, hacen de éste, una antología de la relación histórica que une a Euskal Herria con Japón, especialmente con Yamaguchi. Manteniendo siempre el rigor académico, el texto se enriquece también de experiencias personales de visitantes y residentes en España y Japón, tratando así, de dar mayor objetividad a sus afirmaciones.

Su estructura está dividida en cuatro grandes apartados. En el primero se discute si fue realmente agasajado como lo designaba el protocolo de la época, S. Fco. Javier, o cuáles fueron los cambios que se produjeron en la dieta de los misioneros tras su llegada a una tierra desconocida con una cultura gastronómica tan dispar a la suya como lo fue la japonesa (capítulo 1). Además, se reflexiona sobre la convivencia y discriminación religiosa en la península y el rol que cumplió el jamón ibérico (capítulo 2). En el segundo apartado, se detalla una breve historia de Euskal Herria, la historia de su lengua, el euskera, tradición y modernización, y su diversidad identitaria (capítulo 3), así como las entrevistas a residentes japoneses (capítulo 4). El tercer apartado destaca a Navarra como región puntera en energía sostenible (capítulo 5) y la hospitalidad de su pueblo reflejada en el turismo rural (capítulo 6). Por último, se narran las actividades de estudiantes de intercambio en Navarra (capítulo 7) y los diferentes proyectos que se realizan en el marco del hermanamiento que une la Comunidad Foral con Yamaguchi (capítulo 8), finalizando con sugerencias para profundizar en las relaciones gastronómicas que tanto fascinan a ambos, basándose en el encuentro de la comida japonesa y la cocina vasca.

バスク語による要約

Frantzisko Xabier eta Ouchi klanaren ondarea:
Mediterraneoko eta Japoniako gastronomien arteko topaketa

Laburpena

Hainbat esparrutako adituek idatzitako liburu honek, Nafarroako patroi den Frantzisko Xabierkoak Japonian utzitako aztarnak lantzen ditu gai nagusi gisa. Antropologia, mikro biologiaren metodo berritzaileak eta elikadura dira besteak beste, liburua batzen duten inter kulturalitatearen freskurarekin batera, Euskal Herriak Japoniarekin, eta batez ere Yamaguchirekin dituen harreman historikoen antologia. Zehaztasun akademikoa mantenduz beti ere, testuak, bisitari eta egoiliar Espainiar eta Japoniarren esperientzia pertsonalak batuz, objektibotasun handiagoa ematen zaiatzen da.

Lan honen egitura lau atal nagusitan banatzen da. Lehen atalean, orduko protokoloak izendatzen zuen bezala, Frantziskoko Xabierri, zer nolako harrera egin zitzaion aztertzen du, eta zer nolako aldaketak izan zituzten misiolariek beraien jatekoan, Japonia bezalako gastronomi kultura hain desberdin batera heltzean (1. kapitulua). Horrez gain, penintsulako koexistentzia eta erlijio bereizkeriari buruzko hausnarketa egiten du eta honetan Iberiar urdaiazpikoak jokatzen duen papera (2. kapitulua).Horrez gain, penintsulako koexistentzia eta erlijio bereizkeriari buruzko hausnarketa egiten du eta honetan Iberiar urdaiazpikoak jokatzen duen papera. Bigarren atalean, Euskal Herriaren historia, hizkuntzaren historia, tradizioak eta modernizatzea, eta bere identitate-aniztasuna (3. kapitulua), baita Japoniako egoiliarren elkarrizketak (4. kapitulua). Hirugarren atalean, Nafarroa Energia Berriztagarrien eredu bezala (5. kapitulua) Nafarroako herriaren eskuzabaltasuna landa-turismoan (6. kapitulua). Azkenik, Nafarroan dauden Japoniar ikasleen ekintzak (7. kapitulua) eta Foru Aldundiaren eta Yamaguchiren arteko senidetzearen inguruan lantzen diren proiektuak (8. kapitulua) eta bukatzeko bi herriei, horren beste liluratzen gaituen arlo gastronomikoan sakonduz, Japoniako eta euskal sukaldaritzako topaketa batean oinarrituz.

地中海食と和食の出会い

バスク人サビエルと大内氏の遺産を生かして

発　行　日	2019年3月28日　第 1 刷発行

監　修　者	安渓遊地
編　著　者	溝手朝子・Efraín Villamor Herrero
発　行　者	向原祥隆
発　行　所	株式会社　南方新社

〒892-0873　鹿児島市下田町292-1
電　　話　099-248-5455
振替口座　02070-3-27929
URL http://www.nanpou.com/
e-mail info@nanpou.com

印 刷 ・ 製 本	株式会社朝日印刷

ISBN 978-4-86124-397-4 C0026
© Mizote Tomoko & Efraín Villamor Herrero, 2019. Printed in Japan

※この本の出版にあたっては、2015-17年度山口県立大学研究創作
　活動助成金（国際共同研究）と2018年度山口県立大学出版助成を
　受けました。